KB115005

투자를 위한 투자

투자를 위한 투자

당신은 지금 주식을 위해 무엇을 투자하고 있나요?

김태홍 지음

위너스북
WINNER'S BOOK

투자는 인생이라는 마라톤

꽃이 피는 봄이 되었다. 필자가 이 책의 집필을 시작한지 벌써 일년이란 세월이 흘렀다는 얘기다. 이 책은 주식시장의 열기에 편승하려고 급하게 쓴 글이 아니다. 회사 일과 병행하면서 개인의 지식과 경험을 바탕으로 투자에 도움이 될 만한 글들을 일기처럼 적어 정리한 것이다. 처음 이 글을 작성하게 된 계기도 펀드매니저에 입문하는 후배들에게 도움을 주고자 하는 의도로 〈펀드매니저 지침서〉라는 제목으로 시작되었다.

그리고 점점 늘어나는 전문적인 일반투자자와 펀드매니저를 꿈꾸는 학생 등 주식투자에 관심과 열정이 있는 분들에게 투자에 관한 광범위한 노하우를 공유하면 투자자들이 '잃지 않는 투자'를 함으로써 훨씬 보람이 있을 것이라고 생각했다. 결과적으로 효과적인 투자 이론과 기업분석법에서 시작하여 실전에 도움이 되는 투자자의 마음가짐, 위기 대처법까지 모두 다루게 되었다.

따라서 본서는 투자 입문자에게는 다소 많은 공부를 요하는 부분이 있다. 하지만 필자의 20년 이상의 노하우를 비교적 최대한 쉽게 풀어 쓰려고 노력하였으며, 실전 노하우 부분은 실제 경험을 바탕으로 했기 때문에 잘 새겨 두고 실천하면 큰 도움이 될 것이다. 후반부 이론편은 일반투자자들도 천천히 공부해서 적용해야 할 부분이지만 딱딱한 이론이기보다는 실전 이론에 가깝다. 그리고 이미 일반투자자들의 투자 및 분석 수준이 상당히 높아진 것을 알기 때문에 필자가 이론을 개진하는데도 거침없이 나갈 수 있었다.

다른 수많은 주식투자 관련 서적들과 다른 접근 분야를 꼽아 본다면 투자의 근간을 이루는 요소들을 이론적으로 다루는 동시에 실증적으로 뒷받침하려고 노력하였다. 또한 현재 발생 중인 현상뿐만 아니라 10년 뒤에 책을 꺼내 보아도 적용될 수 있는 투자의 기본원칙과 같은 펀더멘털 접근을 강조하였다.

필자는 차트를 보고 읽는 법이나 기술적 분석은 책에서 다루지 않았는데 물론 필자에게 차트분석에 대한 능력도 없을지언정 크게 중요하지 않다고 생각했기 때문이다. 그러나 투자자의 심리적인 부분도 매우 중요하기 때문에 성공가능성을 높일 수 있는 투자자의 자세, 투자의 사고법과 같은 내용을 담았다. 같은 유망 종목을 알려주고 동시에 투자를 시작해도 돈의 주인인 투자자의 마음가짐에 따라 커다란 차이가 발생하는 것이 주식시장이다. 사람마다의 성향이나 성격을 고칠 수는 없지만 주식시장에서 성공을 높여주는 요령은 꼭 챙겨 가시길 바란다.

탁구나 테니스와 같은 운동도 누구나 처음엔 서툴고 어렵겠지만 레슨을 받고 연습의 과정을 거치면 훨씬 나아짐을 느낄 것이다. 이 책은 레슨이지 연습까지 시켜주진 못한다. 온전히 여러분의 노력에 달렸고, 레슨에서 스스로 채득한 자기만의 원칙을 잘 지키고 있는지 계속 의심해야 한다. 주식시장은 상대방이 친 공이 어디로 튈지 모르는 것과 다르게 어느 정도 예측이 가능하다. 주가가 펀더멘털보다 앞서가거나 지루하게 뒤따라오기도 하지만 기업 본질을 두고 가진 않기 때문이다.

필자는 많은 투자가들이 주식을 너무 일찍 팔고 후회하거나 충분한 수익률을 올렸는데도 팔지 못해서 수익을 토해 내는 경우를 많이 보았다. 이는 단순한 밸류에이션을 넘어서 기업의 사이클을 함께 봐야 하기 때문에 쉽지 않았을 것이다. 본서에서는 언제 매도하고 언제 매수에 진입해야 하는지에 대한 실질적인 방법을 밸류에이션의 새로운 해석과 함께 제시할 예정이다. 또한 기업 펀더멘털, 산업 사이클, 그리고 매크로의 교집합 안에서 다이나믹하게 움직이는 주가를 한발 앞서 따라잡는 법을 살펴볼 것이다.

↑ $ ↓

필자도 오랫동안 주식 투자를 하고 있지만 늘 새로운 도전인 것 같다. 이는 마치 생명체처럼 자라는 것이 기업이고 얼만큼 성장할지는 창업자와 주주의 몫이다. 과거 10년 이상 적자를 냈던 아마존과 테슬라를 보면 훌륭한 기업에는 좋은 기술과 사람도 필요하겠지만 주주의 양분(투자)이 큰 힘이 되었다. 여러분의 훌륭한 투자로 한국에서도 100년 이상 지속될 세계적인 기업들이 더 많이 나왔으면 좋겠다.

투자는 인생이라는 마라톤과 같다는 생각이 든다. 이미 먼 길을 달려온 것 같은데 앞으로 갈 길도 불확실한 만큼 흥미진진하다. 그래도 좋은 경험이 더 많았기에 즐기는 마음으로 이 업을 계속할 생각이다. 아무쪼록 필자의 20년 이상의 노하우와 엑기스를 저녁식사 가격 정도에 잘 섭취하시길 바란다.

늘 더 많은 분들이 주식투자라는 튼튼한 사다리를 타고 높이 올라가시기를 빌면서….

그로쓰힐자산운용 김 태 홍

2부
실전 이론편

3장 | 만능키: 금리로 보는 사이클

4장 | 유망산업의 조건

5장 | 필승 기업 발굴법

6장 | 기업분석 노하우

1부

노하우편

1장

투자자
마인드
셋업

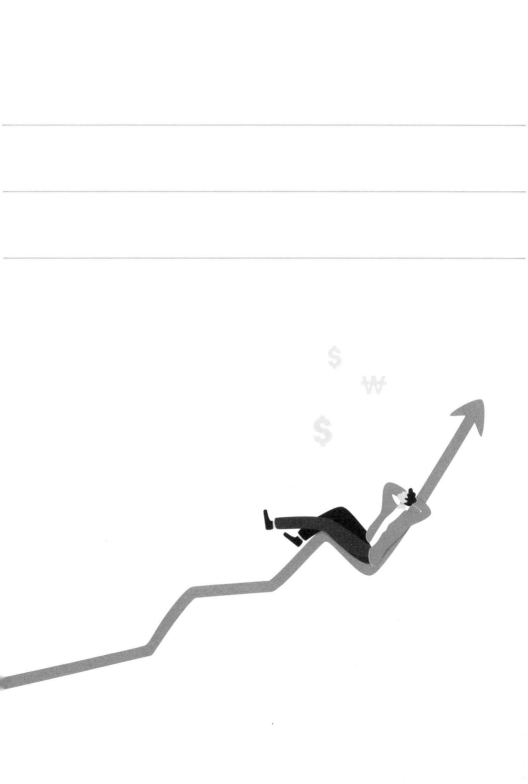

스포츠카보다 멋진 주식투자
(용의 등에 올라타기)

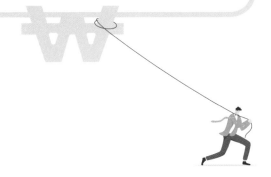

최근 주식투자자의 저변이 넓어지면서 학생 때부터 투자를 하는 젊은 투자자도 크게 늘었다. 이는 매우 긍정적인 현상이다. 투자에 있어서 복리 효과가 크다는 건 매우 잘 알려져 있기 때문에 여기서 설명은 생략하겠지만 시간이 가져다 주는 긍정적인 효과에 가장 수혜를 받는 군은 바로 조금이라도 일찍 투자를 시작한 투자자이다.

그런데 투자를 시작하기에 앞서 우선 주식은 위험하다라는 관념을 깨고 시작할 필요가 있다. 주식은 손해를 볼 수도 있고 변동성이 다른 자산에 비해 높은 것은 사실이다. 그렇지만 원칙을 세우고 공부를 착실하게 한다면 가장 매력적인 자산이기도 하다. 가끔 연예인들이 방송에 나와서 주식으로 재산을 날린 것을 종종 부정적인 에피소드로 언급하곤 하는데 이는 투자 방식이 틀렸기 때문이다.

투자 경력이 긴 투자자가 투자 경력이 짧은 주린이에 비해 주식을 더 잘 할 가능성은 있다. 하지만 주식을 오래하고 여러 사이클을 경험해 보았다고 해서 반드시 주식을 잘하는 것도 아니다. 이러한 경험과 함께 올바른 투자 습관이 있는 사람들이 성공할 확률이 높다. 10년을 투자했는데 누적적으로 큰 수익이 없었다면 투자방법에 문제가 있을 수 있다. 한국의 코스피지수는 지난 3년간 50%, 10년간 2배 이상 올랐다. 만약 수익이 이보다 적었다면 단기적인 정보에 따른 투자나 차트 매매에 급급해왔던 게 아닌지 한번 돌이켜 볼 필요가 있다.

만약 여러분이 여러 가지 투자 게임에 참가한다고 했을 때 가장 높은 승률의 게임의 룰을 가지고 있는 것이 어디일까? 바로 주식시장일 것이다. 예를 들어 카지노의 승률은 45%이고 로또 복권의 확률은 번개를 맞을 확률보다 낮다. 반면 주식시장은 코스피의 경우 승률이 70% 이상, 미국지수의 경우 80%나 달한다. 투자 기간의 기준을 잡기 어려워 정확한 승률이라 할 수 없지만 지난 30년간 주식시장이 상승한 연도의 비율(상승횟수/전체횟수)이 그렇다는 것이다. 예를 들어 코스피지수나 미국S&P500지수에 2~3년 전에 투자한 사람 중 손해를 본 사람은 없을 것이다. 주가지수는 여러 차례 조정과정을 거쳐왔지만 계속 새로운 고가 행진을 지속해왔고 또 지속할 수밖에 없다. 1998년 아시아금융 위기, 2008년 미국서브프라임발 금융 위기, 그리고 근래의 코로나 팬데믹 등 엄청난 위기 상황 직전 최고점에 투자한 사람들도 아직까지 투자를 유지하기만 해도 수익을 내고 있다는 경험을 우리는 잘 알고 있다.

물론 지수보다는 개별 종목에 투자하는 사람이 훨씬 많기 때문에 개인별로 수익률 차이가 클 것으로 생각한다. 얼마 전 매일경제에서 연령 및 성별로 투자자들에 대한 수익률과 관련한 통계를 조사 발표하였다. 그 결과를 보면 20대 남성의 수익률이 가장 저조하였는데 당시 조사 기간 내 지수가 20% 올랐는데 평균 3%의 수익률에 그쳤다. 반면 30대 여성의 경우 14%의 가장 높은 수익률의 결과가 나왔다. 이는 몇몇의 투자가 영향을 미친 것이 아니라 투자의 태도 차이가 가장 큰 역할을 차지한 것으로 보인다. 20대 남성들은 젊고 투자자금이 적으니 높은 수익률을 노리고 매매가 가장 빈번한 것이고 중년 여성들은 상대적으로 회전이 낮고 적은 수익률에도 만족한 결과였기 때문으로 보인다. 만약 본인의 과거 투자 성과가 만족스럽지 못했다면 성공적인 투자를 위해서 투자자의 습관과 마음가짐을 바꿀 필요가 있다. 주식투자는 주식 차트에 의존한 트레이딩이 아니라 기업의 미래에 대한 투자이다. 본인이 잘 아는 좋은 기업, 제품과 서비스가 마음에 드는 기업, 타사보다 경쟁력을 가진 기업과 같은 종목을 선택하고 기업에 주주(주인)이 된다고 생각하고 투자를 시작해야 한다.

그리고 해당 기업에 주주가 된 것을 남들에게 자랑할 수 있어야 한다고 본다. 스포츠카를 젊은 나이에 사거나 명품을 살 수 있다는 것은 자랑거리가 맞다. 자신이 노력해 번 돈에 대한 과시이다. 메리츠자산운용 존리 대표님께서는 젊은이들에게 외제차를 사지 말라고 강조하셨다. 분명 교훈이 되는 말이지만 사람은 타고난 본성이 플렉스(자랑)에서 행복을 느끼기 때문에 말릴 순 없다. 다만 관점을 약간 바꾸어서 자랑의 대상을 주식으로 바꾸면 어떨까? 결국 시간이 지날수록 가치가 떨어지는 고가의 사치품보다는 시간 가치가 올라가는 기업에 주주라는 것을 자랑하기를 권해본다.

"구글, 애플과 같은 플랫폼이 독점한 세상에서 도전하는 새로운 강자가 나타날 수 있을까?" 향후 메타버스 플랫폼의 진정한 승자는 페이스북(메타플랫폼)이 될까? 마이크로소프트가 부활을 할까? 젊은 친구들이 미국의 첨단산업과 기업에 대해 열띤 논쟁을 하고 있는 모습을 만약 옆에서 보게 된다면 정말 멋진 플렉스를 보고 있다는 생각이 들 것 같다. 그리고 성공 투자로 큰돈을 벌어 중년에는 스포츠카보다 한 단계 높은 슈퍼카를 사시길 바란다. 누가 아는가? 그때는 탈수록 가치가 하락하는 중고차가 아니라 한정판 모델을 탈 수 있을지. 참고로 페라리의 한정판 모델은 아무나 살 수도 없지만 시간이 지날수록 가격이 올라간다.

> 만약 여러분보다 일론머스크가 돈 버는 능력이 뛰어나다고 생각된다면 테슬라 주식을 사면 된다. 현재 가진 부의 크기와 상관없이 앞으로 일론머스크의 부의 증가 속도와 당신의 부의 증가 속도를 같게 만들었기 때문이다. 용의 등에 탔다가 내리기를 본인 의지로 자유롭게 할 수 있는데 이런 혜택이 어디 있는가? 그 다음 빠른 용이 누군가를 열심히 연구하는 것이 이 책과 함께 할 일이다.

한 줄 요약

돈 주인 마인드에 따라
달라지는 수익률

필자는 직업상 주식전문가임에도 불구하고 주변 지인들에게 주식을 알려주지 않는다. 솔직히 말하면 일일이 기억하기도 어렵고 AS하기도 귀찮기 때문이다. 결국은 유망 업종을 알려주고 대장주를 사라고 한다. 그러면 대부분 대장주는 스스로 잘 고른다. 혹시라도 주가가 떨어져도 원망받을 일도 최소화하고 스스로 공부하여 참여 과정이 있으면 팔 때도 독립적으로 의사 결정할 수 있기 때문이다.

그럼에도 불구하고 2020년 여름, 필자는 주식을 하고 있는 가까운 지인들에게 개별 주식을 알려주는 일이 발생하였다. DI동일이라는 섬유 사업과 알루미늄 사업부 등을 가진 1955년에 설립된 기업이었다. 해당 주식은 실질 순자산가치에 30% 수준으로 매우 저평가되어 있어서 안심이 되었다. 삼성동 현대백화점 건너편 대로변에 약 1,200평에 부지에 건물을 보유하고 있었으며 기업 방문을 가보니 빌딩 뒤 보유 주차장은 심지어 노상 주차장이었다. 사실 자산주라는 이유로만 주가가 움직이지는 않지만 이 기업을 주목한 이유는 2차전지 소재 중 알루미늄박을 생산하는 성장 사업부를 가지고 있었기 때문이다. 이처럼 자산가치가 주가의 하방을 받쳐줄 것이라고 자신이 있었기 때문에 필자는 3명의 지인들에게 투자 포인트와 목표주가를 당시 주가의 약 2배로 일러주었다.

모두 주식을 매수하였다. 그러나 역시 가치투자는 많은 인내를 필요로 하듯이 해당 기업의 주가는 매수가 대비 최대 15%까지 하락하였다. 몇 달 지나지 않아 다시 회복을 하긴 했지만 본격적으로 주가가 상승하는데 약 3개월이란 시간이 흘렀다. 당시 주가지수와 다른 테마주들은 상승하고 있었으니 껌딱지 같이 붙어있던 이 주식을 투자한 지인들은 괴로웠을 것이다. 하지만 약 3개월 후부터 증권사 애널리스트의 커버리지가 시작되면서 주가가 상승하더니 결과적으로 8만 원이었던 동사 주가는 6개월 뒤에 2배 이상 상승한 18만 원까지 상승하게 되었다.

자 그럼 3명의 성적표를 보자. 그 중에 금융회사에 다녀서 주식에 다소 전문성이 있는 P씨는 한달 뒤에 주가가 10%대 상승하는 날에 전량 매도했다. 나중에 너무 아깝다고 했지만 대신 다른 종목을 샀을 테니 수익률은 괜찮았을 것이다. 두 번째 K씨는 전문직으로 사업을 하고 있었는데 떨어질 때 안 팔아도 되는지 한번 묻고는 계속 가지고 있다가 70% 정도 수익을 내고 팔았다.

마지막으로 중견 기업을 운영하고 있는 또 다른 K씨는 이 글을 쓰고 있던 당시까지 주식을 들고 있었다. 필자의 경우는 당사 일임 고객들에게도 투자를 해 주었는데 약 220% 수익이 나면서부터 투자 비중의 상당부분을 차익실현을 하고 마지막 K씨에게 연락을 해 보았다. 수익이 많이 나서 팔아도 되는데 왜 안 팔고 가지고 있느냐고 물었다. 나중에 알고 보니 그 기업에 대해서 매각가능한 공장 위치 및 경쟁사 뉴스까지 모두 읽어 가면서 필자보다 큰 확신을 가지고 있었다. 결국 주가는 최고점인 38만 원까지 상승하였고 언제 팔았는지 정확히는 모르지만 가장 오래 주식을 보유하고 있던 K씨의 수익률이 가장 좋은 결과를 가져왔다.

즉, 중요한 것은 같은 확신으로 똑같이 말해주어도 돈 주인에 따라 결과가 판이하다는 점이다. 가장 먼저 판 지인은 기업의 세부 내용보다는 추천인의 결과만 받았기 때문에 주식이 흔들릴 때 버티지 못한 것 같다. 가장 마지막에 판 지인은 필자의 기본 분석에 자신의 노력과 꾸준함으로 좋은 결과를 가지고 온 것 같다. 결국 필자가 받은 교훈은 노력하는 집요한 돈 주인이 더 큰돈을 끌고 온다는 것이다. 주식투자를 잘 할 수 있는 여러 가지 덕목이 있지만 돈 주인의 진득함과 공부의 중요성이 강조되는 사례이다.

한 줄 요약

기업이 열심히 일해서 더 많은 돈을 되돌려 줄 수 있도록 돈 주인도 노력해야 한다. 그 노력은 인내심과 연구이다.

↑ $ ↓

주식할 때는
인간본능에 역행하라

주식투자를 하다 보면 올바른 투자를 방해하는 여러 가지 어려움이 존재한다. 예를 들면 혼란스럽게 너무 많은 투자 정보가 존재하기도 하며 분명 기다리던 좋은 뉴스가 나왔는데 바로 주가가 하락하기도 한다. 또한 주식시장은 늘 변동성이 커서 참여자들이 차분하게 투자하고 싶어도 많은 유혹이 있다. 수익이 나서 팔면 더 올라가서 사람의 마음을 흔들어 놓고 안 팔고 버티다 보면 다시 떨어져 후회도 했을 것이다. 이는 필자를 포함한 모든 주식투자자들이 한 번쯤 경험해봤을 법한 피할 수 없는 주식투자의 속성이다. 따라서 주식투자에 참여할 때는 순례 여행을 떠나는 사람처럼 굳은 마음가짐이 필요하다.

그렇다면 기본적으로 필요한 마음가짐이 무엇일까? 주식투자를 비교적 성공적으로 하기 위한 덕목을 간추려 보면 다음과 같다. 첫째는 자신이 투자하고 싶은 기업에 대한 명확한 이해와 이유가 있어야 한다. 주변인이 추천하는 종목의 몇 가지 정보만 듣고 산다면 언제 팔아야 할지 기준이 없어서 정보를 제공한 사람에게 의존할 수밖에 없다. 불행히도 그 사람이 기업을 잘 아는 내부자가 아니라면 그리고 늘 연락이 되는 사람이 아니라면 투자한 기업의 주가가 크게 흔들릴 때 길 잃은 양이 되고 만다. 또한 내부자에 의존하는 건 공정 공시 위반에 소지까지 있으니 내부자도 극히 조심해야 할 일이다.

결국 투자를 할 때 본인이 독립적인 의사 결정을 하기 위해서는 좀 더 기업에 대한 많은 이해와 공부가 필요하다. 예를 들어 휴가철 해외여행을 갈 때도 맛집 정보와 관광 정보를 며칠에 걸쳐 사전 조사하고 가는데 본인의 돈이 걸려 있는 투자에 관해서 과연 그 정도의 노력을 하고 시작하는지 돌이켜 볼 일이다. 따라서 가장 기본적으로 내가 이 주식을 왜 샀는지 적어도 3가지의 이유를 얘기할 수 있을 정도는 되는 것이 좋겠다.

과거 필자가 자산운용사에서 펀드매니저 역할을 했을 때 다른 동료 매니저들과 많은 대화를 나눈 기억이 있다. 당시에는 지금보다 열정이 많을 때여서인지 만약 확신이 가는 종목이 발굴되면 적극적으로 동료들에게 설명했었다. 그 중에는 경쟁자도 있었고 증권사 애널리스트들도 있었는데 요점은 필자가 그 기업을 설명하는 과정에서 스스로 확신의 정도를 높일 수 있었던 것 같다.

예를 들어 A라는 기업이 2배 오를 것 같은데 그 이유가 전방산업

↑ⓢ↓

은 성장하고 있고 경쟁강도는 약한 상황에서 증설을 선택한 이 기업 이익은 많이 증가할 수밖에 없지 않겠냐고 1, 2, 3 방식으로 설명을 해 보았고 그 과정에서 스스로 부족하다고 느끼게 되는 부분을 다시 찾아보았다. 상대방의 질문이나 반대 논리도 부족함을 메꾸는데 많은 도움이 되었다. 그래서인지 누가 종목 추천을 해도 사야 하는 이유를 명확하게 나열하지 못하는 경우는 대부분 흘려 듣고 말았던 것 같다. 이처럼 타인에게 자신의 투자 포인트를 잘 설명하는 연습은 정말 좋은 투자 습관이다.

하지만 이러한 과정을 다 거친다고 투자한 주가가 쉽게 오르는 것이 아니니 투자는 참 어렵다. 신중하게 고르고 골라서 투자를 해도 주가는 예기치 못한 악재나 수급에 따라 하락할 수 있기 때문이다. 내 주식에는 무슨 아래로 끌어당기는 중력의 법칙이 작용하는지 무겁게 오르고 가볍게 빠지는 경험은 필자도 많이 해보았다.

투자는 사실 인간의 기본 본능과는 다른 자질을 요한다. 인간이라는 동물은 무섭거나 두려운 일이 발생하면 도망가거나 몸을 피하는 게 당연하다. 어린 아이들이 태생적으로 겁이 많은 이유도 일단 무조건 피하라는 인간 DNA의 명령체계이다. 천둥과 번개가 무섭고 두려워도 어른이 되면서 교육을 통해 확률상 별로 위험하지 않다는 것을 배워 나가는 것이다.

이렇게 우리는 당연한 위험 본능을 가짐에도 불구하고 주식투자할 때만큼은 모든 걸 거꾸로 하는 행동양식이 필요하다. 본인이 투자한 기업이 우량주라는 전제 하에서는 시장 리스크로 인한 하락에 두려워 투매를 해서는 안 된다. 오히려 악재와 두려움을 이겨내는 인간 본능을 역행하는 훈련을 해야 한다. 좋은 기업들은 주가가 빠지면 싸게 살 수 있는 좋은 기회를 주고 있는 것이 아닌가? 그래도 본인 주식이 하락할 때 마음이 무겁고 불안하다면 철저히 기업 기본가치에 집중하기를 권해본다. 절대 망할 것 같지 않은 기업의 주식을 가지고 있다면 두려움이 덜 할 것이고 그렇지 않은 기업이라고 생각되면 더 두려울 것이다. 예를 들어 삼성전자와 같은 주식은 주식시장이 하락할 때 같이 하락해도 기업 스스로가 실적의 힘으로 주가 회복의 선봉장이 되어 있을 수 있다.

주식시장은 2가지 리스크로 구성되어 있다. 첫째는 '체계적 리스크(Systematic Risk)'라고 불리는 주식시장 자체의 리스크이다. 이는 기업이 잘못해서 주가가 빠지는 것이 아니고 코로나나 전쟁의 발발, 세계 경기 둔화, 유동성 축소와 같은 주식시장 전체가 빠지는 리스크를 말한다. 둘째로 '비체계적 리스크(Unsystematic Risk)'는 기업 자체의 리스크이다. 우리는 체계적 리스크를 피할 수는 없다. 위기가 갑자기 어떻게 올지도 모르고 물가를 예측하기도 미국 연방준비위원회(Fed, 연준) 의장이 어떠한 변덕을 부릴지 우리는 알기 어렵다. 하지만 우리가 비교적 더 잘 알 수 있는 것은 우리가 투자한 기업 자체이다.

기업의 경쟁력과 비즈니스 모델을 알고 있으며 한두 해의 실적 전망도 가능하다. 결국 기업에 집중을 하면 많은 리스크를 줄일 수

↑ⓢ↓

있고 주가 하락이 두려울 필요가 없다. 왜냐하면 앞장에서도 언급했듯이 위기를 거치고 난 주식시장은 항상 우상향 해왔기 때문이다. 결국 미국 국가 신용등급 강등사례나 첫 번째 금리 인상과 같은 통화정책의 변화, 또는 기업의 일회성 사고와 같은 무수한 악재들이 시간이 지나고 봤을 때 저점 매수의 찬스였음을 알고 있다.

투자한 기업의 경쟁력 저하와 같은 기업 자체의 구조적인 이유가 아니라면 위기는 대부분 기회로 돌아온다. 결국 이런 기회를 활용하여 추가 매수를 통한 유리한 가격을 만들어야 하는데 이를 증권가에선 물타기라고 표현한다. 어떠한 경우에 추가 매수를 하거나 하지 말아야 하는지에 관한 테크니컬한 부분은 뒷장에서 더 자세히 다룰 예정이다.

주식투자는 두려움을 회피하려는 인간본능을 역행하기를 요구한다. 투자 선택은 기업에 대한 확신에 따른 독립적인 의사 결정이어야 하며 이 확신이야말로 주가 하락의 두려움을 이기는 가장 큰 힘이다. 어떤 이유로든 주식시장의 하락은 우량주를 싸게 사는 좋은 기회를 가져다준다.

한 줄 요약

목표수익률과 투자기간부터 설정하자

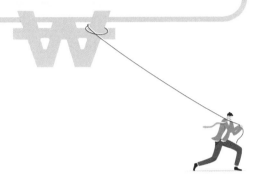

세팅 단계

누구든 주식투자를 시작할 때 각자의 목표가 있을 것이다. 필자도 젊은 시절 투자 목표는 빨리 많이 버는 것이었다. 그렇지만 막연하게 많이 벌자 보다 목표를 좀 더 구체화할 경우 손에 잡히는 수익을 낼 가능성이 높아진다. 투자에 임할 때 다음과 같은 세팅은 꼭 하고 시작하기를 바란다. 이는 마치 골프를 칠 때 자세는 어느 방향을 보고 서며 골프채의 길이는 어떤 걸 선택하고 어느 거리에 떨어지는 걸 상상하면서 스윙을 하는 것과 유사한 세팅이다. 필자도 골프를 치지는 않지만 야구도 비슷하니 상상에 맡긴다.

↑ $ ↓

수익률 목표 설정 ┃ 주식투자를 할 때 많이 버는 것이 당연히 최선이겠지만 이게 코스피보다 높은 수익률인지 아님 주변에 주식을 하는 지인보다 더 버는건지 각자 기준이 다를 것이다. 본인의 목표에 따라 일 년간 대략 얼마 정도 벌면 좋겠는지 목표수익률을 설정하는 것이 중요하다. 예를 들어 30년 평균 코스피의 연 수익률은 약 12%였다. 나이와 투자 성향에 따라 다양한 케이스들이 있겠지만 보수적인 투자자들은 코스피 평균보다 소폭 높은 15%, 적극적인 투자자들은 20% 정도를 목표로 하는 게 합리적이다. 2020년 같은 경우는 많게는 100%를 번 투자자들도 있어서 시장이 우습게 보일지 모른다. 그렇지만 시장은 하락하는 해도 있고 개별종목의 변동성은 더 크기 때문에 평균수익률 20%는 매우 훌륭하다. 아마 10년간 반복적으로 이런 수익률을 낼 수 있다면 한국판 워런 버핏(Warren Buffett) 처럼 자산운용회사를 차려도 된다.

물론 본인의 목표수익률에 도달했다고 주식을 멈추라는 얘기는 전혀 아니다. 상승 사이클이 끝날 때까지 지속해야 하지만 사이클의 시작과 끝은 지나고 알 수 있기 때문에 본인의 기준을 잡는 것이 중요하다는 것이다. 그리고 개별종목을 투자하는 경우에는 주식시장의 상승여력보다 해당 기업의 목표 기업가치를 미리 설정하고 투자를 하는 것이 좋다. 이 목표주가는 반드시 증권사 리포트의 목표주가일 필요도 없고 본인이 생각하는 적정가치이면 된다. 적정가치를 판단하는 방법은 앞으로 계속 다룰 예정이다.

만약 목표수익률에 달성했을 경우는 잃지 않고 지키면서 조금씩 수익을 추가하는 보수적인 다음 전략으로 넘어가는 것도 좋다. 예를 들어 변동성이 큰 중소형주 비중은 줄이고 상승 속도가 다소 낮더라도 하락 리스크가 낮은 대형 우량주나 배당주 비중을 높이는 것이 좋다. 각자 본인의 성향을 잘 파악하고 자신들 만의 목표수익률을 찾길 바란다. 참고로 필자도 수익이 충분해서 팔아야 할 때 못 팔고 내려갈 때 수익을 토해내는 과정을 수없이 반복한 경험이 있다.

투자 기간의 설정 │ 투자 기간의 설정은 사실 목표수익률보다 더 중요하다. 왜냐하면 수익률은 마음대로 결정을 못하지만 기간은 본인 자신이 컨트롤할 수 있기 때문이다. 통계로 봤을 때 투자기간의 여유가 긴 돈이 여유가 짧은 경우보다 높은 수익률을 냈다. 이는 같은 기간을 비교한 것으로 복리의 효과를 말하는 것이 아니다. 6개월 뒤에 찾아야 하는 돈은 단기적인 손실을 버티는 인내력이 2년 뒤에 찾아도 되는 돈에 비해 낮을 수밖에 없다. 각자의 자금 스케줄과 하락에 대한 두려움이 다르기는 하겠지만 우량한 기업을 골랐을 경우 대부분 장기투자가 유리하다.

참고로 필자가 몸담았던 미국회사인 프랭클린템플턴투신운용은 가치투자로 유명하다. 당시 아시아지역 헤드였고 약 40조 원을 운용하던 마크 모비우스(Mark Mobius) 박사는 모든 투자자의 질문에 일관성 있는 대답을 해서 비난을 받은 적이 있다. "박사님 언제 주식을 사야 할까요?" "네. 바로 지금입니다." 그 이후 주식시장이 크

↑⑤↓

게 하락하여 해당 투자자가 다시 질문을 했다. "박사님 경기도 나쁘고 주식이 떨어지는데 팔아야 하나요?" "아닙니다. 지금 더 사셔야죠." "그때도 사라고 하지 않으셨나요?" "네. 좀 구체적으로 말씀드리면 돈이 있을 때 마다 사야 합니다." 질문자는 화를 내고 사라졌다고 한다.

마켓타이밍을 굳이 하지 않아도 결국 주식시장은 조정을 거쳐 상승한다는 점을 강조하기 위해 모비우스 박사가 직접 들려준 실화이다. 하지만 필자는 저런 대가도 아니고 한국의 맞춤형 펀드매니저이니까 다소 인기있게 구체적인 전략을 추천하겠다.

주식시장에는 사이클이 존재한다. 경기가 나빠질 경우 정부는 확장적 재정정책으로 경기를 활성화시키며 경기가 회복되고 과열되는 과정을 거친 후반부에는 기업들의 과잉 투자 및 공급으로 다시 경기 침체의 순환 사이클을 반복하기 때문이다. 이 사이클은 10년마다 오기도 하고 짧게는 5년마다 오기도 한다. 따라서 사이클에 시작과 끝을 정확히 잘라먹을 수는 없기 때문에 큰 상승 사이클의 약 70%만 함께 동행하여도 상당한 성공으로 보인다. 이런 사이클을 판단하는 기준은 금리와 물가인데 뒷장에 나오는 '금리는 만능키'라는 이론부분을 참조하길 바란다. 필자는 주식투자는 치매가 오기 전까지 오래 지속하길 추천하지만 시장 사이클에 따라 주식투자 비중은 예를 들어 금융자산의 50%였다가 20%로 줄였다 하면서 탄력적으로 조정하는 것이 좋다고 본다. 참고로 통상 한국의 주가 상승 하락 사이클은 약 3~4년이었다.

본인 성향 파악

주식투자를 하다 보면 본인의 성향이 나온다. 이는 사람마다 성격과 위험에 대한 인내 정도가 다 다르기 때문에 어떻게 하는 게 최상의 결과라고 말하기는 어렵다. 결국은 투자를 어느 정도 해보면서 자신이 잘하는 강점이나 마음이 가장 편한 방식이 무엇인지 스스로 본인의 강점과 약점을 알아가는 것이 중요하다.

모멘텀형 ｜ 호재가 발생하는 기업에 집중하는 스타일이다. 수주 뉴스나 테마가 생길 때 빨리 발견하고 따라 붙는 경우나 밸류에이션보다는 기업 실적이 좋아지는 모멘텀을 중요시하는 방식이며 한국에는 모멘텀 투자자가 비교적 많다.

가치주형 ｜ 본인이 투자를 하고 싶은 종목들이 비교적 현금흐름이나 비즈니스 모델이 안전하면서 저평가되어 있는 기업들을 선호하는 스타일이다. 주가 탄력성은 낮지만 꾸준한 수익을 주며 배당이 안정적인 기업들이 많다.

성장주형 ｜ 미래 기술이나 성장이 높은 기업군으로 현재의 이익이 작더라도 미래의 이익이 크게 성장하는 기업을 선호하는 형태이다. 높은 PER에 상관없고 변동성이 크더라도 장기투자를 선호한다.

당신은 위에 3가지 유형 중 어떤 성향을 가졌는가? 좋은 성향에 대한 정답은 없다고 본다. 중요한 건 본인이 모멘텀형 투자가이더라도 다른 성향을 같이 가져보도록 노력해보면 더 승률을 올릴 수가 있다는 것이다. 예를 들어 가치주들은 소외되어 있어서 가치가 싼 경우가 많은데 이런 기업이 실적이나 신규 모멘텀이 들어올 경우 큰 수익을 내는 경우가 많다.

역으로 제일 안 좋은 경우는 성장주 스타일에 모멘텀이 거꾸로 작용하는 경우인데 성장주는 밸류에이션이 높은 경우가 많은데 호재나 신규수주와 같은 모멘텀이 사실이 아니거나 이미 선반영되어 있을 경우 주가 하락으로 가장 큰 손실을 주기도 한다. 따라서 본인이 어느 조합을 잘 가져갈 수 있고 본인의 성향에 맞는지는 스스로 알아보고 판단할 일이다. 여기에 이론과 경험이 계속 누적된다면 시간이 흐를수록 점차 성공적인 투자가가 될 것으로 보인다.

주식투자를 시작할 때는 투자기간과 목표수익률의 기준을 설정하는 것이 좋다. 이 경우 예상 외로 흘러가도 멘탈을 지킬 수 있으며 장기적으로 자신의 투자성향도 파악할 수 있기 때문이다.

한 줄 요약

집중투자는
안전한가 위험한가?

주식계좌에 돈을 입금하고 드디어 두근거리는 마음으로 처음 투자 종목을 골랐던 때를 한번 떠올려보자. 처음에는 한두 종목으로 투자를 시작하게 되지만 시간이 지나면 듣게 되는 정보와 추천 기업이 많아지면서 종목수가 자연스럽게 늘어나는 경험을 했을 것이다. 그렇다면 대략 몇 개의 종목을 투자로 보유하는 것이 좋을까? 잘 안다고 생각하는 두세 종목의 집중이 좋을지 더 늘려서 10개 이상으로 분산 투자하는 것이 유리한지 판단을 해야 한다.

예를 들면 한국 자산운용사들이 운용하는 주식형 공모펀드의 종목을 받아 보면 보통 60개에서 많게는 100개 가량 투자되어 있는 것을 볼 수 있다. 이처럼 시가총액 큰 종목들이 나열되어 있는 포트폴리오를 보면 이런 반문이 들 수 있다. 전문가라는 기관투자자는 그렇게 자신이 없나? 주식시장 비중하고 비슷하게 투자해 놓고 있다면 코스피 ETF가 다른 것이 무엇인가?

여기서 자산운용사의 공모펀드 시스템을 간략히 소개해보면 그 이유를 알 수 있다. 첫째는 운용사의 주식형펀드에는 평가를 위한 코스피라는 벤치마크라는 것이 존재한다. 운용성과가 좋았는지 평가하려면 적어도 인덱스보다는 수익률이 좋아야 종목발굴 등으로 알파(@)를 냈다고 표현할 수 있다. 따라서 대부분의 기관펀드들은 코스피에 시가총액 비중과 크게 다른 포트폴리오로 벤치마크 위험을 감내하기보다는 산업 내에 탑픽 종목들을 잘 골라서 시장 대비 초과수익을 내는 전략을 사용한다.

둘째로는 주식형 펀드는 수많은 투자자들을 한 바구니에 넣고 같이 운용하기 때문에 규모가 작게는 수백억 원에서 수조 원의 규모로 운용이 된다. 따라서 환금성을 고려했을 때 몇 개의 종목에 집중투자하기는 어려운 구조이다. 참고로 공모펀드의 경우 수익률에 가장 큰 영향을 미치는 것은 가입자가 펀드 가입시점이다. 이런 요인으로 공모펀드의 인기가 시들해지고 다소 종목수가 적고 개인별로 운용해 주는 개인일임형 상품이나 동학개미의 직접투자가 활성화된 것 같다.

주변에 개인투자자들의 종목수를 물어보면 평균적으로 5개 ~10개 내외인 경우가 많다. 그렇다면 기관투자가와 개인투자자들의 종목 집중도 면에서 어떠한 투자방식이 더 효과적일까? 여러 가지 가정이 들어가지만 결론부터 말하면 집중하되 투자종목 10개 내외의 포트폴리오를 가져가는 것이 가장 효과적이라고 필자는 생각한다.

경제학자 해리 마코위츠(Harry Max Markowitz)의 포트폴리오 이론에 따르면 종목 분산을 더 많이 할수록 위험은 감소하며 기대수익률은 높아진다고 한다. 그래서 기관투자가들이 펀드에 그렇게 많은 종목을 보유하고 있는 것이기도 하고 주식시장 하락 변동성이 커질 때 안전성의 효과도 노린다. 또한 기관투자가들의 펀드는 장기투자를 가정하고 운용을 한다. 다양한 펀드 가입자들에 매수 시기가 다 다르기 때문에 많이 오른 주식과 하락한 주식에 상관없이 장기적으로 코스피지수를 이기는 포트폴리오를 매수하는 것이다.

이런 근본적인 목표의 차이가 있기 때문에 마켓타이밍을 본인이 직접 정할 수 있고 유동성에 별 영향이 없는 개인들의 경우는 굳이 펀드처럼 해야 할 이유가 없다. 오히려 집중하여 종목수를 줄여 놓으면 각 기업들의 현황을 더 깊이 있게 공부할 수 있고 관리하기도 편하다. 기관투자가에 애널리스트와 펀드매니저들은 최소 100~200종목을 연구한다. 펀드매니저들이 들으면 서운하겠지만 요새처럼 정보가 다양하고 투명한 시장에서 기업에 대한 지식의 깊이가 개인투자자보다 더 높아 보이지 않는다. 저 많은 종목을 분석한다고 생각하면 아무리 열심히 해도 10종목을 집중적으로 분석하고 기업 뉴스를 자세히 업데이트하는 개인투자자의 깊이를 따라가기 힘들 것이다. 하지만 펀드매니저의 역할은 예를 들어 보험이나

↑ $ ↓

철강산업이 매력이 없어 보일 때도 해당 업종지수보다 초과수익을 낼 만한 기업이면 보유해야 하기 때문에 공부를 안 할 수가 없는 것이다.

투자자의 살아있는 전설 워런 버핏이 운용하는 버크셔 해서웨이 (Berkshire Hathaway)펀드의 투자 포트폴리오를 보면 약 $500 billion(약 600조 원)의 엄청난 펀드 사이즈에도 불구하고 그는 10종목 정도에

버크셔 해서웨이 포트폴리오 구성

티커	기업명	업종	보유비중(%)
AAPL	애플	INFORMATION TECHNOLOGY	47.6
BAC	뱅크오브아메리카	FINANCE	13.6
AXP	아메리카익스프레스	FINANCE	7.5
KO	코카콜라	CONSUMER STAPLES	7.1
KHC	크래프트하인즈	CONSUMER STAPLES	3.5
MCO	무디스	FINANCE	2.9
YZ	버라이즌	TELECOMMUNICATIONS	2.5
USB	US뱅크콥	FINANCE	2.1
CVX	쉐브론	ENERGY	1.3
DVA	델타항공	HEALTH CARE	1.3
BK	뱅크오브뉴욕	FINANCE	1.3
전체 합계			100
TOP 10 합계			90.7

자료: 버크셔 해서웨이(2021.12.)

집중을 투자를 해왔다. 2021년 12월 기준 약 40종목을 보유하고 있지만 TOP 10 종목 비중이 90%로 대부분을 차지한다.

과거 워런 버핏의 인터뷰를 보면 코카콜라와 맥도널드 애호가이다. 평소에도 자주 즐겨먹으며 패스트푸드는 경기불황에도 살아남을 것 같아서 투자했다고 하였다. 독보적 브랜드를 가진 기업은 경쟁에 취약하지 않을 것으로 보았고 앞에서 보듯이 그의 포트폴리오에 있는 기업들은 유명 브랜드에 독과점적인 지위가 있는 기업들이 대부분이다. 〈장기투자가 집중투자를 만났을 때(워런버핏)〉에서 이 포트폴리오는 좀 더 자세히 다루도록 하겠다.

그가 장기적으로 월등한 수익률을 낼 수 있었던 것은 확신이 가는 기업에 집중투자 했기 때문이다. 물론 집중투자보다는 그가 좋은 기업을 잘 고른 것이 훨씬 중요한 포인트이다. 수많은 거장들이 같은 방식으로 집중투자를 했겠지만 사라지거나 잊혀간 이유는 이 때문이다.

우리는 투자의 신인 워런 버핏처럼 투자하지 못할 것이라고 생각한다. 하지만 꼭 그렇게 생각하지 않고 얼마든지 따라 할 수는 있다. 이때 필요한 덕목은 첫째는 본인이 정말 잘 알고 있는 기업에 투자하는 것이고, 둘째는 인내심을 가지고 그 철칙을 지키는 것이다. 별로 어렵지 않아 보이지만 1999년 인터넷의 보급과 아마존의 등장과 같은 IT혁명 때에도 그리고 2021년 4차산업혁명의 신기술과 바이오테크에 투자하는 캐쉬우드의 ARK 액티브 ETF가 열풍이 불 때도 그의 포트폴리오는 유행을 따르지 않았다. 2019년 대비 애플 투자비중이 늘어난 것 외에는 거의 바뀐 것이 없는 BRK(버크셔 해서웨이) 포트폴리오는 ARKK(아크이노베이션) 등의 수익률을 크게 앞지르고 있다.

10개 종목 내외의 집중투자는 바람직하다. 필수 조건은 잘 아는 기업이나 예측 가능한 기업으로 한정해야 한다. 앞으로 계속 이런 기업군을 강조할 것이기 때문에 본인에게 맞는 기준만 정립하면 된다.

한 줄 요약

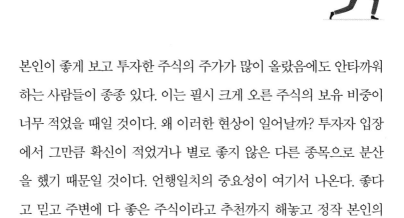

언행일치의 중요성

본인이 좋게 보고 투자한 주식의 주가가 많이 올랐음에도 안타까워하는 사람들이 종종 있다. 이는 필시 크게 오른 주식의 보유 비중이 너무 적었을 때일 것이다. 왜 이러한 현상이 일어날까? 투자자 입장에서 그만큼 확신이 적었거나 별로 좋지 않은 다른 종목으로 분산을 했기 때문일 것이다. 언행일치의 중요성이 여기서 나온다. 좋다고 믿고 주변에 다 좋은 주식이라고 추천까지 해놓고 정작 본인의 투자비중은 10%도 안되든지 또는 조금만 올랐다고 바로 팔아버렸다면 이는 결국 자신감이 없었기 때문이다.

투자의 과정은 단순하게 보면 투자에 대한 결심과 실행이라는 2가지 프로세스를 가진다. 첫째는 특정 기업에 대한 분석을 통해 미래 가치 상승 가능성에 확신을 갖는 과정이다. 이를 위해서 해당 기업을 선택한 이유가 명확해야 하고 생명체와 같은 기업이 성장하는 과정을 보고 판단을 할 수 있어야 한다. 다른 사람에게도 내가 이 주식을 왜 투자하고 있는지에 대해 잘 설명을 할 수 있다면 정말 좋은 투자자세를 가졌다고 할 수 있다.

만약 설명을 하다가 막히는 부분이나 스스로 질문이 생기면 이를 보완해 나가면서 투자에 대한 확신을 높일 수가 있다. 만약 이 과정이 명확하지 않거나 예측이 어렵다고 중간에 느껴지면 이 종목은 좋은 투자가 아닐 가능성이 있다. 이런 과정을 통해서 자신이 없는 기업에서는 빨리 빠져 나와 객관적인 시각을 가져야 한다.

팔이 안으로 굽는다고 했다. 상장기업들의 네이버 주주게시판을 보면 주식을 보유한 사람과 아닌 사람의 의견차이는 마치 다른 행성 사람 간의 전쟁과 같다. 주식을 가지고 있는 순간은 누가 뭐라고 하던 한정 없이 예뻤던 주식이 매도하고 나면(특히 그 후 올라갔을 때) 다른 행성 사람이 되어버리는 경우들을 종종 보았다. 이처럼 의견이 다른 투자가들의 공격에도 불구하고 흔들림이 없다면 그 다음 단계는 바로 실행이다. 실행이 뭐가 어렵냐고 우습게 보면 안 된다. 이 과정에서 바로 얼마의 금액 비중을 투자하고 목표수익률까지 얼마나 오랫동안 들고 인내할 것인가를 결정하는 종목 선택만큼 중요한 과정이기 때문이다. 처음 살 때는 자신이 있어서 많이 샀지만 점차 자신이 없어지는 경우도 있으며 언제 팔지 몰라서 수익을 극대화하지 못하는 경우도 비일비재하다.

만약 자신이 있었다고 생각했음에도 투자 비중이 여전히 낮은 자신을 발견한다면 이는 본인의 성향이 언행일치를 잘 못하는 소심한 성격인 것이다. 사람 개개인의 성향은 어쩔 수는 없다고 말할 것이 아니라 반복적인 훈련을 통해서 극복해 나가야 한다.

필자도 과거에 실행력이 부족했기 때문에 좋은 기회를 놓친 적이 많다. 2000년 중반 미래에셋자산운용에서 펀드매니저를 할 때, 디스커버리라는 회사 간판 펀드를 열심히 운용하였으며 선후배들과 함께 수천억에 불과한 펀드를 3조 원대 펀드로 성장시켰다. 수익률도 2005년에는 당시 코스피시장을 40% 이상 초과 달성하였다.

당시에는 펀드운용에 자신도 있었고 좋은 종목도 많았는데 고객들에게는 디스커버리 펀드에 가입하라고 권유하면서, 본인 스스로 펀드투자를 못한 것은 무관심했거나 실행력이 부족해서다. 지금도 펀드매니저는 고객자산을 운용하는 펀드가 보유한 종목에 직접 투자를 할 수 없게 되어 있다. 반면 펀드에는 가입이 가능하였는데 그 당시 필자의 돈은 엉뚱하게 은행이나 타사 상품에서 놀고 있었던 것이다. 여러분은 확신이 생기면 그다음에는 꼭 언행일치 하시기를 바란다.

종목의 선정만큼 투자의 실행과정도 중요하다. 말만 하고 소심하게 행동하는 사람에게 좋은 기회는 스쳐갈 뿐이다. 부를 크게 일구어 나간 사람의 특징은 집요하게 기회를 자기 것으로 만든다는 데 있다.

한 줄 요약

투자를 위한 투자

2장

실전
노하우

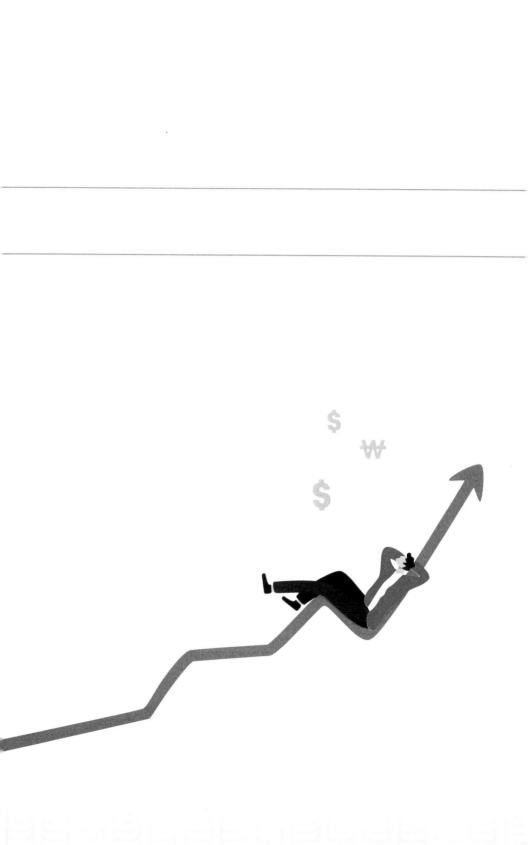

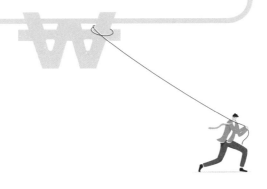

5년 단위
주도주를 찾아라

어느 산업에나 사이클이 존재한다. 사이클은 마치 생물의 일대기와 같이 도입기, 성장기와 성숙기를 거쳐 쇠퇴기를 맞이하거나 정체기의 과정을 거친다. 따라서 특정 산업의 태동기나 성장 초기에 발견하고 확신을 가지게 되면 성공적인 투자를 할 가능성이 높아진다. 보통 새로운 라이프 사이클을 시작하는 산업군은 짧게는 5년에서 10년 정도의 기간을 거치며 사이클을 만들어 나간다.

한국은 다른 국가에 비해 없는 업종이 거의 없을 정도로 다양한 산업군을 갖추고 있다. 예를 들어 제조업에서는 철강, 화학, 정유 같은 전통기간산업부터 반도체, 가전, 소재와 같은 첨단산업, 그리고 바이오, 인터넷, 콘텐츠와 같은 신성장산업까지 두루두루 글로벌 경쟁력을 갖추고 있다.

이는 몇 개의 특정 업종이 해당 국가의 GDP를 견인하는 국가들과 다른 경쟁력 포인트이다. 아마 우리는 이렇게 다양한 산업을 해외 업체들과 경쟁해서 키워온 기업과 정부 그리고 무엇보다 열심히 살아온 근로자들에게 감사해야 할 것이다. 우리나라가 글로벌 1위권을 차지하고 업종은 이미 알고 있겠지만 반도체, 가전, 휴대폰, 조선, 2차전지, 웹툰 외에도 스판덱스, 타이어코드, 풍력타워 등 총 127개 분야나 된다. 이는 기업수로는 미국, 중국, 일본에 이어 세계 4위에 해당되는 정말 탁월한 성과이다. 하지만 우리 기업들은 성과에 안주하지 않고 그 다음 성장을 가지고 올 업종에 주인공이 될 수 있을까?

물론 세계에 영향을 주는 변화의 물결을 주도하는 신성장산업을 찾는 것은 한국만 봐서는 어렵다. 그럼에도 불구하고 한국 주도산업의 미래는 꽤 유망하다고 할 수 있다. 이는 미국의 4차산업혁명과 관련된 구글, 유튜브와 같은 플랫폼 업종이나 AI(인공지능), 클라우드(cloud)와 같은 미래성장산업이 한국 기업들의 기반기술을 필요로 하기 때문이다.

예를 들어 아마존과 구글과 같은 기업의 클라우드 서비스는 삼성전자나 SK하이닉스의 서버용 반도체가 필수적으로 필요하며 테슬라와 같은 EV 자율주행차의 경우도 LG에너지솔루션 및 SK온, 삼성SDI와 같은 2차전지 업체가 없이는 목표한 생산이 어렵다. 애플카의 경우 차량을 제어하는 DCU(Domain Control Unit)에서 LG이노텍의 이미지센서기술이 필수적이며 전기차용 인포테인먼트시스템 역시 LG전자가 글로벌 경쟁력을 가지고 있다. 이렇게 글로벌 공급 망 체인에 핵심 소재 및 원재료를 담당하고 있는 많은 기업이 포진해 있는 국가는 별로 없다.

미국의 혁신기술산업인 AI, 클라우드, 핀테크(pin-tech) 그리고 인 터넷플랫폼 업체들이 매년 40~50%씩의 큰폭의 성장을 구가하고 있는데 반해 중국을 제외한 다른 대륙 선진국들의 미래산업에 대한 준비는 매우 부족해 보인다.

그럼 다른 선진국들의 국가 주요 산업구조를 한번 비교해보자. 예를 들어 독일의 경우는 제조업이 산업의 큰 축을 형성하고 있다. 시가 총액의 1~5위까지가 폭스바겐, 지멘스, 다임러벤츠와 같은 제 조업 기반이며 SAP 정도가 기업용 소프트웨어로 4차산업과 관련이 있다. 세계대전을 2차례나 일으켰던 국가답게 엔지니어링 기술이 기반이 된 하이엔드 정밀산업 위주로 구성되어 있지만 미국의 4차 산업군과 같이 성장률이 높지 못하다.

프랑스와 같은 경우는 루이비통, 로레알, 에르메스와 같은 명품 소비재가 가장 높은 시가총액을 차지하고 있으며 제약사 사노피, 정유업에 토탈 정도의 구 경제산업이 대부분이다. 일본의 경우도 도요타가 1위이며 소프트뱅크, 소니를 제외하면 4차산업과 관련된 인터넷플랫폼과 같은 산업은 순위에 없다.

한국의 네이버와 카카오톡이 플랫폼시장을 지킨 거의 유일한 국 가이며 일본과 유럽은 모두 구글, 페이스북(왓츠앱), 라인과 같은 외 국 기업에게 시장을 전부 내주었다.

4차산업 관련 국가별 보유기업 현황

분야	미국	중국	한국	독일	일본
E-commerce	아마존	알리바바	쿠팡/ 네이버	아마존/ Otto	아마존/ 라쿠텐
Portal/Search	구글	바이두/ 텐센트	네이버		야후
Streaming	(유튜브)	비리비리			
Social Media	페이스북	웨이보/ 틱톡			
SNS Chatt	(왓츠앱)	위챗	카카오톡		라인
SmartPhone	애플	샤오미	삼성전자		
Operating SW	마이크로소 프트/인텔				
Mobile OS	구글/애플				
Cloud Service	AWS/MS	알리바바			
Mobility	테슬라	니오/ 비야디	현기차	폭스바겐/ 벤츠	토요다
Car Sharing	우버	디디츄싱	카카오M		
OTT	넷플릭스/ 디즈니/애플	아이치이/ 후야	NAVER/ 쿠팡		
Bio	J&J/ 화이자	야오밍캉더	셀트리온/ 삼성바이오	바이엘/ 머크	다케다

자료: 그로쓰힐자산운용

주목할 만한 국가는 중국인데 사실상 중국은 정부가 외국 기업의 시장 진입을 봉쇄하고 무서운 속도로 미국과 같은 4차산업혁명 분야 산업을 모두 구축하였다. 인터넷플랫폼에서 SNS, E-commerce (전자 상거래), 핀테크까지 모든 산업에 거대 공룡을 키워낸 유일한 국가이다. 앞의 도표를 보면 중국이 핵심 컴퓨터 운용시스템(OS)을 제외한 대부분의 산업에 미국과 경쟁할 만한 경쟁력을 갖춘 것을 볼 수 있다.

다시 한국으로 돌아와서 이렇게 해외성장산업 사이클의 큰 흐름을 읽는다면 장기적으로 유망한 핵심 기업들을 발굴할 수 있을 것이다. 한국 기업들은 세계에서 인위적인 중국을 제외하고 가장 혁신 기업이 많은 국가이다. 제조에 강점을 가지면서도 일본이 못 가진 말랑말랑한 창의력도 가졌다. 일본판 카카오인 네이버의 라인, 세계 만화 1위, 플랫폼, K-POP과 K-드라마, 쿠팡, 마켓컬리, 배달의 민족, 삼성바이오로직스, 셀트리온 등 이 정도의 나열로 더 자세히 설명할 필요는 없을 것 같다. 또한 4차산업의 기반 기술과 핵심 원재료를 공급하는 제조업 기업들도 보유한 튼튼한 두 다리를 가진 작은 거인과 같다.

한국에서는 고성장하는 4차산업 외에도 다양한 산업의 순환 사이클에 투자도 가능하다. 예를 들면 2022년 현재 반도체 사이클이 장기 하락을 멈추고 새로운 사이클에 진입하고 있고 게임업체들이 블록체인 플랫폼을 활용한 신사업과 수소에너지와 같은 초기 상승 사이클의 시작을 알리는 산업이 두루두루 포진해 있는 것이다. 물론 기업적인 측면에서 세계를 평정한 미국주식에 직접 투자하는 것도 꾸준히 지속해야 한다. 예를 들어 우주산업이나 OS, AI 기술 관련 지배적인 사업자들은 다른 국가에서 찾아보기 힘들기 때문이다.

한국 기업들은 글로벌 4차산업 성장을 주도하는 빅테크 기업들의 핵심 공급망 안에 있다. 후발 주자였던 삼성전자가 애플의 스마트폰과 함께 시장을 양분했듯이 새로운 주도 기업은 또 나타날 것이다.

한 줄 요약

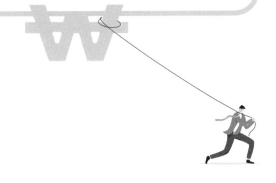

신성장 산업을 조기 발굴해보자

만약 당신이 신성장산업을 비교적 초기에 알아볼 능력이 있다면 투자자 관점에서 매우 우수한 자질을 가지고 있다고 할 수 있다. 사실 기존 제품을 대체하거나 새로운 패러다임으로 혁신을 가져오는 산업군을 알아내는 것은 그렇게 어렵지 않다. 신문이나 유튜브 또는 관련 업종기사만 열심히 찾아보고 노력하면 미래성장업종을 알수 있다. 또한 누구보다도 빨리 알아야 할 필요도 별로 없다. 왜냐하면 신성장산업의 사이클은 비교적 큰 주기를 그리며 오래가기 때문이다. 그럼 이제 이미 모두가 유망하다고 잘 알고 있는 산업의 예를 들어보자.

전기자동차(EV)나 자율주행 기술기업의 주가는 이미 큰폭으로 상승했지만 이 글을 쓰고 있는 지금도 이제 도입기를 지나 성장기

단계에 진입한 수준이다. 2021년 기준으로 1년에 팔리는 자동차에 약 5~6% 수준만 순수전기차(BEV 약 500만 대)이기 때문이다. 결국 글로벌 자동차 기업들이 최대한 공장을 짓고 생산을 늘리고 있어도 2022년 현재 전기차는 부족해서 못파는 형국이며 테슬라 자동차를 인도 받으려면 한국에서는 거의 6개월 이상이 걸린다. 각국 정부가 2030~2040년까지 국가별 내연기관차 판매를 금지하는 정책만 보아도 동 산업의 장기 성장은 부인할 수 없다.

물론 너무 확실성이 높은 업종이라 주가는 미래의 성장을 많이 반영하고 있지만 자동차산업의 변화는 단순히 엔진이 2차전지로 바뀌는 것을 넘어서 새로운 디바이스의 탄생을 의미한다. 대표적인 디바이스가 PC에서 스마트폰으로 넘어갔던 시기와 마찬가지로 자율주행차로 넘어가는 혁신의 중간에 있다.

아시다시피 몇 년 뒤 레벨5라는 완벽한 자율주행(현재는 레벨3.5)이 가능해지는 시점은 큰 변화를 예고하고 있다. 우선 전 세계 운전자의 출퇴근 시간을 새로운 잉여 시간으로 창출해줄 것이다. 차 안에서 게임을 하거나 넷플릭스를 보는 운전자를 위해 해당 기업들은 더 많은 콘텐츠를 준비해야 할 것이다. 예를 들어 아이들을 학원에 태워다 주거나 출퇴근에 시간을 소모하는 모든 사람들에게 소비나 생산을 위한 추가 시간을 제공해 주기 때문이다.

출퇴근 시간을 제외하고 90% 정도의 시간을 주차장에서 낭비되고 있는 차들이 자율주행이 가능해지면 우버 택시와 같이 자율주행차로 돈을 벌어 올 수 있는 패러다임의 변화가 생길 수 있다. 우리는 이러한 서비스가 멀지 않아 시작될 것은 알지만 아직 큰돈을 버는 업체는 없다. 이렇게 신성장을 주도하는 테슬라와 같은 기업의 주가가 많이 올랐지만 쉽게 팔고 나오면 안 되는 이유이다. 자율주행 기술은 산업혁명과 같이 전 세계 경제에 새로운 소비와 생산 가치를 선사할 것이며 핵심 기업은 그 과실을 가져갈 것이다.

빅데이터를 저장하고 체계적으로 구축하게 도와주는 클라우드산업과 그 데이터를 기반으로 자율학습(Deep Learning)을 하는 AI프로그램 및 보안설계 등도 빠르게 성장하고 있는 신성장 산업으로 볼 수 있다. 실제 이러한 산업에 핵심 기업(AWS, Azure, Google Cloud)들은 2021년 말 기준으로 약 50%의 높은 매출 성장을 보이고 있고 이미 과점화가 진행되었기 때문에 성공투자 확률이 높다. 신성장 산업에 대한 구체적인 내용은 뒷장에서 다루도록 하겠다.

반면 아직은 대규모 투자 단계에 있는 미래산업으로는 우주 관련 사업으로 위성사업, 우주여행, 우주기지 및 자원확보 등 다양하다. DNA시퀀싱, 유전자 가위, 세포치료제 등 바이오 분야에서도 미래 먹거리가 나올 것이다. 중요한 점은 이러한 산업 자체보다 신성장 산업을 주도하고 기존 전통 가치를 파괴해 나가는 혁신 기업에 집중하는 일이다.

다음 3가지의 요인을 충족하는지 보면 도움이 될 것이다. 첫째는 가장 앞선 혁신기술을 보유하고 있는가 둘째는 투자할 자본이 충분한 회사인가 마지막으로는 쉽게 따라올 경쟁자들이 있는 가이다. 마지막으로 주가측면에서 경기에 흔들리지 않고 꾸준한 상승을 기

↑Ⓢ↓

대 하기 위해서는 꿈이 큰 미래 기업보다는 매출과 이익이 발생하는 기업으로 한정할 필요는 있다. 자세한 내용은 뒤에 산업편과 기업편에서 더 다루도록 하겠다.

조금만 더 관심을 가져보면 신성장 기업은 이미 당신이 알고 있거나 바로 옆에 있다. 단지 기업을 고르고 집중투자를 하는 데 다른 많은 노이즈들에 방해를 받고 있을 뿐이다.

한 줄 요약

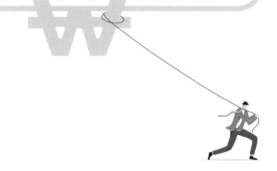

끝까지 살아남을 기업을 꼽아라

주식시장에는 약 3,000여 종목이 상장이 되어 있다. 그리고 매일 같이 수많은 투자 정보와 매수 리포트들이 쏟아져 나오고 있다. 결국 너무 많은 정보는 투자자들을 오히려 혼란스럽게 하며 가장 좋은 투자처에서 덜 좋은 투자처로의 분산을 야기하여 목표수익률을 낮추는 역할도 하는 것이 사실이다. 따라서 본인 포트폴리오의 가장 많은 비중을 차지할 핵심 기업이 무엇인지를 먼저 결정하는 것이 가장 중요하며 이 중에서 가장 성공적인 전략은 결국 강한 경쟁력을 갖춘 기업일 것이다. 투자를 시작하기 전에 이 2가지 조건에 해당하는지 반드시 고민해 볼 필요가 있다. 첫째 끝까지 살아남을 기업일까? 둘째 절대로 없으면 안 되는 기업인가? 사실 여기에 해당하는 기업을 다시 추리면 3,000개 이상의 상장사 중에 아마 100개도 안 남을 것 같다. 기준을 좁혀보자.

기업이 어려워지는 경우는 크게 3가지이다. 첫째는 불황이 와서 경기가 나빠질 경우, 둘째는 유행이나 기술이 바뀌는 경우, 셋째는 경쟁자들이 많아져서 도태되는 경우다. 그럼 먼저 유행이 바뀌거나 경기가 나빠져도 큰 상관없는 반드시 필요한 재화나 서비스를 생각해보자. 예를 들면 컴퓨팅, 모바일, 소셜 미디어와 같은 지배적 사업자가 공급하는 시장이다. 기술 우위나 시장 선점으로 해당 영역에 지배적 지위를 확보한 기업은 망할 확률이 현저히 낮다. 이들을 대체할 경쟁 기업이 없기 때문이며 이들이 없이는 해당 산업이 존재하기 힘든 경우는 더욱 그렇다. 이에 해당하는 섹터와 회사명은 다음장에 표로 정리했다.

이러한 지배적 사업자의 성장을 위해서는 반드시 필요한 핵심 공급망(supply-chain)에 있는 제조업체들도 포함된다. 해당 생태계에 기술우위와 서비스우위를 제공하는 혁신 기업들도 독보적인 성장이 보장된다. 예를 들면 자율주행기술이나 AI의 딥러닝을 위해서는 TSMC와 같은 반도체칩을 생산해주는 회사가 반드시 필요하며 클라우드 데이터센터 연산을 위해서는 엔비디아(Nvidia)의 GPU칩이 반드시 필요한 것과 같다.

그 외에 경기와 상관없이 꼭 필요한 섹터로 음식료, 통신, 유틸리티, 보험 등도 안정적인 산업이지만 음식료 제조사간 마케팅 경쟁이 치열해서 특정회사가 안 망한다고 장담하기 어렵다. 통신사는 정부규제로 보호와 성장의 제한이 공존한다.

망하기 거의 불가능한 산업/기업군

OS(Operating System)	마이크로소프트, 구글, 퀄컴, 애플, 테슬라
CPU	인텔, AMD
컴퓨팅 칩/반도체 제조사	삼성전자, TSMC, 엔비디아, ARM, 퀄컴
플랫폼 기업	구글(유튜브) 네이버, 마이크로소프트, 바이두
SNS기업	페이스북(왓츠앱, 인스타그램) 카카오, 라인, 텔레그램
전자상거래	아마존, 이베이
클라우드/AI	아마존, 마이크로소프트, 구글, 알리바바
자율주행차	테슬라, 구글, 폭스바겐, 바이두
콘텐츠 플랫폼	넷플릭스, 디즈니, 텐센트
핀테크 금융	페이팔, 스퀘어, 카카오페이

VS.

미래를 예측하기 어려운 산업/기업군

철강 화학 조선	지배적 사업자가 없고 경기에 민감함
백화점 쇼핑 의류	경쟁이 치열하며 소비경기에 민감함
제약 바이오	신약성공 여부를 알 수 없고 경쟁이 치열함
여행 레저	필수 소비재가 아니라 경기에 가장 민감함
은행, 보험 증권	경기에 민감하며 모바일 기반 경쟁자 진입
항공 운송 해운	경기에 가장 민감함

↑ $ ↓

그리고 미래를 예측하기 어렵다고 해당 업종이 투자하기 나쁘다는 얘기는 전혀 아니다. 그 산업들도 사이클이 있어서 호황을 누리는 국면이 존재하기 때문이며 해당 산업내 저평가 기업도 상당히 많다. 그리고 경쟁력 있는 히트상품이나 서비스로 경쟁 기업의 시장점유율을 빼앗아 오는 기업들도 많다.

예를 들어 엔터테인먼트 업종에서 위버스, JYP, 의류에서 F&F, 화장품에서 LG생활건강, 게임개발에서 펄어비스와 같이 새로운 강자들은 끊임없이 나타나고 시장을 확대해 나간다. 다만 여기서는 향후 10년 후에 그 기업이 도태될지 여전히 공고한 성장을 이뤄가고 있을지 예측하기가 상대적으로 어렵다는 말이다.

4차산업혁명의 옷은 입고 있지만 앞에 제시한 절대 안 망할 조건에서는 판단이 어려운 기업들도 있으니 조심할 필요가 있다. 예를 들어 2018년까지 미국의 온라인 음식배달업체 1위는 마켓쉐어 50%를 점유한 그럽허브(Grab hub)였다. 하지만 지금은 20% 미만으로 떨어졌고 이 자리를 20년에 상장한 도어대시(Door dash)가 50%로 그럽허브의 대부분을 뺏어가 버렸다. 이는 반드시 필요한 성장산업의 요건은 갖췄지만 경쟁요건 중 자본과 고객편의성에서 추격자에게 참패한 경우이다.

이처럼 독과점적인 지위를 가진 기업들은 기술의 변혁이 있기 전까지는 지위를 유지할 가능성이 높지만 경쟁이 치열한 산업이나 신규진입자가 쉽게 들어올 수 있는 업종의 경우 미래를 예측하기 힘들다. 게임 업종이 유망한 건 다 알지만, 게임을 제작하는 업체 수는 수 천개가 넘으며 이 중에 히트작을 유지하지 못하면 도태되어 사라질 수 있다.

반면 기존에 대작을 성공시킨 게임사들은 마블사(Marvel)가 슈퍼히어로의 저작권으로 먹고 살듯이 그들만의 경쟁력을 유지할 수 있다. 아무리 큰 자동차회사나 백화점, 철강사들도 경쟁의 파고에서 우월적 지위를 유지하지 못하면 망할지 버틸지 우리는 알 수가 없다. 결국 포트폴리오의 절반 이상은 기대수익률이 낮더라도 절대 안 망할 것 같은 장기 성장 기업을 채워 놓고 있다면 불황에도 버틸 것이고 제2의 코로나 사태와 같은 블랙스완이 발생하여도 주식을 더 채울 수 있는 기회를 줄 것이다.

끝까지 살아남을 기업은 조금만 생각해봐도 알 수 있다. 필자는 아직 미성년자인 자녀들에게 용돈을 모아 이런 기업을 사놓게 하고 수년간 계좌를 쳐다보지를 않는다. 보지 않아도 불안하지 않기 때문이다.

한 줄 요약

정보가 없는 사람도 성공하는 법 (마이클 포터)

투자가 중에는 발빠른 주식시장의 변화에 따라 다니기에 시간과 정보가 부족한 사람들이 꽤 많을 것이다. 직장인이 매번 주식시장 주도주 변화를 알아내기에는 너무 시간 소모가 많을 것이고 실시간 정보를 얻는 것도 전업투자자가 아닌 이상 역부족이다. 이런 경우에 장기투자를 해놓고 편하게 가끔씩 수익률 점검을 해도 마음이 초조하지 않는 투자방법이 있다. 바로 투자할 기업의 비즈니스 모델과 경쟁력을 보고 접근하는 것이다.

전문가들은 다들 기업이익이 좋아지는 것을 사라고 한다. 누구나 할 수 있는 당연한 이야기인데 어떤 기업이 실적이 좋아질지 나빠질지 어떻게 알겠는가? 이러한 경우 단기이익의 흐름을 따라가는 투자방법이 아닌 구조적으로 실적이 좋아질 수밖에 없는 기업에 투

Five Competitive Forces(5가지 경쟁요소)

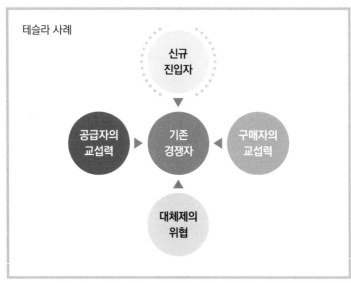

테슬라 사례

- 신규 진입자
- 공급자의 교섭력
- 기존 경쟁자
- 구매자의 교섭력
- 대체제의 위협

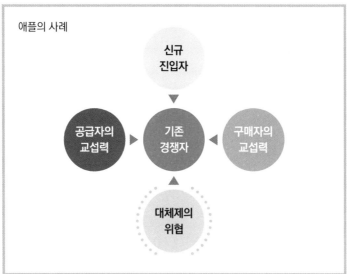

애플의 사례

- 신규 진입자
- 공급자의 교섭력
- 기존 경쟁자
- 구매자의 교섭력
- 대체제의 위협

자료: 마이클 포터, 그로쓰힐자산운용

자하길 권한다.

경영학을 전공한 사람이라면 누구나 배웠을 하버드대학 경영학자 마이클 포터(Michael Porter)의 5가지의 힘(Five Competitive Forces)은 정말 강력한 기업 선택의 이론적 토대를 준다. 이 5가지의 힘은 1. 기존산업 내 경쟁 2. 신규 진입자 여부 3. 새로운 대체재 4. 판매자 우위(Seller's Power) 5. 구매자 우위(Buyer's Power)로 구분된다.

하나씩 설명을 하면 모든 산업에는 기존에 경쟁하는 기업들이 존재할 것이다. 예를 들어 가장 최근 사례인 자동차산업을 보자. 기존산업의 경쟁은 글로벌자동차 업체인 GM, 포드, 폭스바겐, 도요타, 현대차 등 약 10여 개의 자동차 브랜드가 별 성장이 없는 자동차산업에서 경쟁하고 있었다. 2010년 테슬라는 전기차를 무기로 새로운 자동차 메이커로 등장했다. 이는 신규 진입자이기도 하지만 전기차를 혁신적인 기술로 시장을 잠식하고 들어온 내연기관 자동차의 새로운 대체재의 출현이기도 했다. 그림에서 보면 신규 진입자와 대체제의 위협이란 두 개의 원에 해당된다.

미꾸라지만 있던 자동차산업은 메기가 들어오자 커다란 변혁을 맞이하였으며 10년 평균주가가 약 20달러이던 GM의 주가가 2021년에만 60달러로 올랐으며 변혁의 주인공인 테슬라 주가는 10년 평균 40달러이던 주가가 1,000달러까지도 올라갔다. 결국 산업 전체 차량판매 대수가 크게 늘어난 것도 아닌데 산업은 요동치고 자율주행차 등 미래 성장에 대한 기대로 밸류에이션 멀티플(PER, PBR)을 크게 확장시킨 것이다.

여기서는 이런 게임 체인저(game changer)를 발굴해 투자하는 것도 중요하지만 기존 산업이 신규 경쟁자가 진입 못하도록 공고히 지켜 질 수 있는지 여부가 중요하다. 만약 테슬라가 아니고 폭스바겐이 그 역할을 주도했으면 어땠을까? 그 수혜를 고스란히 기존 업체들을 제치고 독식했을 것이다. 결국 신규진입이 더 이상 불가능한 시장은 독과점적인 시장이며 이 안에서 기술적 또는 경쟁적 우위를 지속해 나가는 기업이 가장 좋은 투자처일 것이다.

오래되었지만 하나 더 강력한 예를 들자면 스마트폰의 경우도 마찬가지이다. 2007년 애플이 아이폰을 만들어서 핸드폰시장에 들어오기 전까지 핀란드 기업 노키아(Nokia)의 전세계시장점유율은 60%가 넘었다. 모토로라, 삼성전자 등이 핸드폰시장을 점유하고 있었지만 아이폰이라는 새로운 대체재의 등장은 중국시장을 제외하고는 삼성전자와 애플 양대 기업이 스마트폰 세계시장을 장악하게 되었다. 앞으로도 이 시장은 다른 신규 진입자가 나타나기는 힘든 구조이다. 이 과정에서 현재 1, 2위를 하고 있는 삼성전자 주가는 5배, 애플은 13배의 주가 상승이 있었다. 새로운 스마트폰의 기술혁신이 있지 않는 한 강력한 브랜드의 두 기업과 대규모 생산능력을 따라올 신규 회사는 당분간 없을 것이다. 따라서 이러한 독과점적인 기업에 투자를 하는 것이 바로 장기투자를 가능하게 하는 것이다. 왜냐하면 이런 변화가 하루아침에 생긴 것도 아니고 여러분들이 제품을 경험하고 기업의 변화를 충분히 느낄 수 있는 시간적 기회가 있었기 때문이다.

↑ $ ↓

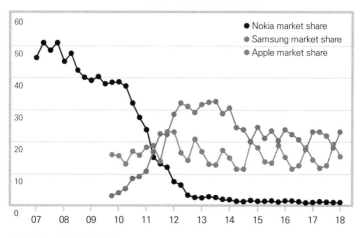

노키아와 애플의 시장점유율 변화 추이

- Nokia market share
- Samsung market share
- Apple market share

자료: IDC, 그로쓰힐자산운용

그럼 이러한 독과점적인 구조를 가지고 있는 산업은 얼마나 될까? 그렇게 많지는 않다. 좀 더 세분화해본다면 약 4개 기업이 독과점한 반도체 업종, 분야별 독점에 가까운 반도체 전공정 장비업체(ASML, AMAT, KLA), 2개뿐인 브랜드 콜라산업, 3개뿐인 우주산업 프론티어들(스페이스X, 블루오리진, 버진갤럭틱), 3개뿐인 모바일 운영 소프트웨어 OS(MS, 안드로이드, 애플), 약 3~4개뿐인 글로벌 인터넷 기업(MS, 구글, 바이두) 등이다. 이러한 공고한 진입장벽을 가진 산업 내 일등 기업에 투자를 하고 있으면서 만약 기술혁신을 가지고 새로운 진입을 하는 업체가 생기면 바로 따라 붙으면 된다.

그 외에 판매자 우위(Seller's Power), 구매자 우위(Buyer's Power)의 변

화가 있는데 이는 산업의 수요 공급의 커다란 변화에서 생기는 현상으로 초과수요 → 가격 인상 → 증설 → 가격 하락 → 힘의 변화를 가져오는 5~10년의 사이클 주기로 투자하는 것이다. 여기서는 설명을 생략하고 뒷장에서 더 자세히 다루도록 하겠다.

기업실적이나 테마는 매년 바뀌지만 기업의 핵심 경쟁력은 그 기업이 타조알인지 공룡알인지 미리 구분해준다. 이를 판단하는데 마이클포터의 5포스가 큰 도움을 줄 것이다.

한 줄 요약

매크로에서 심리지표까지 4대 체크 포인트

주식시장에 가장 큰 영향을 주는 중요한 요소가 과연 무엇일까? 가장 많이 나오는 답은 경기(경제)와 기업실적일 것이다. 이 두 가지는 주가시장을 떠받히는 가장 중요한 펀더멘털 요소이다. 하지만 그 외에도 현금유동성, 정치, 심리요인 등 수많은 요소가 주가에 영향을 미친다. 주식시장을 분석할 때 반드시 체크해야 할 4가지 기본적인 포인트를 짚어보도록 하겠다. 이는 주가지수가 흔들릴 때 탈출기회인지 아니면 추가매수 기회인지 판단의 근거로 사용할 수 있는 평정심의 지도와 같다. 이 장은 기초적인 내용이기 때문에 만약 여러분이 이미 전문적인 투자자라면 가볍게 다음 챕터로 넘어가도 좋다.

매크로지표

첫째는 경기이다. 하지만 정확히는 경기보다는 경제성장률의 변화라고 표현하는 것이 맞다. 경기 사이클은 GDP(Gross Domestic Production) 성장률로 표시하는 것이 가장 일반적이다. OECD(경제협력기구), 세계은행 등 많은 경제기관과 글로벌 증권사들이 각국의 GDP 예상치를 발표한다. 분기별 예상 및 연간 전망치는 매분기 발표하지만 이 전망치의 상향 하향 조정폭이 더 중요한 지표로 보면 된다. 문제는 GDP 실제치는 항목이 방대하여 집계 후 발표까지 시간이 오래 걸리며 주가지수를 후행한다. 따라서 GDP는 성장 추세 또는 하강 추세의 사이클을 파악하는 정도로 활용하면 충분하다. 참고로 실시간 미국 GDP 변화를 확인하려면 Bank of Atlanta에서 발표하는 GDP Now를 검색하기 바란다.

이보다는 선행지표들인 설문조사(Survey) 지수들이 좀 더 중요하게 영향을 미치는데 잘 알려진 ISM(Institute for Supply Management)라는 기관이 매월 초 발표하는 PMI(Purchasing Manager Index)이다. 구매관리자지수인데 이는 기업의 신규 주문, 생산, 출하, 재고, 고용 등의 항목을 설문조사하여 집계하는 방식이다.

주식시장은 사실 가장 빠르게 경기를 반영하기 때문에 대부분의 경제지표는 주식시장을 후행할 수밖에 없다. 반면 PMI지표는 모든 통계집계가 끝난 후에 발표되는 경제지표(Hard data)와 달리 기업가들에게 향후 전망이 좋아질 것으로 보는지 나빠질 것으로 예상하는

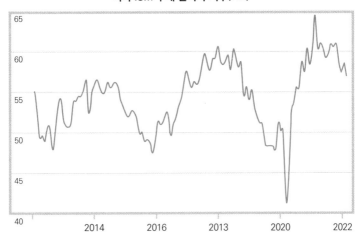

United States ISM Purchasing Managers Index (PMI)
미국 ISM 구매 관리자 지수(PMI)

자료: 트레이딩 이코노믹스

지 설문조사를 통해 본 전망지수이기 때문에 비교적 주가에 동행한

다. 또한 이 지수가 발표될 때 미국주식시장은 영향을 크게 받는 편

이다. 따라서 주식시장과 관련한 많은 매크로지표를 뒤에서 설명하

겠지만 이 중에 딱 하나만 체크하고 싶다면 바로 월초에 발표되는

PMI지표의 추이와 레벨만 살피면 된다. 참고로 발표 숫자가 50이

상이면 긍정 50이하면 부정적으로 보는 사람이 더 많다고 보면 된

다. 장기적인 경기선행 추이를 보려면 OECD 경기선행지수를 찾아

보면 된다. 이 지수는 단기 모멘텀보다는 장기 추세지수로 활용하

기를 권한다.

기업실적

기업실적은 주가지수에 가장 중요한 요소이다. 사실 S&P500이나 코스피와 같은 시가총액은 상장되어 있는 전체 기업들의 시가총액의 합이다. 또한 기업들의 시가총액은 기업의 실적에 기반한다. 흔히 PER이 10배라는 것은 현재 기업의 순이익의 10배에 가치를 기업에 준다는 뜻이다. 그렇기 때문에 순이익이 당초 예상보다 50% 증가한다면 같은 밸류에이션상으로 시가총액은 1.5배가 되어야 하기 때문에 주식시장 전체에 직접적으로 가장 큰 영향을 미치는 요소이다. 따라서 기업실적 발표시기가 중요하며 당연히 이익이 예상치를 상회하는 기업이 많을 때 주식시장은 상승한다. 그렇지만 개인투자자들이 모든 기업의 실적을 체크할 수는 없는 노릇이다.

따라서 주가지수를 판단할 때 기업전체 이익이 상향되고 있는지 또는 하향되고 있는지를 살피면 전체 시장의 방향을 점검하는데 유리하다. 일단 기업이익은 증권사 애널리스트들이 추정한 것을 토대로 하는데 이를 컨센서스(consensus)라고 부른다. 그리고 기업이익이 그들의 이익 추정치보다 높거나 낮아 보이면 상향/하향 조정을 수시로 하는데 이러한 수치들의 전체 추이를 보면 된다.

이를 따로 볼 수 있는 통계사이트는 없지만 대부분의 증권사들은 기업이익 전망 자료를 내놓는데 여기에 이익조정비율을 정기적으로 발표한다. 가장 자주 업데이트를 해주는 곳은 삼성증권, 미래에셋증권과 같은 대형사들로 이 증권사의 리서치자료를 구독하면 된

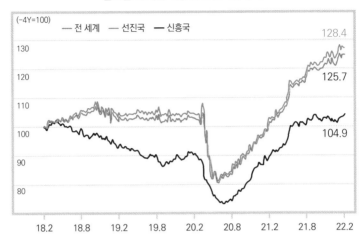

글로벌 12개월 예상 EPS 변화율 추이

(-4Y=100) — 전 세계 — 선진국 — 신흥국

128.4
125.7
104.9

자료: 미래에셋증권

다. 사실 많은 투자가들이 이미 공모주청약을 위해 많은 증권사 계좌를 가지고 있을 것으로 보이는데 소액이라도 증권사 계좌를 개설하여 이런 증권사들의 양질의 서비스를 활용하기를 권유한다. 앞의 차트는 미래에셋증권의 애널리스트가 매주 발간하는 자료를 발췌한 것인데 기업 순이익의 컨센서스 변화 추이를 국가별로 제공하고 있다.

이를 활용하는 방법은 앞 차트에서 2020년 6월부터 2022년 2월까지 선진국 기업이익 예상치가 계속 상향 조정이 되고 있는데 실제 이 기간 동안 미국 주가지수도 우상향하고 있었음을 볼 수 있다. 다음 그림은 한달 전 대비 그리고 3개월 전 대비 예상이익을 얼마

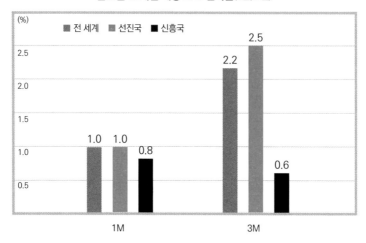

글로벌 12개월 예상 EPS 변화율(1달, 3달)

자료: 미래에셋증권

나 추가로 상향 조정했는지를 나타내는데 당시 선진국의 이익 상향 폭이 신흥국보다 높았으며 실제 주가지수의 수익률도 미국이 한국을 크게 앞질렀음을 볼 수 있다. 리포트를 찾아보면 국가별 이익 조정 비율도 찾을 수 있다.

글로벌 유동성

유동성은 경제활동에 혈액과 같은 역할을 하는 화폐의 발행량이라고 보면 된다. 흔히 M1, M2와 같은 지표로 표시하며 총통화를 지칭하는 M2를 가장 많이 활용한다. 참고로 M2의 구성요소는 협의

통화(M1)에 요구불예금 및 저축성예금과 외화예금을 합한 것으로 즉시 현금화할 수 있는 화폐를 모두 합하여 일컫는 말이다. 이러한 통화정책을 주관하는 주체는 정부와 연방준비은행인데 물가와 경기여부에 따라 돈줄을 풀었다 줄였다 하며 관리를 하고 있는 것이다. 최근 발생한 코로나 사태로 유동성이 얼마나 파괴력 있게 자산시장에 영향을 미쳤는지 볼 수 있었는데 이는 2008년에 발생한 미국의 금융 위기와 2012년에 발생한 유럽의 재정 위기 등에서도 볼 수 있었다.

최근 사례를 간단히 요약하면 2020년 초 약 15조 달러였던 미국 M2가 연준의 약 4조 달러의 통화 공급을 통해 2020년 말 19조 달러로 늘어났으며 2021년 말 기준 M2는 약 21조 달러에 달했다. 이러한 막대한 유동성 공급은 S&P500 지수를 코로나 사태 전인 2020년 초 대비 2년간 약 50%의 높은 상승을 가져오는 결과를 초래했다. 이는 미국 주가지수가 연평균 약 10% 초반의 장기 상승률을 보인 것에 비하면 엄청난 자산가치의 상승을 가져온 것이다.

국가 경제에 유동성이 크게 증가하는 시기는 커다란 기회 요인으로 볼 수 있겠지만 반면 유동성 흡수라는 긴축이 시작되는 경우에는 반대로 주식시장에 많은 부담으로 작용할 수밖에 없다. 2022년과 같이 고용회복과 함께 경기는 회복되고 크게 증가한 유동성은 축소하는 사이클에서는 M2를 통한 판단보다는 즉각적인 반응을 보이는 국채금리 변화에 대한 판단이 더욱 중요하다. 금리의 변동과 같이 M2 증가율을 보면서 유동성을 해석하는 것이 가장 좋은 방

미국 M2 증가율

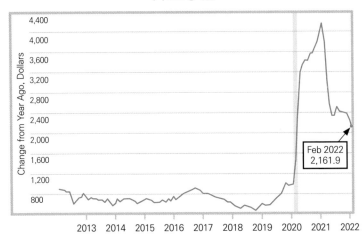

자료: 세인트루이스 연방정부은행(FRED)

미국 M2 절대 금액

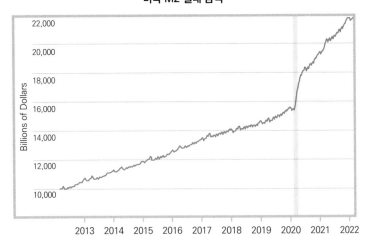

자료: 세인트루이스 연방정부은행(FRED)

법이다. 참고로 M2의 절대수치보다는 다음 그림과 같이 전년 대비 증가율 변화로 보아야 주가와 상관관계를 높일 수 있다. 참고로 M2 금액증가율은 2021년 10월부터 꺾이기 시작했고 미국 S&P500지수는 12월부터 하락 전환했다. 가장 중요한 금리 수준과 주식시장의 상관성은 2부 〈금리는 대항해 시대에 나침반〉이라는 챕터에서 다루도록 하겠다.

심리지표

심플하게 접근하면 주식시장은 투자자들이 파는 금액보다 사는 금액이 더 많으면 올라가는 단순한 구조이다. 따라서 사는 금액이나 또는 사는 사람이 더 많아 지기 위해서는 기존에 알고 있는 경기상황보다 더 좋은 기대심리를 제공하는 요소가 필요하다. 이미 많은 사람이 알고 있는 뉴스는 호재가 아니며 새로운 뉴스나 정보만이 주가에 영향을 주는 요소라고 말할 수 있다. 따라서 우리는 현재의 주가지수에 얼마나 많은 긍정적인 측면이 주가에 녹아 있는지 판단할 수 있는 근거가 필요하다.

우리는 모르는 주가에 영향을 미치는 큰 뉴스가 발표될 때 이미 알고 있었던 큰 세력들의 매도에 의해서 주가가 오히려 빠지는 경험을 종종 했을 것이다. 바로 소문에 사서 뉴스에 팔자라는 증시 격언도 존재하는 것을 보면 우리는 매우 어려운 심리게임을 하고 있는지도 모른다.

그렇다면 이런 투자심리를 반영하는 지표는 없을까? 당연히 각 개별 주식별로는 이러한 지수는 없다. 그렇지만 현명한 투자자들이 많이 모여 있는 주식시장에서는 이러한 지표를 이미 고안하여 모두가 볼 수 있게 발표를 하고 있다. 일단 긍정적인 사람이 많으면 매수비중이 과거보다 높을 것이고 부정적인 사람이 많으면 매수비중이 최하단에 머물 것이다. 이로 미루어 투자심리가 어떤 상황인지를 판단할 수 있는데 이때 사용할 수 있는 대표적인 지수가 풋콜레이쇼(Put-Call Ratio)이다.

미국 시카고선물옵션거래소(CBOE)에서 볼 수 있는 지표인 Put은 매도포지션, 즉 하락에 베팅하는 것이고 Call은 매수포지션으로 상승에 베팅하는 포지션으로 이해하면 된다. 따라서 Put이 Call보다 1.5배이면 이 지수는 1.5로 표현되며 이는 대부분의 시장참여자들이 하락에 베팅을 하고 있다는 얘기다. 이러한 경우는 코로나 사태나 경기침체와 같은 시장에 악재와 두려움이 팽배해있는 상태로 심리적 공황 상태로 볼 수 있다.

여러 번 경험했겠지만 이렇게 낮은 하락 포지션 있을 때 회복의 단계에 접어들면 반대로 큰폭의 상승을 기록하곤 한다. 따라서 두려움이라는 투자자들의 심리를 역으로 이용할 수 있는 비교적 객관적인 지표이며 필자와 같은 장기투자자는 이 지표를 중요하게 활용하곤 한다. 8장 〈공포를 역으로 이용하는 투자심리 지표들〉에서 공포탐욕지수(Greed&Fear Index)와 함께 이런 투자심리에 대해서 자세히 다룰 예정이다.

↑ $ ↓

지금까지 간단히 살펴본 것과 같이 4대 체크포인트를 활용하면 현재 주가지수가 큰 흐름상 더 상승할지 또는 조정구간을 갈지 어느 정도 감이 선다. 특히 매크로지표와 기업이익 상향조정지표는 모두 변화지표이기 때문에 둔화구간에서도 적중력이 높으며 다시 모멘텀이 발생할 때에도 좋은 매수 시점을 포착할 수가 있다. 앞에 4가지 지표 중 3가지 이상 긍정적인 상황에서는 대부분 주가는 조정이 있어도 단기에 끝나고 상승하는 패턴을 반복했음을 기억하기 바란다.

상기 4가지 기본 요소만 파악하고 있어도 주식시장이 상승장 추세인지 하락장 추세인지를 파악할 수 있다. 주식시장이 흔들릴 때마다 살펴보고 판단하길 바란다.

한 줄 요약

모르는 것에
시간낭비 하지 말아라

주식투자 경험이 있는 분들과 이야기를 나눠보면 각자 어떤 종목을 가지고 있고 왜 샀는지 이유를 들어볼 수 있다. 해당 산업의 전망이 좋을 것 같거나 증권사 추천이 있었거나 또는 스스로 판단할 때 우리나라 일등 기업으로의 경쟁력을 갖춰서 등 이유가 다양하다. 모두 나름 의미가 있는 투자 이유이지만 상당히 많은 경우 자신이 종목에 투자한 후에 처음 투자한 이유를 잘 지켜나가는 경우는 많지 않은 것 같다. 물론 기업에 대한 정보가 부족할 수도 있고 코스피 주가지수 상승에 그냥 편승한 경우도 있을 것이다.

필자가 생각할 때 정말 중요한 투자 덕목은 좋은 주식군에 투자를 하는 방법도 있지만 피해야 하는 주식군을 잘 알고 있어야 한다는 것이다. 네거티브 방식의 제거 수법으로 다음과 같은 경우의 주식은 투자 후보에서 제외한다면 이미 여러분의 손실 가능성은 크게 줄이고 시작할 수 있다.

첫째, 당연한 말이겠지만 가까운 미래를 예측하기 힘들 것 같은 기업의 주식은 피해야 한다. 물론 우리가 정확히 알 수 있는 미래는 존재하지도 않지만 전혀 모르는 것과 가능성이 높은 것과는 엄연히 다르다. 전혀 모르는 경우의 예를 들어보자.

- 내년에 유가가 더 많이 오를까?
- 원/달러 환율이 오를까 내릴까?
- 바이오 신약이 임상을 통과해서 판매 가능할까?
- 올해 기상이변이 내년에 더 심해질 것인가?

위와 같은 사례를 다 예측할 수 있다고 한다면 당신은 이미 조지 소로스 같은 부자가 되어 있을 것이다. 하나씩 짚어보면 우선 유가가 오를지 내릴지는 예측하기에는 너무 많은 변수가 존재한다. 원유는 수요보다는 공급 팩터의 영향이 크기 때문에 석유수출국기구(OPEC)과 같이 오일머니를 지배하는 국가들의 정치, 경제적 이권에 따라 움직여 가격 예측이 거의 불가능 하다. 다만 원유 가격이 10년 평균보다 훨씬 아래에 처박혀 있다면 장기투자를 노려 볼 수는 있지만 이는 가격을 예측하는 것은 아니다. 결국 원유에는 기준을 삼을 만한 펀더멘털이 없다는 것이다.

주가지수의 경우에는 한국 기준으로 평균 밴드가 PER 9~13배와 같은 전체 기업이익의 배수에서 움직인다. 9배 아래로 떨어지면 기대수익률이 1/9=11.1%로 채권수익률보다 훨씬 높아서 싼 구간이 되는 것이고 13배를 넘어서면 1/13=7.6%로 수익률 매력도가 떨어진다. 거기에 매년 배당이라는 현금흐름까지 존재하니 각국의 주가지수는 많이 하락하면 어느 정도에서 하방 경직성을 가지면서 회복하는 것이다.

반면 2020년 4월경 코로나의 공포가 극심했을 때 미국의 원유 선물 가격(WTI)이 마이너스에 간 경우가 발생했다. 원유를 제공받는 기업에게 가져가기만 하면 따로 돈까지 쥐어 준 말도 안 되는 현상이 발생한 것이다. 물론 이는 일시적이었지만 펀더멘털이라는 기본가치를 가지지 않은 수급이 중요한 재화의 대표적인 사례라고 하겠다.

환율도 마찬가지로 예측이 어렵다. 환율은 두 나라 간의 상대가치의 움직임이다. 어느 정도는 고정되어 있는 기업이익을 대변하는 주가도 맞추기 어려운데 서로 다른 두 국가 간의 금리, 경기, 자금수요 등 여러 가지 변수가 영향을 미치는 매크로지표인 환율도 주어진 걸로 받아들이는 것이 맞다. 누구든지 유가나 환율 예측을 잘 할 수 있다면 그런 사람은 주식을 할 필요가 없다. 선물시장에 가면 수 배의 레버리지 투자가 가능한 상품이기 때문이다. 필자는 아직까지도 선물/옵션 트레이딩으로 10년 이상 장기로 성공해 부를 유지한 사람을 본 적이 없다.

다소 논란의 여지가 있는 다음 사례인 바이오 신약의 사례를 보

자. 미국바이오협회에 따르면 임상 1상단계에서 신약 승인단계까지 성공하는 확률은 9.6%밖에 안 된다고 한다. 따라서 해당 신약후보 물질이 성공 가능성이 높다라는 바이오 제약회사의 주장을 다 믿기는 매우 어렵다. 만약 여러분이 가위바위보를 해서 연속으로 10번 모두 이길 수 있다고 믿는다면 접근해 볼 만하다. 신약이란 기존에 품목당 수천억 원 이상을 투자한 다국적 제약회사가 현재 시판하고 있는 약보다 성능이 탁월해야 신약으로 인정받는다. 우리가 이제 임상 1상을 시작한 한국의 특정 바이오업체가 어떻게 될지는 본인 전문분야가 아니고서는 서울대 병원장님도 알 수 없는 노릇이다.

그렇다고 한국 바이오업체에 투자하면 안 된다는 뜻은 전혀 아니다. 이처럼 미래를 잘 모르는 기업에 투자할 때는 여러 유망 바이오 업체로 분산하는 포트폴리오를 짜서 이중에 성공하는 하나로 대박을 내는 전략이 더 유리하다는 것이다. 한국 의학의 미래를 위해 바이오 업종은 많은 모험자본이 투자되어 성공의 꿈을 이룰 수 있는 업종이어야 한다. 단지 여기서 당신의 투자금이 모험자본이라고 표현한 것을 잊지 말기 바란다.

미래가 어떻게 될지 잘 모르는 곳에 굳이 투자를 해야 한다면 잘 아는 분야에 투자를 하고 있다가 실체가 나타나는 국면에 가서 교체 투자를 하는 것이 기회비용을 절약할 수 있다. 필자는 보기보다 많은 사람이 정보 매매를 하는 것을 봐 왔다. 큰 수주가 나올 것이라는 얘기나 신약이 임상을 통과한다는 것과 같은 회사 준내부자 정보에 의존하는 것인데 이 또한 매우 위험해 보인다. 자신이 그 진위 여부를 컨트롤 하거나 판단할 근거가 없기 때문이다. 만약 정보원이 발표시점에 연락이 안되면 어떻게 할 것인가? 차라리 본인이 스스로 판단할 수 있는 쪽에 투자 방향을 잡는 것이 마음도 편하고 결과도 좋지 않을까 한다.

그럼 예측하기 어려운 분야를 제거해 놓았다고 치고 이제 비교적 잘 아는 것에 투자한 사례를 살펴보자.

- A사의 신규 게임이 출시되는데 베타서비스를 해본 게임유저들의 평이 좋고 사전예약자가 500만 명이다.
- 테슬라의 제원 및 자율주행 기능은 경쟁사보다 우수한데 동급의 타사 차에 비해 가격이 저렴하다.
- MLB라는 브랜드가 중국에서 큰 인기인데 매장이 현재 100개에서 1,000개까지 늘릴 예정이다.

사례들이 구체적이어서 감이 오겠지만 위 사례는 기업의 향후 실적 전망이 좋을 것 같다라는 판단이 서는 내용들이다. 사실 관심이 있는 기업에 조금만 더 깊이 있게 뉴스를 찾아보고 리서치를 하면 정말 많은 정보를 얻을 수 있는데 이중에서 구체적으로 회사 실적에 실제로 영향을 주는지가 핵심 체크 포인트다.

첫 번째 사례가 게임사의 신규게임 성공여부인데 사실 흥행 비즈니스는 예측 불허할 때가 많다. 영화산업과 같이 인기 여부에 불확실성이 존재하는데 이를 최대한 좁히기 위해서 게임 출시 전 게임

전문 유튜버나 테스트 참여자들에 블로그에서 평가를 많이 찾아볼 필요가 있다. 또한 사전예약에 직접 참여하거나 관련 데이터들을 모니터링을 하면 성공 확률을 높이는 투자를 할 수 있을 것이다. 이러한 노력이 다소 어렵게 느껴지더라도 이런 투자자는 신규 게임이 구글 매출순위 1위를 달성한 것을 보고 후행적 투자를 하는 사람보다 더 높은 수익을 선점할 수 있다.

두 번째로 테슬라의 사례는 이미 답안지를 본 것 같지만 주가가 크게 상승하기 전부터 구조적인 접근으로 예측이 가능한 기업이었다. BMW, 도요다의 동급 차종과 비교했을 때 제로백(100km도달까지 시간)이 월등했으며 반자율주행 기능이 옵션으로 무선 업데이트(OTA)가 가능한 기능까지 고려하면 테슬라 차량의 인기가 많을 수밖에 없었다. 더 놀라운 것은 내연기관차의 가격은 일정한데 반해 전기차의 경우 배터리 가격이 기술발전과 함께 장기적으로 하락 가능하기 때문에 전기차 가격은 경쟁력이 있다라는 점이다.

이러한 내용들은 꼭 주식투자를 하지 않더라도 소비자로서 흥미 있는 정보이며 조금만 더 관심을 가지고 챙겨보면 테슬라와 같은 기업의 미래는 예측이 가능한 사례라 하겠다.

마지막으로 F&F의 사례인데 간단히 요약하면 중국에서는 MLB(미국 메이저리그 야구)의 인기가 높은데 이 MLB브랜드를 한국에서 계약하여 의류브랜드로 성장시킨 케이스이다. 이 브랜드가 인기가 높을지는 처음부터 예측하기는 어렵다. 하지만 2021년 초 과거 뉴스를 찾아보면 중국에서 폭발적인 인기중이라는 것을 쉽게 알 수 있었고, 무엇보다 F&F가 중국 내 매장을 크게 늘릴 것이라는 발표를 매 분기마다 IR(기업설명회) 해주고 있었다라는 점이다. 2020년에 70개 매장으로 시작했고 2021년 말 500개까지 확대할 계획이고 최종 목표는 약 1,000개까지 오픈할 전망이다. 2021년 초부터 기업 및 신문기사에서 친절하게 알려주고 있는 동안 동사의 주가는 약 3배 가량 상승하였다.

이처럼 비교적 잘아는 것에 투자한 사례들을 보면 해당 기업에 대한 관심과 최소한의 공부가 필요하다는 점을 알 수 있다. 하지만 어마어마한 내부 정보나 비밀이 아닌 단지 소비자로서 관심을 가지고 찾아보면 충분히 얻을 수 있는 내용들이다. 가만히 앉아서 누군가 가져다 주는 내용만으로는 큰돈을 벌기 힘들다. 본인의 관심과 주도적인 역할이 필요해 보인다.

한 줄 요약

투자에서는 모르는 것을 제거하는 것도 큰 효과를 발휘한다.
가급적 잘 알거나 예측이 가능한 영역에서 진주를 캐자.

↑ $ ↓

서로 밀고 당겨줄
5종목 법칙

앞장에서 분산투자에 대한 장단점을 논한 바 있다. 여기서는 좀 더 구체적으로 대략 몇 종목 정도를 보유하는 것이 효율적인지에 대한 고민을 같이 해보자. 만약 확신이 가는 기업의 주식을 발굴했을 때는 한두 종목에 집중투자를 하는 것이 맞다. 그렇지만 우리가 늘 2배씩 오를 수 있는 기업을 발굴해 가지고 있기는 힘들다. 그리고 그런 주식들은 오래 기다려야 하는 인내심을 요하기도 한다. 따라서 적정한 종목 포트폴리오를 구성해서 가는 것이 중요한데 개인투자자는 최소 5종목은 가져가는 것을 추천한다. 이는 투자자 성향마다 너무 많거나 적다라고 할 수 있지만 관리가 가능하고 집중도 어느 정도 되는 최적의 종목수라고 생각한다. 여기서 생각해볼 수 있는 개인투자자의 성향별로 종목이 적은 경우와 많은 경우를 나눠

보자.

투자 종목수가 적은 경우는 1) 확신이 가는 주식 종목이 있으며 이것보다 좋은 주식은 지금 없다. 2) 투자 원금이 적어서 여러 종목을 살 수가 없다. 3) 종목 정보가 너무 많아서 계속 종목을 갈아탄다. 반면 투자 종목이 많은 경우는 1) 100% 확신이 가는 종목이 별로 없다. 2) 유튜브나 증권사 추천 종목을 가급적 계속 사는 편이다. 3) 한두 종목에 집중투자는 위험하니 불안하다. 등의 이유가 될 것이다. 각자 상황에 따라 다양한 이유가 있겠지만 필자는 최소 5종목이 안전하기도 하면서 종목수가 너무 많아져서 관리가 안 되는 리스크도 줄일 수 있다고 본다.

이렇게 5종목을 구성할 때 정말 중요한 원칙이 있다. 바로 종목간의 상관관계가 적은 종목으로 구성해야 한다는 점이다. 이런 점을 감안해서 포트폴리오를 짠다면 본인 종목이 소외 받는 구간을 잘 참고 견딜 수가 있다. 예를 들어 인터넷업종과 게임업종이 좋다고 판단이 들었을 때 인터넷 2종목 게임 3종목을 샀다고 가정하면 이는 분산을 한 투자가 전혀 아니다. 이런 투자가 나쁘다는 의미가 아니라 굳이 5종목으로 분산하는 효과를 전혀 못 살린다는 의미이다.

베타가 서로 다른 종목군이라는 것은 한쪽 섹터의 주가가 오르는 동안 못 오르고 있더라도 반대로 그 섹터의 주가가 하락할 때 오르기 시작하는 종목군을 뜻한다. 코스피 주식시장이 오르는데 자기 주식만 오르지 않는 경우가 종종 발생하는데 서로 다른 성격의 주

↑ $ ↓

식을 들고 있으면 그렇게 소외되지 않고 국면별로 순차적인 상승을 기대할 수 있다.

가장 쉬운 예를 들면 성장주와 가치주는 서로 다른 상관관계를 갖는다. 성장주는 미래에 이익이 크게 발생하는 기업을 뜻하는 것이고 가치주는 현재 기업가치 대비 저평가되어 있거나 현재의 이익이 상대적으로 높은 기업군이다. 간단히 요약하면 경기가 좋아져서 금리가 오르는 구간에서는 경기관련주가 많이 포진해있는 가치주 군단이 오른다. 반면 금리가 낮거나 경기가 좋지 않은 구간에서는 미래 이익 성장이 높은 성장주 군단이 초과 수익을 낸다. 따라서 양쪽 단의 제일 좋은 1등 기업들을 가지고 있을 때 리스크 대비 수익률이 가장 우수한 결과가 나온다.

예를 들어 만약 성장주로 NAVER와 SK하이닉스를 많이 가지고 있으면 경기 관련 가치주로 현대중공업이나 하이트진로 같은 주식을 함께 가지고 가는 것이다. 그리고 이러한 경기 사이클에 따른 스타일에 비교적 무관한 2차전 소재와 같은 장기 성장 주식을 추가하고 마지막으로 중소형주들도 발굴해서 가져가면 균형 잡힌 포트폴리오가 완성된다.

이렇게 5개 내외의 종목을 가지고 가면 2021년처럼 삼성전자가 일년 내내 부진한 수익을 낼 때에도 충분히 좋은 수익률을 실현 할 수가 있다. 그리고 무엇보다 한두 종목에 물려서 지쳐갈 때와 달리 계주를 하듯 다른 종목들이 바통을 이어받아 달리기를 하는 장기투자에 적합한 포트폴리오라고 볼 수 있다. 아무쪼록 여러분만의 독수리 오형제를 잘 구성해서 지치지 않는 장기투자의 방법으로 활용해야 할 것이다.

종목을 분산할 때에는 서로 다른 상승 타이밍을 가지는 종목군으로 포트폴리오를 짜는 것이 좋다. 이는 먼 길을 가는데 여러 친구와 가는 것이 혼자보다 외롭지 않기 때문이다.

한 줄 요약

장기투자가 집중투자를 만났을 때 (워런 버핏)

"10년을 투자하지 않을 거면 단 일분도 가지고 있지 마라." 현존하는 투자의 신이자 오마하의 현인으로 불리는 워런 버핏의 이 격언은 일반투자자가 지키기 어렵겠지만 자주 인용이 된다. 하지만 문구 그대로 정말 무조건 장기투자하라는 의미로 해석해선 안 된다. 특히 한국과 같이 다이내믹한 나라에서 10년간 한두 종목만 투자하면 망할 수도 있다. 필자가 보기엔 워런 버핏의 격언은 그렇게 오래 가지고 가도 문제가 없을 만한 기업을 발굴하라는 의미로 해석된다. 또한 그런 확신을 가질 만큼 기업의 비즈니스 모델에 대한 공부를 하고 진입해야 한다는 것이기도 하다.

워런 버핏은 다음과 같은 말도 하였다. "한 종목을 투자하였는데 그 종목이 내일 오를 확률과 떨어질 확률은 반반이다. 그렇지만 장기투자로 가면 그 확률은 높아질 수밖에 없다". 적어도 해당 기업의 이익이 성장하는 것 정도는 알고 투자하면 말이다. 투자할 기업의 이익이 장기적으로 늘어날지 또는 하락할지 점검하고 그 정도 확신만 가져도 시간이 지나면서 성공할 확률은 점차 높아질 수밖에 없다. 이익이 늘어나는 동안 해당 주식의 조정 요소들인 단기 수급, 경기 전망, 정치 문제와 같은 훼방꾼들이 사라질 것이기 때문이다.

워런 버핏이 운용하는 버크셔 해서웨이의 포트폴리오를 보면 종목 숫자가 많지 않다. $500 billion(약 600조 원) 규모의 펀드를 운용하는 동사 포트폴리오는 애플, Bank of America, American Express, 코카콜라 등 10개 종목이 전체 펀드의 90%를 차지한다(전체 약 40종목). 결국 집중투자된 10개의 종목이 대부분의 수익률을 설명한다고 볼 수 있으며 동 펀드의 56년간의 연평균 수익률은 약 20%이다(누적수익률 330만%). 실제 그는 장기투자라는 언행일치를 잘하고 있는 게 다음 표에서 보이는 포트폴리오의 절반 이상이 10년 전에도 들고 있던 종목 들이다. 예를 들면 코카콜라, 크래프트하인즈, BOA, 무디스, American Express 등이다. 종목의 특징도 경기를 크게 타지 않는 업종 내에 독과점 기업들이 많다. 코카콜라와 토마토케챱 등 소스를 만드는 하인즈는 필수 소비재이며 배당을 많이 주는 주요 은행과 카드사를 보유하고 있고 애플 정도가 혁신 성장기업에 들어가지만 애플도 매년 약 100조 원의 자사주를 매입 소각하는 미국에서 가장 주주환원이 큰 기업이다.

$\uparrow$ $\$$ $\downarrow$

버크셔 해서웨이 포트폴리오 구성 상위종목

Company (links to holding history)	Ticker	Value On 2021.03.31.	No of Shares	% of portfolio
APPLE INC (COM)	AAPL	108,363,609,000	887,135,554	40.07
BANK AMER CORP (COM)	BAC	39,080,793,000	1,010,100,606	14.45
AMERICAN EXPRESS CO (COM)	AXP	21,443,817,000	151,610,700	7.92
COCA COLA CO (COM)	KO	21,083,999,000	400,000,000	7.79
KRAFT HEINZ CO (COM)	KHC	13,025,393,000	325,634,818	4.81
VERIZON COMMUNICATIONS INC (COM)	VZ	9,235,649,000	158,824,575	3.41
MOODYS CORP (COM)	MCO	7,366,643,000	24,669,778	2.72
US BANCORP DEL (COM NEW)	USB	7,172,993,000	129,687,084	2.65
DAVITA INC (COM)	DVA	3,890,020,000	36,095,570	1.43
GENERAL MTRS CO (COM)	GM	3,849,820,000	67,000,000	1.42

자료: warrenbuffettsockportfolio.com

　자, 그러면 그는 신이니까 그렇다 치고 인간계에 있는 우리는 어디까지 어떻게 활용을 해야 할까? 사실 필자가 강조하고 싶은 바는 그의 수익률도 아니고 그처럼 따라 하자는 것도 아니다. 단지 투자를 하려면 확신이 뒷받침될 때까지 연구하고 대상 기업의 미래에 대한 확신이 서면 그만큼 집중투자 하자는 것이다.

　모든 사람들은 남들보다 잘 알거나 자신이 있는 분야가 있다. 하다못해 아파트나 상가에 투자를 해도 본인이 사는 동네나 잘 아는

지역에 하는 것과 부동산투자 전문가들의 추천을 받아 투자하는 것과 승률의 차이가 크다. 왜냐하면 꽃피는 봄날에도 장마철에도 그리고 추운 겨울에도 매번 그곳을 가보게 되면 봄에는 보이지 않던 장단점이 보일 것이고 결국 급하게 투자하는 사람보다 훨씬 옥석 가리기를 잘할 수 있기 때문이다.

매일매일 주가가 변동하는 주식의 수익률에 현혹될 수 있지만 사실 우리는 기업에 자금을 투자를 하는 것이다. 그리고 투자라는 것은 그 기업의 주주가 되는 것이다. 주식시장에서 쉽게 살 수도 있고 팔 수도 있지만 수익률게임처럼 쉽게 기업을 선택해서는 안 된다. 만약 우리가 삼성전자나 현대자동차를 샀으면 금액 여부를 떠나서 대주주인 이재용씨나 정의선씨와 동업을 한 것처럼 생각해야 한다.

재밌는 상상을 해보자. 만약 해당 기업에 주식을 사는 과정이 마우스 클릭 한번이 아니고 주주총회나 설명회에 참석해야만 하고 한번 사면 2~3년 미만으로 못팔게 제도를 바꾸어 놓았다면 여러분의 투자 태도는 어떻게 바뀔까? 아마 기업의 경영자는 믿을만한지 기업이 경쟁력이 있는지 그래서 이익이 나면 배당을 잘줄지 등을 면밀히 검토하고 이 기준이 맞지 않으면 투자를 안 할 것이다. 이 가정은 단지 강제적으로 장기투자를 해야 한다고 세팅값을 하나 바꿨을 뿐이다. 하지만 예상하건대 더 까다롭게 고른 만큼 그 투자성과가 더 좋았을 확률이 높다.

이것을 증명하는 것이 바로 벤처캐피탈이나 기업인수를 하는

PE(프라이빗에쿼티)의 수익률이다. 이러한 투자가들은 최소 3년에서 5년을 투자하기 때문에 투자 집행 전까지 까다로운 심사 과정을 거친다. 그 결과 실제 주식시장의 수익률보다 훨씬 높은 투자수익률의 달성한다. 이처럼 도처에 장기투자가 좋은 이유가 증명되고 있는데 우리의 투자 수익률이 낮은 것을 매수/매도 주문의 편리성으로만 탓할 수는 없는 노릇 아닌가? 요약하면 편리한 단기투자보다는 여러분의 태도를 강제적인 장기투자로 바꾸어 놓는다면 성공가능성이 더 높을 거라고 상상해 본다.

장기투자의 중요성은 알겠는데 공부는 어떻게 하는 것이 좋을까? 정답은 없지만 본인이 친숙하고 자주 활용하는 분야에서 시작하는 것이 좋다. 만약 카카오나 네이버를 매일 활용하는데 못보던 자리에 광고창이 더 생겼다든지, 피트니스에서 운동을 즐겨하는데 나이키 신발만 보이거나 룰루레몬의 스판덱스를 착용한 회원이 늘어난다든지, 라면을 좋아하는데 간짬뽕이 히트하거나 라면 가격을 200원 올린다고 하던지, 결국 주식투자자의 눈은 매의 눈이 되어 있어야 한다. 그리고 해당 기업의 신문 기사나 제품평가를 자주 검색해보고 가능하면 회사랑 통화도 해보면 더 좋을 것 같다.

본인이나 친한 친구들의 학창시절 전공도 활용해 보자. 대학시절 전공이 화학이면 2차전지 핵심소재에서 가장 특허가 많고 경쟁력이 있는 기업을 남들보다 더 빨리 찾을 수도 있을 터이고 전공이 의학이나 생물학이면 제약, 바이오 업종의 신약에 대한 논문을 읽어볼 수 있을 것이며 컴퓨터공학이나 프로그램 분야이면 클라우드 보안솔루션 기업 중 최고의 기업을 더 잘 알 수가 있을 것이다. 물론 게으르거나 실행력이 떨어지는 사람은 아무리 박사라도 투자로 큰 성공을 하기 힘들다.

이렇게 끊임없는 리서치와 충분한 점검을 통해서 정답지를 발견한다면 그때는 여지없이 집중투자를 해야 한다. 앞서 필자가 주장한 5종목의 법칙과 위배되는 게 아니냐라고 반문할 수 있지만 그렇지 않다. 그럴 때는 확신이 가는 탑픽 종목의 비중을 약 50% 이상 가져가고 나머지 자금을 배분하는 것이 현명하다. 워런 버핏도 인터뷰에서 이렇게 말했다. 자신 있는 종목이 보이지 않을 경우 자연스럽게 종목 분산 정도가 높아진다고. 우린 투자의 신은 아니지만 성공한 선배들에게 배우고 실천하면 남들보다 앞서 갈 수는 있다.

강제적으로 장기투자가 되기를 권해본다. 이 경우 수익률이 더
좋을 가능성이 높은 것은 단순투자가 아니라 주주가 되었기 때
문이다. 주주는 기업의 주인인 만큼 투자한 기업을 사랑하고
요구하는 것이 많아질 수밖에 없다.

한 줄 요약

파는 원칙을 가져보자

투자할 기업을 선정한 후 주식을 사는 건 비교적 쉽지만 파는 건 사실 어려운 작업이다. 투자한 종목이 빠져서 손실이 나는 경우 팔기가 어렵고 반대로 수익이 나도 언제 팔지 몰라서 팔기가 어렵다. 수익이 나서 팔았는데 그 이후 주가가 더 크게 올라가서 판 것을 후회하는 경험을 필자도 많이 했다. 이건 욕심이겠지만 인간인 이상 당연한 현상이다. 따라서 파는 원칙이 중요한데 단순히 수익의 극대화 외에도 멘탈관리(정신건강)에도 도움이 되기 때문이다.

먼저 기관투자가인 그로쓰힐자산운용의 파는 원칙을 공유해보겠다. 당사는 다음 3가지의 매도 원칙을 비교적 지키는 편인데 첫째는 투자 주식이 목표가에 도달했을 때이다. 둘째는 투자 당시 미래 이익추정에 대한 가정이 틀렸을 때이다. 쉽게 말하면 그냥 잘못본 경우일 것이다. 제일 중요한 것이 세 번째 원칙인데 이는 현재 보유주식보다 더 높은 상승여력의 주식이 생겼을 경우 갈아타는 경우다.

물론 개인투자자들이 투자한 주식의 정확한 목표가를 산정하기는 쉽지 않다. 필자는 회사 내부규정상 주식은 해외주식밖에 못 사게 제한해 놓았는데 미국주식을 살 때는 특히 목표가를 생각하지 않고 사는 경우가 많았던 것 같다. 이 경우 직면하는 어려움은 수익이 났을 때 자꾸 팔고 싶은 욕심이 생기는 것이다. 예를 들어 게임엔진용 소프트웨어 1위사인 Unity를 매수하였었는데 당시 25%가 올라 미국지수 대비 20%나 많이 올랐다. 미국지수도 상승 하락을 반복하던 때여서 이 정도 수익에 만족하고 팔았다. 이 기업은 특히 목표가 선정이 어려웠던 것이 매출 성장률은 높았지만 아직 적자를 내는 기업이었기 때문이다. 사실 이 당시 테슬라 주식도 PER이 100배가 넘었는데 어떻게 쉽게 매도 목표가를 정하겠는가? 하지만 다소 억울하게도 그 이후 Unity의 주가는 20%나 추가로 상승하였다.

그럼에도 불구하고 목표 가격의 설정은 의미가 있다. 예를 들어 20%수익이 나면 팔겠다라고 처음부터 설정을 해두면 그때가서 더 오래 보유할지 고민을 해볼 수 있다. 처음 살 때보다 기간이 지나 있기 때문에 성장하는 기업도 더 잘하고 있거나 반대로 전망이 나빠져 있을 수도 있다. 따라서 설정해놓은 목표구간에 도달하면 뉴스와 리포트 등을 찾아보면서 팔아야 할지 한번 더 고민을 하는 기준점으로 삼을 수 있다. 해당 기업을 매도한 후에 다른 대안이 있는 지도 고민해본다면 매도 후 주가가 올라도 멘탈관리가 가능할 것이다.

이런 과정이 어렵다고 생각하는 개인투자자들에게 추천하고 싶은 또 다른 방법은 투자 목표기간을 설정하는 것이다. 여기서 말하는 목표기간이란 것은 절대 시간이 아닌 투자한 기업이 고성장하다가 성장률이 둔화되기 시작하는 구간까지다. 문제는 그것을 어떻게 아느냐인데 뒤에서 설명하겠지만 분기이익이 전년 동기 대비해서 둔화되는 시점을 찾는 것이 가장 적절한 방법이다. 여기서 분기이익을 볼 때 절대수치가 아닌 성장률의 둔화라는 점을 명심하기 바란다.

해당 산업의 열기가 식을 때도 마찬가지인데 이 역시 조금만 뉴스에 귀 기울이고 논리적 사고를 하면 충분히 체크할 수 있다. 가량 예를 들면 코로나 사태가 전 세계로 확산되었을 때 코로나 진단키트를 수출하는 회사의 주가는 4~5배씩 상승하였다. 실제 당시 매출도 크게 확대되었지만 이러한 성장이 계속 유지된다고 보는 산업에 대한 고민이 없는 것이다. 대표 기업인 씨젠은 코로나 사태 이후 주가가 10배가 올랐지만 1년 뒤에는 고점 대비 약 70%가 빠졌다. 이처럼 산업의 고성장이 둔화되는 조짐이 보일 때가 바로 투자 목표기간이 끝난 것이고 주식을 매도할 기회이다. 반면 투자 후 수익이 아니라 손실이 나기 시작했을 때도 팔기 어려운 경우인데 이는 다음 챕터에서 자세히 설명하겠다.

두 번째 매도 전략은 살 때 했던 가정이 틀렸을 때인데 투자자의 실행력이 요구되는 경우이다. 만약 어떤 이유로 주식을 샀는데 그 이유가 어긋나거나 기업의 상황이 악화된 경우다. 당사 애널리스트들은 이익 추정 시 가정으로 넣었던 기업의 핵심 데이터(예를 들어 목표 판매량이나 가격)가 바뀔 경우 목표 주가를 바꾸고 바로 매도를 하기도 한다. 개인투자자의 경우도 마찬가지이다. 만약 처음에 산 이유가 변질되고 있다면 바로 매도를 하는 것이 경험상 좋다. 예를 들어 모두 기대했던 엔씨소프트의 신규 게임의 반응이나 흥행이 기대 이하인 경우나 녹십자의 해외 백신 위탁생산이 연기가 된다거나 라이선스 수출을 한 바이오기업의 신약의 효과가 크지 않다거나 하는 결과를 접했을 때는 막연한 기대를 하지 말고 바로 전략을 수정해야 한다.

마지막으로 다른 좋은 주식의 대안이 생겼을 경우인데 이는 가장 바람직한 매도의 이유일 것이다. 종종 기관투자가들이 향후 전망이 좋은 주식을 연일 매도하고 있는 경우가 있을 텐데 이는 해당 주식이 반드시 나빠서가 아니라 다른 주식을 사기 위해 포트폴리오를 조정하는 경우일 수도 있다. 따라서 기관이 지속 매수하는 종목이 좋은 것은 확실하지만 파는 주식이 상승여력이 없다고 볼 수는 없다. 다른 상승여력이 더 높은 주식을 발견했을 때 기존에 주식을 줄여서 사는 것은 제한된 현금에서 아주 당연한 방법이다. 참고로 매수를 위해 어쩔 수 없이 매도 종목을 고를 때는 수익이 난 기업보다

↑ $ ↓

는 본인이 산지 오래된 기업이나 어떻게 돌아가고 있는지 업데이트가 잘 안 되는 종목부터 팔 것을 권유한다. 파는 것도 이렇게 길게 설명하는 걸 보면 참 복잡하다고 느낄 수 있을 것이다. 하지만 이렇게 본인만의 매수 매도 원칙을 가지고 대응한다면 여러분은 남들보다 마음을 덜 졸이면서 더 좋은 수익을 내고 있을 확률이 높다.

팔아야 할 때 목표수익률과 이유를 정해 놓으면 팔고 난 후에도 후회가 크지 않다. 파는 기준은 기업의 성장이 언제 둔화될지 고민하는 것이 가장 효과적이다.

한 줄 요약

물타기는
업종 내 1위 기업만

주식투자를 하다 보면 종종 매수단가 아래로 내려가 손해 구간에 들어가는 경우가 많다. 5~10%정도의 하락은 다소 여유롭게 인내할 수 있지만 만약 손해율이 10~20%에 들어가게 되면 슬슬 불안해지기 시작한다. 분명 좋은 기업이고 좋은 차트에서 샀다고 생각했는데 내가 모르는 무엇이 있는지 의심이 시작된다. 기업 실적이 다음 분기에 나쁠 수도 있고 또는 기관투자가들이나 슈퍼개미가 차익실현을 하고 있을 지도 모른다. 점점 더 불안해지고 여기저기 알아보기 시작하기 시작한다. 이는 필자를 포함해 투자자라면 누구나 한 번쯤 경험하는 일이다.

정확한 정답이야 없겠지만 본인도 이런 경험을 하고 있는 다소 경험 많은 투자자로서 대응 전략을 공유하고자 한다. 전략은 간단하게 두 가지 중에 하나이다. 손해를 감내하고 손절하거나 더 매수해서 매수단가를 낮춘다. 어떠한 전략이 길게 볼 때 유리할까? 사실 좀 황당하겠지만 같은 상황에서도 매수자의 투자의 태도에 따라 답이 다르다.

A라는 사람이 매수한 기업의 주식이 빠질수록 불안하고 의심이 되면 손절이 정답이다. 이는 산 사람이 해당주식에 대해 자신이 없다는 것이고, 기업을 충분히 이해하고 사지 않은 경우일 수가 있다. 마음에 손을 얹고 생각해보자. 내가 충분히 공부하고 이해하고 투자를 했는지를. 만약에 맞다면 물타기라는 2번 전략을 쓰면 된다. 참고로 하락한 주식을 더 사서 매수 평단가를 낮추는 것을 주식시장에서는 물타기라고 표현한다.

사실 기관투자가인 필자도 똑같은 전략을 쓴다. 기업을 다시 점검해보고 투자 당시 가정이나 이익의 변화가 없는데 주가만 빠지는 경우에는 추가 매수를 한다. 이는 매우 매력적인 전략인데 만약 해당 기업의 주가가 첫 매수 단가보다 20%가 하락했다면 관점을 달리하면 이익이 당초 예상보다 20%나 더 증가한 기업을 살 기회와 같은 효과이기 때문이다. 물론 당연히 주가가 빠지는 이유가 있겠지만 이것이 펀더멘털상 악재가 아닌 수급 등에 의한 일시적인 하락일 경우 등이니 기업에 대한 재점검은 필수이다. 이때 문제가 없으면 과감하게 추가 매수를 하여 매수단가를 자신에게 유리하게 만드는 것이다.

물론 기관투자가니까 기업에 전화도 해보고 탐방도 갈 수 있으니 그렇지 개미들은 불가능하다고 말할 수 있다. 이러한 이유를 알 수 없는 주가 하락을 잘 견디기 위해서라도 일반투자자들은 최대한 잘 알거나 일등주와 같은 우량한 기업에 투자를 해야 한다. 간단히 요약한다면 성장하는 산업 내에 1위 기업에 투자했다면 하락할 때마다 물타기를 해도 좋다. 하지만 만약 중소형주에 일시적인 테마나 호재를 기대하고 매입한 경우라면 절대로 물타기를 해서는 안 된다. 특히 왜 빠지는지 이유를 알 수 없는 경우일수록 조심해야 한다. 그리고 물린 종목이 있더라도 장기로 방치되지 않게 하는 것이 좋다.

업종 내 1위 기업을 강조한 데는 이유가 있다. 사이클이 강한 산업의 기업을 피크에서 사지만 않는다고 하면 대부분의 1위 기업은 브랜드나 경쟁력을 갖추고 있는 대기업이다. 이런 기업들은 코스피 상승 국면에서 강한 복원력을 가진다. 따라서 당장은 인기 많은 테마 종목들의 수익률이 화려하고 좋겠지만 코로나처럼 예상할 수 없는 위기가 발생해도 1위 기업들은 스스로를 위기에서 구출해 낼 것이다.

한 줄 요약

성장산업 내 1등 기업은 주가가 하락할 때 물타기가 가능하다.
반면 실적이 뒷받침되지 않는 기업은 물타기 해서는 안 된다.

모르는 악재에는 절반 먼저 팔기

만약 본인이 보유하고 있는 주식에 악재가 발생하면 어떻게 대응하는 것이 손실을 최소화하고 걱정도 줄일 수 있을까? 일단 악재도 종류가 여러 가지가 있으니 이를 구분해 대응할 필요가 있다. 먼저 기업이 속한 산업에 발생한 리스크와 해당 기업의 자체 리스크가 있을 것이다. 또한 시장리스크가 있는데 이는 주식시장 전체에 영향을 미치는 갑작스런 금리 인상이나 전쟁과 같은 요소이다.

먼저 산업리스크는 투자한 기업이 속해 있는 산업의 문제로 대한항공에 투자한 사람은 항공산업에 그리고 파라다이스를 투자한 사람은 카지노산업에 영향을 받는다. 예를 들어 중동에 전쟁이 발발하여 원유 가격이 폭등했거나 코로나 발생으로 대륙간 이동이 묶이는 상황은 분명 항공사들이 감내하기 힘든 악재일 것이다. 만약 이러한 뉴스가 나왔을 때에는 초기 대응이 중요한데 이 사안이 단기적인 영향을 줄지 또는 장기적으로 영향을 줄지 판단부터 해야 한다. 우리가 이미 경험을 했지만 코로나 확산기였던 2020년 상반기에는 초반에 항공주를 파는 것이 맞았다. 당시에 생각해봐도 코로나 치료제나 백신이 개발되기까지는 많은 시간이 필요했고 장기화될 가능성이 높았기 때문이다. 아주 초기에는 못 팔았어도 점차적으로라도 파는 것이 맞았다. 실제 정부의 유동성 공급 정책으로 주가지수 반등시에도 항공업종 주가는 훨씬 부진한 수익률을 보였기 때문이다.

반면 과거 911 테러나 국가 간의 정치적인 갈등은 일시적인 악재일 가능성이 높으며 기업 실적에 장기적인 영향을 주지는 못한다. 이런 이슈는 이미 발발한 순간 바로 주가가 폭락하여 바닥에 팔 가능성이 높으니 팔아서는 안 된다. 여러 정치적인 대안이 나와 주가회복 가능성도 있기 때문이다. 따라서 판단의 근거는 한번에 다 주가에 반영되는 악재는 단기적으로 매도 대응하면 안 되고 반대로 지속적으로 주가에 영향을 주는 사안은 다른 주식으로 갈아타는 것이 바람직하다. 보통 지속적으로 주가에 영향을 주는 경우는 기업이익을 오랜 기간 훼손시키는 경우라고 구분하면 쉬울 것이다.

테러가 났다고 코카콜라를 안 마시거나 유튜브를 안 보진 않을 것 아닌가? 이러한 악재로 기업이익이 별로 빠지지 않는 종목임에도 주식시장과 함께 폭락할 때는 줍는 기회이다.

↑ Ⓢ ↓

개별기업의 악재는 손실을 피하기 어려운 가장 심각한 문제이다. 여기서는 예를 들어 기업의 실적이 예상보다 나쁘다고 알려진 순간, 또는 임상시험에 실패한 경우, 그리고 마지막으로 대체기술이 나타나는 경우 등의 케이스를 가정하여 살펴보자. 다음 실행 원칙은 실제 필자가 펀드를 운용할 때 사용하는 방식이다.

하나씩 사례를 보면 실적이 시장에 알려진 것보다 크게 나쁘다는 걸 알게된 순간인데 일단 보유주식의 절반은 바로 팔아 버리는 것이 좋다. 그리고 실적이 나쁜 이유가 무엇인지를 여러 경로로 알아본다. 하지만 보통 알아보는데 시간이 꽤 걸리기 때문에 다 알고 파는 것은 위험할 수 있어서 보유량의 절반을 바로 던지는 것이다. 만약 기업의 경쟁력에 문제가 없는 한 분기 정도의 이슈라면 판 수량을 다시 천천히 채우는 전략을 가져간다. 반면 기업에 중장기적인 영향을 주는 펀더멘털적인 요인이라 것이 밝혀지면 남은 절반도 전량 매도를 선택한다.

두 번째 경우처럼 시장에서 기대했던 상황이 틀어져서 기업의 미래에 영향을 미치는 경우는 눈을 감고 손절매하는 것이 맞다. 임상시험이나 주요 고객에 납품이 틀어진 경우는 보통 기업의 미래가치에 상당한 영향을 주는 사안이다.

마지막으로 대체기술이나 강력한 경쟁자의 진입의 경우인데 이런 경우는 주가가 크게 하락해도 충분히 인내하면서 반등을 노릴 수 있는 경우가 많다. 필자의 경험을 공유하자면 2021년 당시 당사의 포트폴리오에는 2차전지 양극제 소재업체인 엘앤에프와 에코프로비엠(ECOPROBM)과 같은 주식에 많은 투자비중을 가지고 있었다. 당시 테슬라나 폭스바겐 등이 한국 양극제 기업들의 주요 기술인 니켈삼원계(NCM) 방식과 다른 원가가 싼 중국의 인산철(LFP) 방식을 채택할 것이라는 뉴스가 크게 보도가 된 적이 있다. 바로 당일에 해당 주가는 10%씩 하락을 하였고 당사 펀드매니저와 2차전지 담당 애널리스트는 긴급 회의를 하였다. 리서치자료와 전기차 관련 통계를 바탕으로 미래 전기차시장은 중국산 저가 배터리와 한국산 고가 배터리 시장으로 양분되면서 성장해 나갈 것이란 결론을 내렸다. 그리고 다음날부터 주식이 하락할 때마다 앨엔에프의 투자비중을 높였다. 한 달도 안 되어서 분기실적을 발표한 해당 주식들은 그 후 다시 신고가를 달성하였다. 하나에 실제 사례이지만 이처럼 대체제나 기술의 변화는 하루아침에 이루어지지 않는다. 뉴스가 악재 같이 보이겠지만 이러한 악재가 영향을 미치는 건 실험실 단계가 아닌 실제 그런 제품이 양산이 될 때이다.

사실 악재마다 일반투자자가 바로 다 판단하기 어려운 것은 맞다. 하지만 위에 사례처럼 모르는 경우에는 일단 절반을 손절하고 찾아보는 원칙 그리고 악재를 장단기로 나누어 구분하는 시각을 가지는 자세는 분명 도움이 될 것이다.

악재 발생 시 대응 원칙을 미리 준비해 두면 좋다. 손실이 아까워서 못 팔다가는 더 큰 손실을 볼 수도 있기 때문이다. 한 줄 요약

투자에 매우 쓸모 있는 이론들
(효율적시장가설과 재귀이론)

주식투자를 하면서 투자에 도움이 될 만한 이론 두 가지를 간단히 소개하려 한다. 먼저 경영학도라면 한번쯤 배웠을 만한 효율적 시장가설(efficient markets hypothesis)이라는 이론이다. 이는 아주 쉽게 설명하면 주식시장은 아주 효율적이어서 지금 당신이 아는 것은 이미 주식시장에 다 반영되어 있다는 것이다. 필자가 이 이론을 배운 것은 1999년 미국 로체스터(Rochester)대학에서 MBA를 할 때였다. 지금은 고인이 되신 Michael J. Barclay교수님께 효율적 시장가설 관련 수업을 들으면서 처음에는 경악을 금치 못했다. 이미 주식시장은 효율적이어서 모든 것을 다 반영하고 있고 심지어 새로운 정보가 나오면 즉각 반영이 되기 때문에 이런 효율적인 시장에서는 주식투자를 해봐야 먹을게 거의 없다라는 것이다. 당시 증권사 애널리스트를 그만두고 주식의 메카 월스트리트 본진으로 푸른꿈을 가지고 간 학생에게는 실로 충격적인 말이었다. 뭔가 강하게 반론을 하고 싶었지만 50명이 듣고 있는 강의실에서 늘 겸손함이 미덕인 한국인으로 반감만 품고 있을 수밖에 없었다. 이 가설을 1970년대에 발표한 시카고대학의 유진 파마(Eugene Fama)교수는 노벨경제학상까지 받았는데 무슨 반박을 하겠는가?

물론 이 가설은 약한 효율적 시장가설이라는 정보가 제한적으로 시장에 반영되어 있는 경우도 제시하여 위와 같은 강한 효율적 시장외에서도 주식투자를 계속해도 된다는 여지는 남겨 놓았다. 자세한 이론은 더 찾아보길 바란다.

그럼 중요한 건 이 가설을 어디다 써먹을까? 주식시장에 오랜 투자 생활을 하면서 이것이 정말 중요한 이론이라는 걸 뒤늦게 깨달았다. 만약 이 이론대로 A라는 주식이 모든 정보를 다 반영하고 있다면 사실 이 기업의 주가를 예측할 때는 과거는 알 필요가 없다. 바꾸어 말하면 기업의 미래 전망이 향후 주가에 훨씬 중요하다는 것이다. 물론 기업 경영자의 능력 등 과거를 알아야겠지만 이 이론은 밸류에이션을 고민할 때 활용하면 매우 유용하다.

예를 들어 삼성전기의 장기 평균 PER이 20배이고 삼성전자의 장기 평균 PER은 10배이다. 그러면 투자자들은 삼성전기는 비싸니까 아무도 안 사거나 공매도 대상이라 생각할 수 있다. 특히 새로 분석을 시작하고 처음 이 기업을 접할 때 더더욱 높은 PER을 이해 못할 것이다. 이럴 때 효율적 시장가설을 적용하면 이 기업의 밸류에

↑ $ ↓

이션에 대해 혼자 고민하고 있을 이유가 없다. 이미 그렇게 고PER을 받을 만한 회사로 시장에서 인정을 하고 있으니 신경을 끄고 앞으로 삼성전기의 미래이익에 집중하면 된다. 동사의 이익이 예상보다 더 좋아지면 주가는 오르는 것이고 예상보다 나빠지면 하락하는 것이다. 수백만 명 이상이 보고 있는 대형주라 효율적이며 과거의 정보는 주가에 다 반영되어 있다고 봐도 되는 것이다. (친절하게 부연 설명하자면 사실 삼성전기는 삼성전자보다 변동성(Beta)가 높아서 산업이 좋아질 때 이익이 크게 좋아지기 때문에 과거부터 상대적으로 고PER을 형성해 왔다.) 이처럼 효율적 시장가설 이론은 활용가치가 높으며 공정공시가 강화되어 가는 한국 주식시장도 점점 더 강한 효율적인 시장이 되어 가고 있다. 그만큼 내부정보보다는 기업의 비즈니스모델이나 경쟁력분석이 더 중요해져 개인투자자에게도 공정한 게임이 되었다.

두 번째 활용할 이론은 투자대가로 유명한 조지소로스의 재귀성 이론(theory of reflexivity)이다. 이를 어렵게 네이버 백과사전식으로 설명하면 사회의 모든 현상은 인지기능과 조작기능이 서로 영향을 주는 상호순환관계를 통해 나타난다는 주장을 담은 이론이다. 이게 도대체 무슨 소리인가? 필자도 조지소로스의 책을 읽는 동안 쉽지 않은 이론이었지만 중요한 포인트는 인간의 세계는 자연법칙처럼 흘러가지 않고 서로 간의 개입으로 새로운 예상치 못하는 국면을 만들어 낸다는 것이다. 그리고 경제와 금융시장이 균형을 이루기보다는 버블과 같은 극단적인 상황까지 치달은 후에야 안정을 찾는 사이클을 이야기한다.

예를 들어 설명하면 미국에서 부동산발 금융 위기가 2008년 발생하였고 당시 리만브러더스 파산과 많은 금융기관들이 큰 타격을 받았다. 당시의 미국 S&P500주가지수는 6개월 만에 1,400에서 700까지 반토막이 났다. 이처럼 지수의 낙폭이 컸던 이유는 레버리지 상품들의 부실규모를 알 수 없었고 더 많은 은행들이 도산할 수 있다는 두려움이 팽배 했었기 때문이다. 결국 패닉에 빠진 많은 투자자들이 미국 경제의 강력한 체력에도 불구하고 극단적인 상황으로 흘러간 것이다. 이런 주가지수가 리만 사태 이전의 주가를 다시 회복하는데는 1년밖에 안 걸렸다. 결국 리만브라더스 파산일(2008년 9월) 이후 주식을 내던진 대부분의 투자자들은 손해를 본 결과를 초래했는데 여기에 재귀성이론을 적용하면 이러한 실수를 막을 수 있다.

필자가 이해한 재귀성이론은 마치 유교의 정.반.합 이론과 같이 여러 반작용을 할 수 있는 힘의 주체들이 존재한다는 것이다. 예를 들어 뱅크런(예금인출사태)을 방치했으면 미국은 더 할 수 없는 위기가 지속되었을 것이다. 그렇지만 미국 정부는 강력한 개입을 통해 리만브러더스 파산 이후 막대한 유동성 지원정책과 은행들에 파산방지를 약속하였다. 이때 역사적으로 처음 시행되었던 제도가 바로 QE(Quantitative easing)이라는 무한대 유동성 공급 정책이었다. 사실 리만브러더스도 파산시키지 않고 일시적으로 국유화하는 것이 맞았을 지도 모른다. 결국 슈퍼파워인 미국 정부와 연방은행의 개입에도 불구하고 마지막까지 주식을 투매한 자들은 두려움에 이런 정부의 힘까지 망각한 것이다. 이처럼 시장에는 반작용의 힘이 늘 존재하고 거대 금융기관들도 나락으로 떨어지지 않을 것이라는 강한 믿음으로 다시 금융시장을 안정시켰다.

조지소로스는 매크로 헤지펀드 대가이다. 1992년 영국의 영란은행(BoE)을 피운드화 공매도(환투기)로 굴복시킨 사건은 유명한 일화이다. 그는 미국 정부와 유태인 네트워크의 힘과 정보를 뒷 배경으로 가지고 있었고 그렇기 때문에 영국 정부를 상대로 레버리지를 통한 강력한 방향성 투자를 할 수가 있었다. 80세가 넘어서 쓴『조지 소로스, 금융시장의 새로운 패러다임』(위즈덤하우스, 2008)이란 책은 어쩌면 조지소로스 스스로 고백을 하고 있는지도 모른다. 정보를 가진 슈퍼파워들이 인간 본능의 강한 탐욕과 공포현상을 역으로 이용할 수 있으니 조심하란 것이다. 그리고 그러한 움직임을 서로 예상하면서 역으로 행동하기 때문에 새로운 균형점과 질서가 잡힌다는 것이다.

이러한 이론을 강조하는 이유는 정말 크게 활용할 한방이 있기 때문이다. 한국의 동학개미들은 1997년 한국의 IMF 위기라 불리는 금융 위기와 리만 사태를 경험함으로 학습이 잘되어 있는 '투자의 민족'이다. 그래서 2020년 코로나 발생 상황에서도 로스컷에 급급한 기관과 외국인에 비해 비교적 저점부터 매수를 잘했던 경험이 있다. 결국 주가로만 보면 코로나나 리만 사태나 소리만 요란했지 6개월에서 1년 사이에 모두 회복했다. 다음에 또 어떤 위기나 국제 정치적 변수가 생길지는 모르지만 위기는 한 방향으로만 가지 않고 새로운 균형점을 만들어 가려는 세력들이 서로 힘겨루기를 한다는 점을 잘 활용해야 할 것이다.

효율적 시장가설은 주가는 기업의 미래를 반영한다는 중요한 이론이고 밸류에이션 고민을 덜어준다. 재귀성이론은 세상이 망할 것 같아도 슈퍼파워들이 시나리오를 바꾸는 정.반.합의 과정이라고 필자는 해석했다.

한 줄 요약

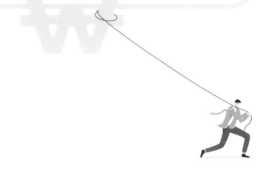

매수 클릭 전
10분만 더 투자하자

'투자자들은 주식을 사는 의사 결정을 하는 데까지 얼마의 시간을 소요할까'라는 점이 필자는 항상 궁금했다. 물론 삼성전자인지 개별 주식인지의 주식의 종류에 따라 크게 다르겠지만 평소 잘 아는 대기업 조차도 사는 시점에 따라 수익률 차이가 커서 매수 이유를 고민할 필요가 있다. 하물며 잘 모르는 기업인데 사야 할 이유가 생겼을 때는 좀 더 많은 점검과 고민이 필요할 것 같다. 그리고 매수 이유도 전문가 추천, 본인의 업종에 대한 확신, 또는 해당 기업에 대한 정보 등 여러 가지가 있을 것이다. 하지만 어떤 이유든지 간에 사는 매수 버튼을 누르기 전 이러한 점들은 체크했는지 묻고 싶다. 이 장에서는 성격이 급하신 분들을 위해 주식 매수 전 10분이면 점검할 수 있는 원포인트 점검법을 다루도록 하겠다. 단 본인이 충분히 공부해서 확신이 있는 종목 같은 경우는 이미 거쳤을 법한 매우 기초적인 점검이다.

매수 이유는 알고 있으니 기본 체크를 위해 증권사HTS 화면에서 기업정보 화면을 켠다. 금융정보업체인 에프앤가이드(FnGuide)가 제공하는 화면이기 때문에 어떤 HTS나 내용은 같다. 기업정보에서 기업 실적 부분을 먼저 보자. HTS가 없다면 네이버에서도 같은 화면을 볼 수 있다.

기업 실적

—ⓦ—

기업 실적은 연간으로 먼저 점검하고 그 다음 분기이익을 점검하면 좋다. 아래 사례를 보면 2021년 영업이익은 약 1.2조 원으로 전년 대비 100% 가까이 증가하는 수치이며 2022년 이익은 전년 대비 15% 상승인 1.4조 원, 2023년에도 1.6조 원으로 꾸준한 성장을 보이고 있다. 성장률이 가장 클 때 주가도 좋았지만 실적이 좋아지는 이유도 증권사 애널리스트 리포트를 통해서 파악해볼 필요가 있다.

LG이노텍은 과거 2016년 이래로 이익이 크게 레벨업 되었으며

Financial Highlight

IFRS (연결)	Annual							
	2017. 12.	2018. 12.	2019. 12.	2020. 12.	2021. 12.	2022. 12.(E)	2023. 12.(E)	2024. 12.(E)
매출액	76,414	79,821	79,754	95,418	149,456	164,997	175,584	188,930
영업이익	2,965	2,635	4,764	6,810	12,642	14,488	15,918	17,277
당기순이익	1,748	1,631	1,023	2,361	8,883	9,903	11,031	11,553
지배주주 순이익	1,748	1,631	1,023	2,361	8,883	9,858	10,971	11,716

IFRS (연결)	Net Quarter							
	2020. 12.	2021. 13.	2021. 06.	2021. 09.	2021. 12.	2022. 03.(E)	2022. 06.(E)	2022. 09.(E)
매출액	38,428	30,703	23,547	37,949	57,231	38,467	28,887	41,918
영업이익	3,423	3,468	1,519	3,357	4,298	3,309	2,131	3,958
당기순이익	1,211	2,514	1,473	2,271	2,625	2,358	1,647	2,710
지배주주 순이익	1,211	2,514	1,473	2,271	2,625	2,243	1,403	2,785

자료; 미래에셋 HTS

공급 중인 아이폰용 카메라모듈 외에도 다양한 어플리케이션 확대 기대로 주가 역시 꾸준한 우상향을 보이고 있다. 다음에 연간이익 설정을 분기로 바꾸어 분기이익을 보자.

분기이익을 보면 전년동기와 비교를 해야 하는데 2021년 9월 은 이익이 3,357억 원으로 전년 동기 대비 315%나 증가하였다. 사실 주가가 가장 큰폭으로 오르기 시작한 것도 이 시점이다. 그리고 4분기에도 전년 대비 26%나 이익이 성장하였다. 여기서 분기이익이 상향 조정 중인지 아닌지를 보아야 하는게 중요한데 이는 증권사 애널리스트의 이익조정비율을 보면 된다. 연초까지만 해도 22년 1분기부터 이익이 전년동기대비 하락하는 것으로 잡혀 있었는데 4월 현재 동사의 추정 이익이 +5% 증가하는 것으로 상향 조정되고 있다. 이처럼 분기이익을 활용하면 어느 시점에 매수 진입하여 어느 시점에 차익 실현해야 할지에 대한 가이드가 된다. 분기 실적이 상향되거나 하향되는지는 확인하면 더 강력한 매매 효과를 볼 수 있다.

밸류에이션

— ⓦ —

밸류에이션은 누차 얘기했듯이 실적이 상승 추세에 있을 때는 크게 신경 쓸 필요는 없다. 문제는 실적 상향 추세가 꺾이기 시작했을 때부터는 매우 조심해야 하는 팩터(factor)이다. 밸류에이션 테이블은 같은 화면인 기업정보 탭 맨 아래쪽으로 내려가면 절대값 뿐 아니라 PER밴드, PBR밴드 차트를 볼 수 있다. 먼저 PER밴드를 보면 동사의 과거 PER은 약 7배에서 30배 사이에서 움직였다. 2021년 연초 이후 약 100%의 주가 상승에도 12월 말 PER은 약 9배로 이익 상승이 밸류에이션을 전혀 부담스럽게 만들지 않았다. 반면 PBR 밴드 차트로 본 밸류에이션은 과거 1배에서 2배 사이에 움직였는

PER Band Chart

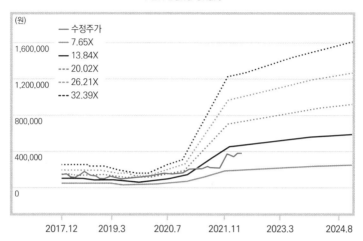

(원)

- 수정주가
- 7.65X
- 13.84X
- 20.02X
- 26.21X
- 32.39X

1,600,000

1,200,000

800,000

400,000

0

2017.12 2019.3 2020.7 2021.11 2023.3 2024.8

자료: 미래에셋 HTS

PBR Band Chart

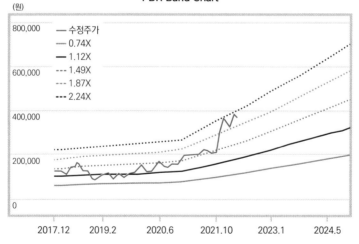

(원)

- 수정주가
- 0.74X
- 1.12X
- 1.49X
- 1.87X
- 2.24X

800,000

600,000

400,000

200,000

0

2017.12 2019.2 2020.6 2021.10 2023.1 2024.5

자료: 미래에셋 HTS

데 현재는 2.2배로 최고치를 경신하고 있다. 하지만 이 자체를 단순히 고평가라고 보면 틀리는 이유는 과거 ROE는 10% 미만에서 놀다가 현재는 30%의 높은 수익률을 보여주고 있기 때문이다. ROE는 알다시피 자기자본이 가져다준 수익률로 주주에게 매우 중요한 수익률이며 PBR과 밀접한 상관관계를 가진다. 앞서 살펴본 LG이노텍의 밸류에이션에 경우 점검 결과는 주가가 많이 올랐지만 급증한 이익에 기반이 되어 있어 매우 건강한 상승이고 크게 고평가 되지도 않았다는 점이다. 만약 다른 기업을 점검할 때는 PER, PBR의 위치가 밴드차트상 낮은 위치에 있고 이익은 상향 조정되고 있다면 아주 높은 점수를 줄 수 있다고 활용하면 될 것이다.

부채비율 등 재무안전성

—Ⓦ—

재무안전성은 잠깐이라도 반드시 체크해야 하는데 먼저 총부채 대비 총자산을 나타낸 부채비율을 보면 133%로 계속 낮아지고 있다. 그렇다면 자본 대비 순차입금을 나타내는 순차입금비율을 봐야 하는데 28%로 별로 높지 않다. 만약 이 수치가 높으면 이자보상배율도 봐야 한다. 영업이익이 연간 이자비용 대비 몇 배인가를 나타내는 지표로 여기서는 30.8로 이익이 이자보다 30배나 많으니 더 이상 점검할 필요도 없다.

이처럼 우량기업은 바로 통과지만 순차입금비율이 높고 이익이 적은 회사는 반드시 회사의 재고회전율, 순운전자본회전율과 같

안전성 비율

(단위: %, 억 원)

IFRS(연결)	2017.12.	2018.12.	2019.12.	2020.12.	2021.12.
유동비율	109.5	141.0	123.7	138.4	124.3
당좌비율	83.8	108.1	99.8	100.8	82.2
부채비율	201.3	171.7	161.8	148.7	133.6
유보율	1,548.8	1,690.3	1,763.3	1,951.8	2,701.0
순차입금비율	58.1	71.1	51.2	42.9	28.3
이자보상배율	8.9	4.9	7.5	13.7	30.8
자기자본비율	33.2	36.8	38.2	40.2	42.8

자료: 미래에셋 HTS

은 활동성 지표까지 점검해야 한다. 이러한 지표는 실제 영업 활동이 원활한지 그리고 자금이 모자라지 않는지를 보여주기 때문에 시가총액이 적은 기업일수록 반드시 체크하고 넘어가자. 만약 영업이 악화되면서 차입도 늘어나는 기업이 있다면 큰 수주 루머가 있건 전문가 추천이 있건 상관없이 거르고 가는 것이 좋다.

기관/외국인 수급

수급은 기관투자가나 외국인들이 순매수를 하고 있는지 순매도를 하고 있는지를 점검하는 것이다. 이러한 점검은 보너스 포인트와 같다. 왜냐하면 일반 기관투자가는 개인투자자보다 정보가 많은 편이다. 우리가 모르는 비공개 정보를 가지고 있다는 것이 아니라 밥 먹고 하루 종일 하는 일이 기업분석이다. 결국 더 많은 점검을 하고 사는 속성상 믿을 만하다는 것이다. 그렇다고 기관이 사는 주식이 떨어지는 경우도 매우 빈번하니 이것은 절대적인 것이 아니다. 또한 외국인이 꾸준히 많이 사고 있다라는 의미는 장기적으로 투자하기 좋다는 의미이다. 하지만 외국인 매매는 반드시 장기 추세의 순매수 만이 의미가 있다.

요새는 ETF에 의한 매매나 외국인이 아닌데 외국인이라고 표시되는 CFD(Contract for difference)와 같은 의미 없는 매수세도 많기 때문이다. 잠시 외길로 빠지면 CFD는 자기 돈 10으로 100까지 매매

자료: 미래에셋 HTS

할 수 있는 엄청난 레버리지를 전문투자자들에게 제공하는 것인데 주로 외국계 증권사가 이 서비스를 제공하기 때문에 외국인으로 잡히는 것이다.

필자는 많은 개인투자자들이 위험한 투자로 큰 피해를 볼 수 있기 때문에 이 제도를 정부가 반드시 규제해야 한다고 생각한다. 전문투자자라고 자신있게 도전하겠지만 10%만 빠지면 모든 투자자금은 휴지조각이 된다.

결국 국내기관 수급이 더 중요하며 외국인 수급은 지분율이 계속 올라가는 장기적인 수급만 활용하길 바란다. 굳이 한 단계 더 들어가면 국내기관 수급은 다시 금융투자, 은행/보험, 연기금, 사모펀드 등으로 세분화 된 것을 볼 수 있는데 이중에서 연기금이 사는 수급이 좀 더 장기적인 수급이다. 연기금은 국민연금이나 우정사업부와 같은 국내 1, 2등 투자기관이나 그로부터 운용사로 선정된 자산운용사들이 사는 것을 의미하기 때문에 사모펀드와 금융권 수급과 함께 우량한 수급이다. 이중에 굳이 단기적인 수급을 분류하자면 금융투자인데 여기에는 증권사가 자금을 직접 운용하여 절대 수익을 내는 비교적 단기투자가 많다.

수급을 종합하면 정보가 좀 더 많은 기관투자가와 외국인의 양대 수급이 꾸준한 매수를 보이고 있다면 분명 좋아지는 기업이지 나빠지는 기업은 아닐 것이다.

차트와 이격도

— ⓦ —

필자는 차트는 사실 큰 의미가 없다고 생각해서 차트 공부를 자세히 해보질 않았다. 주가는 과거를 반영하지 않고 미래를 반영하기 때문이다. 따라서 랜덤워크의 특징을 가지며 어디로 튈지 모른다는 것이다. 차트가 정배열에 예쁘게 서 있어도 기대한 수주나 실적을 못 맞추면 아무 의미가 없이 급격히 흘러내린다. 차트를 활용하는 방법은 그래도 유효하다. 왜냐하면 주가가 얼마나 언제 많이 올랐는지 과거 통계를 시계열로 보여주기 때문이다.

어떻게 보면 호재가 있는 기업의 호재의 반영 정도를 보여주고

LG이노텍 주식차트

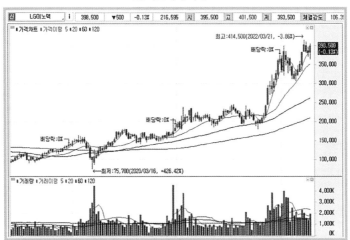

자료: 미래에셋 HTS

↑ Ⓢ ↓

있다고 할 수 있다. 아래 LG이노텍의 주봉 주가차트를 보자. 2019년 이후의 차트를 보면 2021년 3분기 이후에 주가가 급등한 것을 볼 수 있다. 이는 앞에서 분기 실적을 점검해 본 것처럼 이익이 급증한 분기부터 오르기 시작했다는 것을 볼 수 있다. 차트는 이미 기업 실적 증가를 반영 중이고 이는 많은 시장의 참여자들이 이러한 내용을 알고 샀다고 할 수 있다.

　예를 들어 동사의 실적이 좋아질 것을 알고 있었는데 주가가 별로 오르지 않았다면 이는 당신이 다른 사람보다 먼저 이를 발견한 것이다. 왜냐하면 우리는 남들이 얼만큼 알고 있는지 모르기 때문이다. 이와 함께 뉴스와 리포트를 함께 찾아 보는 것을 접목한다면 차트가 대부분 이해될 것이다. 이미 9월에 이익을 상향하는 리포트가 나와 있었고 긍정적인 뉴스도 다 기록되어 있다. 하지만 이를 늦게 추천을 받거나 발견한 사람은 뒤늦게 발견하는 시점에서 좋다고 생각하고 사는 것이다. 결국 차트는 기업 성과에 대한 투자자들의 반응을 기록한 히스토리이다. 이러한 작업이 피곤하거나 차트가 급등한 기업은 불안해서 따라가지 못하는 투자가는 앞장에서 장기 성장 기업을 강조한 부분을 다시 보시길 바란다. 기업가치의 방향과 목표가가 생기면 주가차트창은 사실 바로 닫아 버려도 좋다.

　위에 5가지만 확인하면 기본적인 확인 요소들은 거의 커버했다고 할 수 있다. 물론 더 깊이 있게 증권사의 분석리포트와 전방산업 관련 분석리포트 등 여러 가지 공부해야 할 점은 훨씬 많다. 여기서는 마지막 매수 전에 기본 점검 포인트를 간략히 다룬 것이니 만약 이 정도 확인도 안 하고 매수 매도를 해왔다면 10분만 더 투자하길 바란다. 중요한 것은 이런 과정을 한다고 해서 크게 사람 마음이 바뀌지는 않겠지만 적어도 '많이 사면 안되겠구나' 또는 '많이 사도 걱정이 없겠구나'라는 확신을 가질 수 있을 것이다. 이 점검을 반복하다 보면 아무리 전문가 추천이 있어도 본인의 기준으로 노이즈와 같은 정보를 거를 수 있을 것이다.

실적, 밸류에이션, 재무건전성, 수급, 차트가 10분 점검 포인트인데 이 중에서 실적 점검이 가장 중요하다.

한 줄 요약

투자를 위한 투자

2부

실전 이론편

3장

만능키:
금리로 보는
사이클

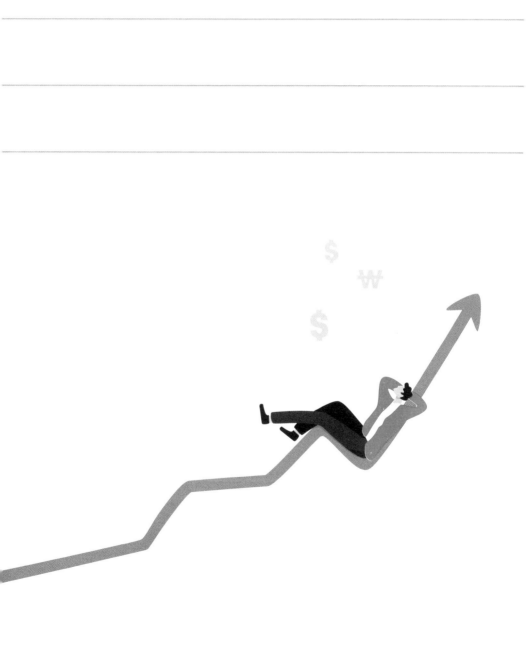

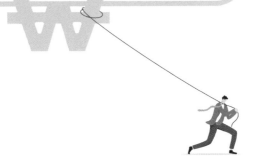

금리는
대항해 시대에 나침반

경기는 호황과 침체의 사이클을 반복하면서 순환을 한다. 보통 5~10년 단위의 순환 사이클을 그리며 경기과열이 발생하기도 하며 코로나와 같은 예기치 못한 이벤트로 경기침체기를 맞이하기도 한다. 주식시장은 이러한 경기 사이클을 선행하기 때문에 현재 우리가 버블과 경기침체 사이 어디쯤 위치해 있는지 인지하는 것은 투자라는 대항해를 떠날 때 필히 지참해야 할 지도와 나침반과 같다. 적어도 언제 출항하고 다가올 태풍을 어떻게 피해야 하는지 기준을 가지면 충분히 성공할 수 있기 때문이다.

자 그럼 가장 중요한 금리라는 나침반과 경기라는 지도에서부터 시작해보자.

잘 알다시피 금리는 현시점에서 현금 수요에 대한 값어치이다.

↑ $ ↓

통상 금리가 올라가는 사이클에서는 주식시장 역시 같은 방향으로 상승하는 편이다. 이는 경기 활황 시에는 기업들의 투자와 개인들의 소비지출이 늘어나며 현금 수요가 증가하기 때문이다. 따라서 당연히 금리도 올라가고 경기가 좋으니 주가도 동행하는 것이다. 반면 금리가 하락하는 때는 경기가 하강하거나 정부가 부진한 경기 진작을 위해서 정책 금리를 낮추고 통화 유동성을 풀고 있을 때이다. 주가가 좋을 리가 없다.

따라서 금리의 레벨과 방향을 파악하는 것은 매우 중요하다. 금리에 레벨에 따라서 경기 및 주가의 위치를 보자. 예를 들어 가장 기준이 되는 미국 국채 10년물 금리가 1% 수준에 머물고 있다면 경기가 침체되어 있거나 자금 수요가 바닥 국면이다. 과거 10년간의 데이터를 보면 금리가 높았을 때가 약 3% 초반 수준이었고 지난 2020년 코로나 사태로 인해 가장 낮았을 때가 0.6% 수준이었다.

하지만 2022년 2분기 현재 미국 국채금리는 큰 변동성을 경험하고 있다. 3월까지만 해도 2% 아래에서 안정되던 금리는 4월 한달 만에 2.8% 수준까지 올라갔으며 과거 금리변동 밴드에 상단에 근접하고 있다. 이는 코로나와 우크라이나 전쟁 여파로 과거 40년간 경험하지 못한 강력한 물가 상승에 따른 이유이기 때문에 다른 금리 사이클과 구분해 볼 필요가 있다. 이런 인플레이션에 대한 우려로 미국연방준비은행은 3월부터 첫 금리 인상과 함께 강력한 정책 금리 인상 경로를 예고하였다. 통상 금리가 올라갈 때는 경기 회복이 수반되며 주가가 동행한다고 설명하였지만 2분기 현재 경험하

미국 금리 인상 시작 시기 S&P500지수 하락

시기	1994년	199년	2005년	2018년
증시 낙폭	-8.9%	-12.1%	-7.2%	-10.1%
전고점 회복에 걸린 시간	7개월	4개월	6개월	7개월
이전 고점 기록일	1994.2.3. (480pt)	1999.7.16. (1,418pt)	2005.3.7. (1,225pt)	2018.1.26. (2,872pt)
저점 기록일	1994.4.4. (438pt)	1999.10.15. (1,247pt)	2005.4.2. (1,137pt)	2018.4.2. (2,581pt)
전고점 회복일	1994.8.30. (476pt)	1999.11.18. (1,424pt)	2005.7.15. (1,227pt)	2018.8.27. (2,896pt)

자료: 그로쓰힐자산운용, KB증권

고 있는 상황은 40년 만에 최고의 인플레이션이라는 특수한 상황이다. 따라서 일반적인 금리 사이클을 먼저 설명하고 현재의 특수한 상황을 다시 보도록 하겠다.

3월 연준의 첫 정책 금리 인상 이후 현재 미국 및 한국 주가지수가 하락하고 있는 것은 당연하다. 전쟁이나 코로나가 없었던 과거에도 첫 번째 금리 인상을 시작할 때 주가가 비교적 큰 폭의 조정을 받았다.이는 정책변화와 유동성 축소에 따른 두려움에 반응한 것이지 주식시장의 대세하락으로의 전환을 의미하진 않았다. 참고로 과거 30년간 4차례의 금리 인상 사례를 지켜보면 모두 첫 금리 인상에 주가가 10% 내외의 하락세를 보였지만 약 6개월 후에는 신고가가 나면서 주가 상승이 지속되었다.

↑ Ⓢ ↓

그러면 금리가 오르는 구간에서 주가가 계속 동행하기만 할까? 이는 그 당시 잠재 경제성장률 수준에 따라 다르지만 국채금리가 상승해서 어느 수준의 임계치를 도달하는 순간 주가는 하락 전환하게 된다. 예를 들어 가장 가까운 사례인 2016년~2018년 금리 인상 사이클에서는 미국채 10년물 금리가 1% 초반에서 3%까지 가는 구간까지는 주가가 같이 올라갔지만 3.2%를 넘어가는 2018년 9월부터 주가가 하락 전환했던 것을 볼 수 있다.

이렇게 금리와 주가 사이클이 반복적으로 나타나는 간단한 이유를 나열해보면 다음과 같다. 첫째, 과도한 금리 상승은 기업이나 대출을 쓰고 있는 가계 입장에서 이자 부담이 커진다. 기업은 이자비용을 더 지급하여 순이익이 줄어들 것이고 개인은 가처분소득이 줄어드니 높은 금리는 부담이다. 둘째, 채권이자율 상승으로 주식의 상대적인 매력도가 낮아지기 때문이다. 역사적으로 주식시장의 평균적인 기대수익률은 약 7~10%인데 만약 미국 국채금리가 3% 이상으로 높아지면 투자등급의 우량 회사채등급은 5% 수준까지 올라간다. 위험자산인 주식 대비 안전자산의 상대수익률 차이가 줄어들면 주식의 매력은 줄고 채권투자에 대한 매력 증가하면서 주식시장에서 자금이 이탈하는 현상이 나타난다.

이러한 이유로 미국 국채 10년물 금리의 레벨이 주식시장의 위치를 파악하는 아주 중요한 바로미터가 되는 것이다. 단순화 시켜서 정리하면 금리가 1% 근처인 경기침체기에는 주식비중을 늘리고 3% 이상의 과열로 가면 서서히 비중을 줄이는 것이 유리하다. 과거

1980년대 중반에 미국 국채금리는 10%를 넘어서 상당기간 유지된 적도 있다. 당시에는 미국 경제성장률이 중국처럼 7%에 달했기 때문이다. 당연히 금리는 성장률의 함수이기도 하다. 따라서 금리의 상단은 절대적이기보다 성장률이 낮아져 있는 미국의 과거 10년 간의 트랜드를 가지고 보았을 때 그렇다는 것이다. 그렇다면 최근 3%에 근접하고 있는 국채금리로 보면 벌써 경기 및 주가지수의 고점이 다가왔다는 의미일까? 필자는 그렇게 생각하지 않는다.

인플레이션으로 발생한 금리 상승인지 경기요인에 의한 추세적인 금리 상승인지에 따라 주가에 미치는 영향이 다르기 때문이다. 실제로 인플레이션을 제외한 실질금리가 주가에 더 큰 영향을 미친다. 지금 우리가 보고 있는 금리는 명목금리를 말하며 명목금리는

미국 국채 10년물 수익률 추이(명목 vs. 실질)

자료: 세이트루이스연방준비은행

실질금리+물가(기대인플레이션)로 구성된다. 현재 미국의 10년 만기 국채 수익률이 2.8%이고 현재 기대인플레이션(Break even Inflation)이 2.9%로 실질금리는 여전히-0.1%이다. 실질금리가 마이너스라는 말은 경기가 아직 침체기에서 완전히 회복하지 못했다는 말이다. 참고로 실제 지난 40년간 실질금리가 마이너스인 경우는 경기 침체기를 제외하고는 많지 않았다.

이처럼 실질금리를 분리해서 봐야 하는 것은 같은 수준의 높은 금리라도 그 이유가 경기 회복을 반영하여 실질금리가 높아지는 상황이 필요하기 때문이다. 투자와 소비가 활성화되는 실제 경기회복을 수반한 때가 정상적인 금리 사이클이라 할 수 있기 때문이다. 지금은 물가 압력으로 어쩔 수 없이 연준이 강한 긴축에 들어가고 있지만 그 효과가 경기를 크게 훼손하지 않으면서 물가를 어느 정도 안정시킬 수 있다면 다시 경기 회복 사이클이 시작될 가능성이 높다. 하지만 이미 연준이 첫 정책 금리 인상 시기를 놓친 것과 같이 뒤늦은 과도한 긴축은 경기 사이클을 장기간 박스권에 갇히게 할 수도 있으니 아직 예의주시 해야 할 것이다.

과거에는 미국국채 10년물 기준 명목 금리가 1% 수준인 경기 침체기에는 주식비중을 늘리고 3% 이상의 과열로 가면 서서히 비중을 줄이는 것이 통상적인 주가 사이클이었다. 지금과 같은 초유의 인플레이션 상황에선 실질금리 수준에 더 주목할 필요가 있다.

한 줄 요약

미국 연준(Fed)에게 물가와 실업률 중 어떤 게 더 중요할까?

앞장에서 본 바와 같이 금리는 물가, 경제성장률, 정부정책과 같은 여러 가지 변수에 영향을 받는다. 물가는 예측이나 통제가 어렵지만 글로벌 금융정책을 좌지우지하는 연방준비위원회(Fed, 연준)의 정책방향은 사실 어느 정도 예측이 가능하다. 연준은 최근과 같이 정책 실수를 하기도 하지만 소통하는 것을 매우 중요한 덕목으로 삼고 있기 때문이다.

연준의 정책목표의 가장 기본은 경기가 침체에 빠질 경우 자금을 풀어서 경기를 부양하고 경기과열로 인플레이션이 발생할 경우 금리 인상 등의 수단으로 버블을 방지하여 민생을 안정시키는 것이다. 대공황을 포함하여 수많은 정책실패와 성공을 반복하면서 보완 수정하여 현재의 역할을 충실히 하고 있다. 그렇다면 조타수인 연준이 금리 변경할 때 그들이 가지고 있는 매뉴얼을 이해하고 있으면 우리의 투자 시계는 더 밝아질 것이다.

금리 사이클은 연준의 정책 금리 인상과 동행한다. 따라서 어느 경우 연준이 금리 인상을 준비하는지 매카니즘을 살펴보자. 연준이 정책 결정시 가장 중요시하는 두 가지는 바로 고용과 물가이다. 두 항목 모두 기업보다는 가계(민생)와 가장 밀접한 항목이다. 왜 실업률과 물가가 정부정책상 가장 중요한지 다음 장에 인문학적으로 설명하기로 하고 먼저 실업률부터 보면 미국이 생각하는 완전고용은 약 3~4%이다. 일시적인 마찰적 실업을 제외했을 경우 완전고용이다. 과거 30년 평균은 약 4%였으나 계속 개선되었다. 일자리가 풍부하고 실업률이 낮아지면 임금소득이 올라가고 소비가 활성화되는 등의 유기적인 경제 활동으로 경기는 활황세를 유지할 것이다.

다음으로 물가의 경우는 미국 정부는 개인소비(Personal Consumption Expenditure)를 중요하게 본다. 이 중에도 유가와 같은 에너지 가격과 음식료(Food) 항목을 제외한 개인소비지출(Core PCE)를 정책 결정시 가장 중요하게 생각한다. 소비자물가지수인 CPI(Consumer Price Index)여기 매우 중요한 대표적인 물가지수인데 이것 역시 핵심 소비자물가지수(Core CPI)가 더 중요하다.

그럼 왜 물가에서 에너지와 음식료 가격은 빼고 볼까? 사실 우리 실생활에는 매우 중요한 요소로 보이는데도 불구하고 말이다. 연준의 통화정책은 일관되고 예측 가능하며 진중하게 움직여야 경기를 해치지 않는다. 예를 들어 단기지표에 현혹되어 금리를 일년에 몇

번씩 올렸다 내렸다 반복한다고 한다면 실물 경기는 큰 혼란에 빠질 것이다.

먼저 유가는 경기 외에도 국제 정치적인 영향을 많이 받고 중동과 러시아 등이 감산과 증산을 정치적인 목적으로 반복하기도 하여 가격의 변동이 크다. 이걸 다 정책 결정에 매번 반영한다면 앞서 언급한 일관성에 문제가 생긴다. 곡물 가격 역시 마찬가지다. 가뭄 또는 태풍과 같은 기상이변 등으로 가격의 변동이 크고 가격이 급등한 곡물의 경우 농부들의 재배(plantation) 증가로 다음해에는 가격이 오히려 떨어지니 걱정할 필요가 적다.

반면 연준이 가장 중요하게 생각하는 요인은 소득 증가에 따른 물가 상승이다. 생각해보면 한번 오른 연봉이나 월급은 잘 떨어지지 않는다. 이처럼 고용이 증가하고 근로임금의 상승은 상대적으로 비탄력적이며 진성 인플레이션의 요인이다. 따라서 이러한 인플레이션은 경기 상승 국면에 발생하는 건강한 인플레이션으로 연준이 장기적인 정책으로 대응해야 할 물가 상승이다. 따라서 굳이 좋은 인플레이션과 나쁜 인플레이션을 구분하면 경기 활황으로 인한 수요 견인 인플레이션은 비교적 바람직한 인플레이션이고 경기가 좋지 않은 상황에서 주요 원재료의 수급 불균형으로 발생하는 비용인상 인플레이션(cost-push inflation)은 나쁜 인플레이션이라고 판단할 수 있다.

그럼 비교적 근래 발생한 상황은 어떠한가? 2021년 하반기 델타 변이와 오미크론 발생으로 전 세계적인 공급망 차질은 회복의 기미가 안보였다. 자동차용 반도체 품귀 현상이 발생하였고 각종 소재 가격의 급등 그리고 해운사의 운임 가격 역시 폭등하였다. 또한 예상치 못한 우크라이나 전쟁은 유가와 곡물가 폭등을 야기했다. 이로 인해 미국CPI는 8%를 넘어섰으며 당시 높은 물가가 일시적이라고 판단했던 미 연준 역시 2022년에 들어서면서 강한 금리 인상 기조로 태도를 바꾸게 된 것이다. 결국 나쁜 인플레이션 발생으로 경기가 충분히 회복되지 않은 상황에서 연준은 뒤늦게 금리 인상의 칼을 빼어 들게 되었다. 하지만 그 자신감의 뒤 배경에는 2022년 초부터 완전고용수준에 근접한 실업률 회복이 있었다는 것을 알 수 있다.

연준(Fed) 정책금리, 10년 국채금리 그리고 S&P500 주가의 상관관계

자료: 세이트루이스연방준비은행

요약하면 연준이 통화정책을 사용할 때 가장 중요하게 보는 요인은 장기 물가 상승과 실업률 수준으로 보면 된다. 예를 들어 2021년 코로나로 인해 물가가 과거 평균보다 높은 5%를 넘어서 시장에서 긴축을 걱정했을 때에도 연준은 실업률 6%를 더 신경 쓰고 물가 상승은 일시적인 것으로 보고 통화정책 기조를 변화하지 않았다. 안타깝게도 물가에 대한 예측이 빗나간 것이다. 반면 완전 고용 수준인 4%로 실업률이 낮아진 상황에서야 높은 물가수준을 용인하지 않고 강력한 유동성 축소 정책 카드를 꺼낼 수밖에 없었다. 이 경우 유동성이 중요한 주식시장은 상승 여력이 상당히 제한될 것이다. 참고로 2018년 하반기 금리 인상 사례를 보면 8차례의 정책금리 인상과 국채금리가 3%를 넘어서는 순간부터 미국 주가지수는 하락 전환하였다.

통화정책을 결정하는 연준에게 가장 중요한 두 가지는 고용과 물가이다. 완전 고용과 물가 안정이라는 두 마리 토끼를 다 잡기는 쉽지 않다.

한 줄 요약

↑ $ ↓

인류 최고 발명품 민주주의
(자산가에게는 축복)

민주주의는 인류가 만들어낸 역사상 가장 위대한 발명이다. 경제 매크로 편에서 정치제도에 대한 이야기를 꺼낸 것은 민주주의가 인간 평등과 자유정신 이상의 경제적 역할을 하고 있기 때문이다. 민주주의 체제에서 태어나고 자란 우리에게는 국민이 투표권을 행사하고 지도자를 선출하는 게 너무도 당연한 얘기 같지만 이 기간은 역사가 기록되기 시작한 인류역사에 비해 비교적 최근 일이다.

현재 사회적인 통념과 합의는 일을 더 많이 하는 사람에게 더 많은 보상을 주게 되어 있다. 너무 당연하겠지만 공사장에서 7시간 일한 사람보다 10시간 일한 사람이 더 많은 수입이 있고 기업에서 부가가치를 더 만들어낸 사람이 더 많은 보상을 받는 사회이다. 이는 힘이 지배하는 원시시대에도 마찬가지였다. 결국 거의 소멸해가는 공산주의 경제시스템을 제외하면 인간 본성에 부합하는 공정함이다. 결국 체력이나 능력이 뛰어난 자가 자신의 분야에서 더 높은 지위로 갈 확률이 높다.

개인간의 능력의 차이 이외에도 자본이 계층간 차별을 제도적으로 용인하기도 한다. 예를 들면 돈을 더 많이 내는 사람에게 더 좋은 서비스를 제공하는 것이다. 공연 S석이나 비행기의 퍼스트클래스, 호텔의 컨시지어서비스부터 명품쇼핑의 VIP 우대까지 모두 부자를 차별적으로 우대하지만 아무도 불만을 제기하지 않는다. 따라서 우리는 태어나면서부터 평등하다고 배웠지만 그것은 기회의 평등이지 결과의 평등은 아니다. 원시시대에도 힘센 자가 더 많은 부를 가졌고 현재에도 자본가나 능력자들이 더 유리하게 부를 축적해 간다. 결국 '기울어진 운동장'이라는 표현도 나오는 걸 보면 기회의 평등마저도 많이 줄어들었다는 의미일 것이다.

그럼에도 불구하고 향후 적어도 몇 세기 동안 없어지지 않을 절대 평등권이 있다. 결국 이 말을 하고 싶어서인데 바로 민주주의 투표시스템이다. 선거에 있어서 모든 국민은 일인 일표의 투표 권리를 가진다. 글로벌 기업을 세워서 수십만을 고용한 사람이나 전쟁에서 나라를 구하는 큰 공을 세운 사람과 전과범이나 사회적으로 해악을 끼치는 사람들 조차도 국가 미래를 결정하는 일에 모두 동등한 권리를 가진다. 이를 역사적으로 보면 얼마나 대단한 일인가? 약했던 시민계급이 최상위 계층의 권력을 빼앗고 달성 해낸 위대한 업적이다. 이는 앞서 말한 공정함이라는 인간본성하고 맞지도 않지만 어쨌든 모두가 해냈다.

결국 민주주의제도에서는 누가 되었던 국가 지도자의 목표는 더 높은 국민 지지율이다. 중요한 계급은 이제 특정 귀족계급이나 부유층이 아닌 서민이다. 영국 공리주의 철학자 제러미 벤담(Jeremy Bentham)의 최대다수의 최대행복이 민주주의 시스템의 근간이다. 물론 남미국가와 같이 자국의 발전을 위한 지도자보다 돈을 살포한 지도자가 당선되는 포퓰리즘의 악순환을 가진 역사도 있다. 이러한 국가별 적용의 문제로 인한 단점이 있음에도 불구하고 이러한 민주주의는 공고히 뿌리를 내렸다. 그럼 이제 현대민주주의 체제로부터 파생되는 엄청난 경제적 혜택을 알아보자.

정부는 정권 유지를 위해서 최대한 국민의 불만을 잠재우며 지지율을 유지해야 한다. 경기침체로 인해 일자리가 없어지거나 시장바구니 물가가 자고 일어나면 올라간다면 국민들은 피켓을 들고 거리로 나올 것이다. 1990년 초 미국 경제는 물가 상승과 경기둔화라는 불황에 빠졌다. 이 덕에 1991년 미국 대선에서 빌 클린턴 전 대통령은 "바보야 문제는 바로 경제야(It's the economy, stupid)"라는 대선 슬로건으로 조지 워커 부시를 누르고 정권교체를 이룬 적이 있다. 이는 무능한 정부로 인한 경기 침체가 정치인 생명에 큰 위협이라는 좋은 사례이다.

2008년도 미국발 서브프라임 금융 위기 때와 2020년 코로나 발생시 미국 정부는 각각 3조 달러(QE1~3포함), 4조 달러씩의 유례없는 유동성 공급을 전격 시행했다. 과거 위기 때와 다른 것은 양적완화(Quantative Easing)라는 새로운 통화 정책을 도입했다는 점이다.

 과거에는 금리인하와 재정지출위주의 부양정책을 폈던데 반해 훨씬 강력한 재난지원금 지급(PPP:급여보호프로그램), 즉 모든 가계에 현금을 직접 뿌려주는 산타와 같은 역할을 한 것이다. 결국 일시적으로 10% 이상의 실업률과 커다란 국민 불만을 야기했지만 민첩한 정부정책 덕에 대공황과 같은 경기침체기 없이 위기에서 벗어났다. 식당같은 곳에서 일하다 실업자가 된 서비스업 노동자들에게는 얼마나 고맙고 소중한 자금이었을까? 결국 정부는 국민들의 고난 극복을 위해 엄청난 빚더미와 인플레이션 부작용이라는 아픈 대가를

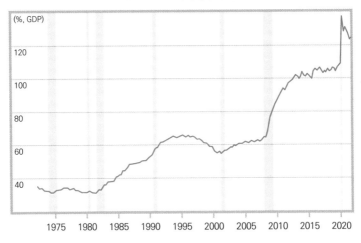

GDP(국내총생산) 대비 정부부채 추이

자료: 세인트루이스연방준비은행

무릅썼다.

결국 위기 때마다 서민들은 정부의 도움으로 생활고를 극복하고 구제되었다. 하지만 이러한 정책 결정에서 실질적으로 훨씬 더 큰 수혜를 본 계층은 어디였을까?

당연히 부유한 계층의 자산가들이었다. 실업자 구제와 경기침체를 막기 위해 정부가 해왔던 정책들은 시장경제에 대규모 유동성 공급을 제공하는 일이었고 이러한 과정에서 필히 수반되는 것이 자산 가격의 상승이었다. 물론 경기쇼크 초반에는 투자자산의 가격이 크게 하락한다. 하지만 6개월도 안 되어서 주식시장은 신고가를 갱신했으며 부동산 가격 역시 폭등세를 이어갔다.

필자가 연준의 대차대조표(2020년 초와 2021년 1분기)를 검토해 본 결과 코로나 발생 일 년 사이에 주식시장으로 약 3조 달러와 부동산으로 약 3조 달러의 자금이 유입된 걸 볼 수 있었다. 결국은 경기 침체를 막기 위한 재난 지원금들은 소비보다는 자산 가격 상승에 더 많이 동원되었다. 참고로 이 기간 연준이 푼 3.5조 달러보다 주식 부동산에 더 많은 투자가 된 것은 금융기관을 통한 유동성 재확장 때문이다(화폐 유통속도 개념임).

이것이 민주주의는 위대하다고 표현한 이유이다. 직장을 잃어 고통받는 서민 계층은 실업급여 목적으로 약 950조 원(1-2차 PPP 합계)이 지원되었고 부유한 자산가들은 이런 지원금 없이도 자산 가격 급등으로 더욱더 큰 부의 집중을 이루었기 때문이다. 그렇다고 직업을 잃은 서민층이 부자만 더 부자되는 게 배아프니 우리는 돈을 안받겠다고 생떼를 쓰는 것도 말이 안되지 않는가? 최근 강력한 정부 하에 민주주의는 이처럼 모두가 행복해지는 시스템으로 발전한 것처럼 표면적으로 보이고 있다.

　그렇다면 정말 우리가 희생하고 있는 것은 없는 것일까? 모두의 이익이 계속 늘어만 나는 유토피아가 실제 말이 될까? 조금만 더 생각해보면 정부의 과도한 소방수의 역할은 부작용을 수반할 것이란 걸 알 수 있다. 바로 2021년 이래로 한참 경험하고 있는 인플레이션이다.

　코로나 사태로 정부의 유동성 공급이 성공적이었지만 2022년 3월 미국 물가(CPI)는 30년 이래 최고치인 8.5%에 도달했다. 초기에 연준은 인플레이션의 원인이 원자재 가격 상승 및 운송망 차질과 같은 공급 측면에서 더 컸기 때문에 코로나로 훼손된 공급망이 회복될 경우 물가가 안정될 것이라고 생각했었다. 하지만 델타변이나 오미크론과 같은 바이러스 여파가 지속되었고 그 사이 시중에 풀린 돈으로 인한 월세나 중고차 가격, 의료비 등의 상승은 수요사이드를 포함한 전체적인 인플레이션으로 번지게 된 것이다. 결국 연준은 금리를 급하게 올려야 하는 부담에 직면하게 된 것이 2022년 현재 상황이다.

　이렇게 정부가 적절한 통화정책을 통한 인플레이션 관리와 경기회복의 균형을 잡는 것 사실 매우 중요한 일이다. 물가가 높아질수록 우리가 가지고 있는 자산가치와 매월 벌어들이고 있는 월급의

↑⑤↓

가치가 더 급격하게 떨어지기 때문이다. 따라서 위기 극복을 위해 푼 돈이 관리가 안 될 경우 화폐 가치 하락의 영향이 더 큰 계층에게는 불리한 상황이 되는 것이다. 쉽게 말하면 정부가 재난지원금을 퍼 주었는데 서민층에 부담이 큰 월세나 식품 가격이 더 올라서 별 소용이 없는 경우가 발생할 수 있다는 것이다. 반면 부유한 자본가들의 경우는 물가 상승보다 더 높은 자산가치 상승이 있었고 엥겔지수(식료품비/소비 비중)가 낮으니 여전히 이득이다.

이와 같은 유동성 공급의 과거 사례로 1999년 아시아 금융 위기와 2008년 미국 금융 위기를 볼 수 있다. 케인즈에 의하면 부의 편중 현상은 통화의 유통속도를 떨어뜨려 경제 활성화를 저해하며 이를 위해 소비를 진작할 수 있는 수요 팽창 정책을 펴야 한다고 주장해 왔다. 이러한 팽창 정책은 근래로 접어들수록 경제위기와 금융위기 때 적극적으로 적용되었으며 이에 따른 통화 팽창은 결국 화폐의 유효가치 하락으로 이어졌다.

그 증거로 달러의 구매력은 아시아 금융 위기와 미국 금융 위기를 거치면서 2000년대에서 현재까지 20년간 약 40%의 하락을 가져왔으며 데이터가 존재하는 1913년 대비는 약 97%의 구매력 하락이 있었다. 지난 100년 전에 100이던 달러가치가 3%만 남았다는 말이다. 이것이 바로 인플레이션의 효과이며 이를 가속화시킨 굵직한 사건들이 바로 각종 위기(코로나, 금융)였던 것이다.

요약하면 위대한 민주주의는 전 국민을 구해내고 모두에게 공평한 혜택처럼 보였지만 인플레이션의 영향을 더 받는 저소득 계층에

1900년 초 대비 달러가치 하락

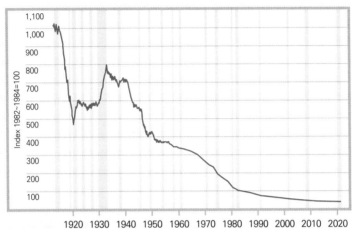

자료: 세인트루이스연방준비은행

2000년 대비 달러가치 하락

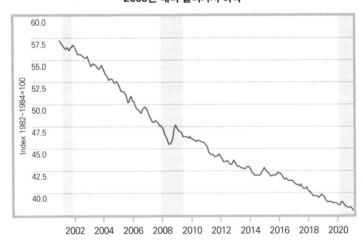

자료: 세인트루이스연방준비은행

게는 결국 손해로 다가왔다는 것이다. 따라서 우리는 과도한 유동성 공급이나 포퓰리즘에 대한 비판 정신은 가져야 하는 동시에 위기 때마다 주식을 사서 자본가 대열에서 우리의 자산을 지켜야 할 것이다.

민주주의 선거시스템 덕분에 큰 위기 때마다 정부는 강한 통화 팽창 정책을 반복해 왔다. 이는 인플레이션 및 화폐가치 하락을 야기하였으며 우리는 부동산과 주식과 같은 실물자산을 늘려 가치하락을 방어해야 한다.

한 줄 요약

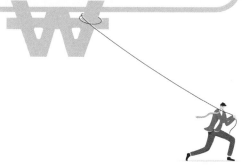

경기와 유동성을 알려주는 기본적인 매크로 지표들

주식 관련 서적을 보거나 경기전망 리포트를 보면 정말 많은 중요 지표들이 언급된다. 경기 사이클과 모멘텀을 판단하는 지표 외에도 주식시장에 영향이 큰 경기선행지수나 서베이지수 등 매우 다양한 중요한 지표들이 있다. 사실 주식 전문가들은 이런 지표를 모두 섭렵할 필요가 있지만 일반투자자들은 몰라도 되거나 무시해도 되는 지표도 정말 많다. 이번 챕터에서는 주식을 한다면 꼭 알아야 하는 중요 지표들만 소개하겠다. 적어도 이런 지표는 꼭 숙지하고 주식시장이 상승 추세인지 하락의 시작인지 길을 잃은 것 같을 때 한번씩 찾아보길 바란다.

현재 경기의 위치를 판단하는 지표

가장 대표적인 경기 지표는 국가 GDP성장률이다. 이 지표는 후행적이라는 단점이 있어서 주가 상관성이 높지 않다. 또한 GDP성장률 예상도 자주 바뀌기 때문에 성장률을 과거 장기 평균과 비교하는 수준에서 활용하면 좋을 것 같다. 대신 더 중요한 지수는 경기선행지수이다. 경기선행지수는 실물경기를 6개월 정도 선행하는 것으로 알려져 있으며 실제 주가와 상관성 및 설명력이 높은 지수이다.

OECD경기선행지수(CLI) ｜ OECD에서 발표하는 지수이다. OECD홈페이지에서 쉽게 검색할 수 있으며 국가별 설정도 가능하다. 선행지표 항목은 생

OECD홈페이지

산, 소비, 재고 지표에서부터 소비자신뢰지수, 주택착공 등 매우 다양한데 OECD 34개 국가마다 특성에 맞는 지표를 다르게 활용한다. 그리고 재미있는 것은 몇몇 국가의 주가지수도 이 지표에 들어간다는 점이다. 사실 필자는 주가보다 경기를 선행하는 지표는 보지 못한 것 같다. 이는 시장 참여자들의 경기 예상치 변화에 따라 빠르게 자금 유출입이 있기 때문이다.

다음 장에 OECD 전체지수와 한국의 경기선행지수(CLI, Composite Leading Indicator) 지표를 같이 그려 놓았는데 그 이유는 자세히 보면 한국 선행지표가 OECD전체 지표를 선행하는 것을 볼 수 있기 때문이다. 한국은 수출 주도 경제이며 한국의 수출이 미국

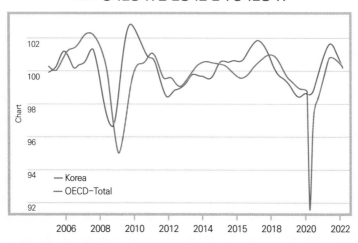

OECD 경기선행지수를 선행하는 한국 경기선행지수

자료: OECD

및 선진국의 주문을 반영하기 때문에 선행성이 강하다. 예를 들면 한국의 반도체 수출이 늘어나면 글로벌 IT기업들의 수요나 개인들의 PC수요가 늘어날 것이라는 것을 쉽게 예상할 수 있다. 참고로 미국의 증권회사 골드만 삭스(Goldman Sachs)는 따로 10개의 항목으로 경기선행지수를 만드는데 여기에 영광스럽게도 한국의 수출이 들어가 있다. 한국은 세계 경기를 판단하는 중요한 국가이다.

실업률과 고용지표

실업률이 중요한 이유는 정부의 경제 정책에 가장 큰 영향을 주는 지표 중 하나이기 때문이다. 실업률이 높은 경우에는 정책금리를 낮게 유지하고 확장적 재정정책을 통해 고용을 늘리려고 노력한다. 따라서 실업률 수준을 파악하고 월간 고용 증가지표 변화를 트레킹할 필요가 있다. 미국 기준 고용이 문제가 없는 수준은 약 3~4%의 실업률일 때이다. 30년 평균 실업률이 3%후반이었으며 3.5%이면 완전고용으로 간주한다. (실업률 정의: 만 15세 이상의 인구 중에서 노동을 할 의지와 능력이 있으나 일자리가 없어 실업 상태에 놓인 사람들의 비율) 구직활동을 포기한 자발적 실업자는 통계에서 제외되기 때문에 실제 실업률은 더 높을 수 있다.

앞서 본 듯이 미국 연방준비은행이 금리 인상을 고려할 때 물가 수준과 고용이 가장 중요한 고려 항목이다. 2022년 3월 기준 실업률은 3.6% 수준이다. 참고로 코로나 발생 이전 2020년 2월 실업률은 약 3.5%였지만 그 해 5월 기준 13%까지 급등했다가 꾸준히 하락하여 다시 완전 고용에 도달했다. 연준은 완전고용 수준은 달성해야 그 다음부터 금리 인상 등의 긴축 정책의 속도를 조절하기 때문에 고용 추이를 점검하는 것이 매우 중요하다.

미국 주가지수에 중요한 영향을 미치는 추가 고용지표는 매월 첫째 금요일에 발표하는 비농업고용지수(Nonfarm Payrolls)과 매주 발표하는 실업수당 청구건수(Initial Jobless Claim)가 있다. 이중에 비농업고용지수를 위주로 점검하면 되는데 전월 대비 취업자 수에 대한 시장에 예상치가 있고 이를 상회할 경우 주식시장에 긍정적으로 반영한다고 보면 된다. 좀 더 빠른 지표를 보기를 원하면 ADP라는 민간회사에서 이틀 먼저 발표하는 ADP비농업민간고용지수를 참조하면 된다. 이러한 지표는 블룸버그 홈페이지나 인베스팅닷컴(Investing.com)등에서 쉽게 찾아볼 수 있다. 반면 매주 발표되는 실업수당 청구건수는 빈번히 발표되고 변동성이 높아서 주식시장에 미치는 영향은 미미하다. 앞서 강조한 인플레이션 지표 역시 매우 중요하지만 충분히 언급한 관계로 여기선 생략한다.

경기 모멘텀을 보여주는 지표

ISM 서베이지수 │ Institute for Supply Management(ISM)이라는 공급관리자협회는 참여 기업들에게 매달 설문지를 돌려서 경기상황을 지수화하여 발표한다. 지수 이름은 익숙하겠지만 PMI(Purchasing Managers Index)이며 50을 기준선으로 경기상황이 좋을 것으로 보이면 50이상, 경기상황이 나빠질 것으로 판단하면 50이하로 표기된다. 제조 기업들의 평균인 제조업PMI지수와 서비스업PMI지수로 나뉜다. 상대적으로 주식시장에서 중요하게 보는 ISM제조업 PMI는 매월 첫 번째 영업일에 서비스업지수는 세 번째 영업일에 발표한다.

　제조업PMI는 신규주문, 생산, 고용, 공급자배달, 재고의 5가지 지수의 단순 평균이며 서비스업PMI는 기업 활동, 신규주문, 공급자배달, 고용지수의 단순평균을 사용한다. 미국의 경우 제조업종보다 서비스업종에 경기 기여도가 훨씬 높지만 주식 참여자들이 제조업 PMI를 더 중요하게 보는 이유는 상장기업들이 제조업종이 많으며 글로벌 경기변동에도 민감하게 움직이기 때문이다. 이 지표가 경기를 선행하는 이유는 마치 심리지표와 같이 민첩하기 때문이다. 구매관리자는 수요 증가를 예측하면 주문을 늘릴 것이고 반대의 경우는 주문을 줄일 것이다. 이 주문에 따라 생산기업들의 생산량과 매출이 좌우되니 얼마나 선행성이 있을지 알 수 있을 것이다.

이 지수의 활용법은 주가와 상관성이 매우 높으며 글로벌 IB들이 예측치(컨센서스)를 발표하는데 이를 상회하는 결과가 나올 때 주가에 매우 긍정적인 영향을 미친다. 또한 금리와 높은 상관성을 가질

ISM제조업지수와 S&P500 상승률은 동행

자료: KB증권

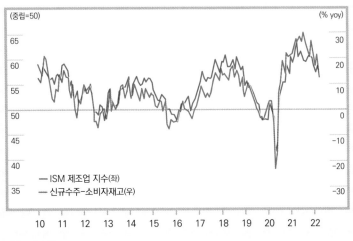

신규수주-소비자재고 사이클의 선행성

(중립=50) (% yoy)

— ISM 제조업 지수(좌)
— 신규수주-소비자재고(우)

자료: KB증권

정도의 중요한 지표이다. 마지막으로 더 전문적으로 지표를 활용하려면 신규주문에서 재고를 차감한 값의 추이를 보는 것이 가장 선행성이 강하다. PMI지표 외에도 개인소매판매(Retail sales), 착공면적(Building Permits) 주택판매(Home sales) 등의 중요한 지표가 있다.

유동성을 나타내는 지표

유동성을 가장 잘 나타내는 지표는 누가 뭐라고 해도 시중 금리이다. 금리가 시중 자금 수요를 가장 잘 반영하기 때문이다. 따라서 미국 기준으로는 10년물 국채금리의 과거 평균 대비 현재 수준과 변화의 정도가 중요하다. 2022년 현재 약 2.8%인 미국 국채금리의 과거 10년 평균값은 대략 2% 수준이었고 과거 20년 평균은 약 3% 수준이다. 과거 대비 미국의 경제성장률 둔화 및 인플레이션 안정과 더불어 국채수익률도 하향 안정화 되어가고 있다.

경제 성장률이 둔화되면 기업의 설비투자나 자금에 대한 수요 역시 둔화되기 때문에 돈을 빌리는 값인 이자가 떨어진다고 이해해도 좋다. 이처럼 돈을 빌리는 값이 싸지게 되면 금융시장에서 쉽게 유동성을 활용할 수 있게 된다. 최근 몇 년(2020년~2021년)처럼 금리가 낮고 미국의 주가에 대한 기대수익률이 10%를 상회할 때는 자금을 빌려서 주식에 투자를 하는 수요가 대폭 늘어난다. 이렇게 투자 수요가 늘어나게 되면서 주가도 상승하고 동시에 경기가 활황 국면에 들어서면 소비가 늘고 자금수요가 올라갈 수밖에 없다. 이 경우 시중금리는 자연스럽게 올라가는데 예를 들어 만약 3%였던 대출이자가 5%까지도 올라갔다고 가정해 보자. 이때는 주식시장의 현재 10% 수익률이 자금을 빌려서 투자하는 투자가에게는 그전보다 매력도가 크게 떨어지게 된다. 이렇게 채권의 상대적 금리 매력도가 높아지는 구간이 오게 되면 주식시장의 유동성에 서서히 악영향을 끼칠 것이다. 따라서 저금리 상태에서는 유동성이 풍부하다고 표현할 수 있고 주가를 이끄는 원동력인 경기가 좋아지면 금리도 올라가면서 주가 수익률은 더불어 좋아지는 것이다. 하지만 앞서 강조한 바와 같이 금리 레벨이 임계치를 넘어 상승하면 주식 대비 상대매력도가 떨어지고 주식시장 참여자들의 이탈로 유동성 문제에 직면하게 된다.

　10년물인 장기 국채와 2년물인 단기 국채금리 간의 차이인 장단기 금리차를 확인할 필요도 있는데 일반적으로 장단기 금리차가 벌어지면 경기가 좋아지고 있다고 판단하고 금리차가 축소되거나 역전되는 경우 경기가 나빠진다고 판단한다.

　또 다른 유동성 지표로는 광의통화라고 표현되는 M2를 가장 많이 본다. M2는 현금성자산에 2년 미만 금융상품과 같은 단기 금융상품을 포함한 수치로 시중 유동성의 실제 값을 나타낸다. 미국의 M2는 코로나 사태가 터지기 전인 2020년 1월에 약 15.4조 달러였

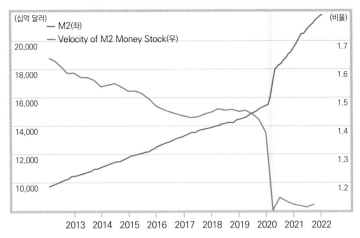

미국의 총통화(M2)와 유통속도(v) 추이

자료: 블룸버그, 대신증권 Research Center

↑ ⑤ ↓

는데 그해 2분기 동안 약 3조 달러의 정부 유동성 공급으로 연말에는 19조 달러까지 늘어났으며, 2022년 1분기 M2는 약 22조 달러에 달했다. 이처럼 유동성이 크게 공급되면서 미국의 2년간 주가지수(S&P500)는 같은 기간 약 50%의 높은 상승을 하였다. 시장의 풀린 돈이 소비보다는 대부분 자산시장으로 들어갔는데 주식시장에만 3조 달러 이상 들어간 것으로 추산된다.

정량개념인 M2를 보고 주식시장 투자에 대한 판단을 하기는 어렵다. 따라서 M2의 변화율을 계산하여 유동성의 증가속도를 보는 것이 다소 더 상관성이 있다. 경기 판단을 위해서는 M2의 양만 보면 안되고 이 화폐의 유통속도인 V(velocity)와 같이 봐야 경기 회복

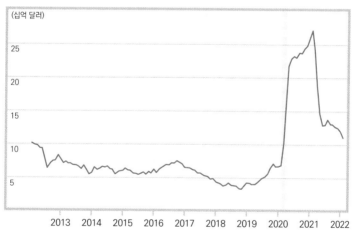

M2를 증가율로 바꿔본 차트

자료: 세인트루이스연방준비은행

정도를 확인할 수 있다. 돈이 많이 풀려도 개인들의 미래 경기에 대한 불확실성이 큰 구간에서는 소비가 이루어지지 않고 저축으로 저장되기 때문이다.

경기 판단을 위한 매크로 지표 중에 OECD경기선행지수, 고용지표, 그리고 서베이지표와 같은 지표를 점검하면 현재 경제 사이클 상 어느 국면에 위치했는지를 파악할 수 있다. 기업 분석만으로는 알 수 없는 유동성 사이클을 설명해주기 때문이다.

한 줄 요약

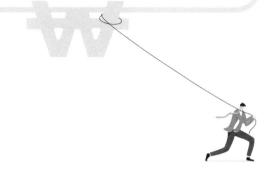

거꾸로 활용할 만한 중급자용 지표들

꼭 몰라도 되는 매크로지표이지만 주가지수를 판단하는데 유용한 지표들을 소개한다. 중급자 레벨 이상인 투자자는 한번쯤 찾아봤을 지표들인데 좀 더 세분화된 경기 상황과 주가와 관계를 볼 때 유용하다고 하겠다.

Economic Surprise Index ｜ 시티증권에서 발표되는 경기지표를 나타내는 지수인데 현재 이코노미스트들의 경기 예상치 대비 실제치가 서프라이즈인지 기대 이하인지를 나타내는 지수이다. 차트가 상승하는 구간에서 유효하게 활용 가능하며 절대치 레벨도 과거 평균대비 심하게 쏠려 있을 때는 변곡점 근처 신호로 활용할 수도 있다. 블룸버그(Bloomberg) 화면에서 볼 수 있다.

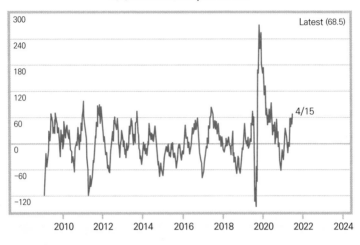

미국 Economic Surprise Index

Latest (68.5)

4/15

자료: 시티그룹

DXY US Dollar Index ┃ 말 그대로 미국 달러를 전 세계 통화와 비교해서 인덱스화 한 것이다. 가령 엔달러 환율은 엔화와만 비교하지만 이 지수는 전 세계 국가와 비교하기 때문에 실질적인 달러가치의 장기 추이를 나타내 준다. 일반적으로 달러가치가 높아지는 경우는 미국의 경기가 상대적으로 좋을 때이지만 전쟁이나 금융위기와 같은 사태가 발생해도 안전자산인 달러의 가치가 상대적으로 높아지는 모습을 보인다. 한국과 같은 이머징국가(EM)로 분류된 나라는 달러가치가 높아지는 때보다는 낮아지는 때 주가 상승률이 높은데 이는 한국의 경제성장률이 미국보다 높거나 국가 금리의 상대 매력도가 높을 때이다. 쉽게 말하면 미국 자산에 투자하는 것보

달러지수 DXY

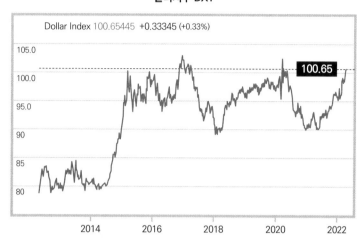

Dollar Index 100.65445 +0.33345 (+0.33%)

100.65

자료: 트레이딩 이코노믹스

Bloomberg Commodity Index

1path Bloomberg Commodity Index Total Return (USD) 39.15 +1.3914 (+3.68%)

39.151

자료: 트레이딩 이코노믹스

다 이머징국가 자산에 투자할 때 더 수익률이 높아 자금이동이 발생하는 구간이며 이로 인해 달러수요는 떨어진다.

CRB Commodity Index | Commodity는 석유에너지부터 곡물, 철강, 비철금속 등 매우 다양하다. 경기가 좋아지는 경우 당연히 해당 가격들이 상승하지만 원유 같은 경우 공급차질, OPEC(석유수출기구)의 수급조절 등도 큰 영향을 미친다. 이 지표가 중요한 이유는 생산자물가에 크게 영향을 미쳐 결국 이 상황이 구조적인 경우에는 물가 상승에 따른 정책당국의 금리정책에 영향을 주기 때문이다.

Activity index | The Chicago Fed National Activity Index는 시카고연방준비은행에서 발표하는 경기활성화지수라고 보면 된다. 평소에는 크게 중요하지 않지만 코로나 사태와 같은 영향으로 사람들의 경기활동이 위축되었을 때 얼마나 다시 회복하는지 보는데 유용한 지표이다. 참고로 중국에는 대표적인 Activity지표로 리커창지수라고 불리는 인덱스가 있는데 이는 집계의 시차와 신뢰성이 떨어지는 중국의 GDP 대신 경제현황을 파악하기 위해 철도 물동량, 전력 소비량, 그리고 은행 신규대출의 세 가지 지표를 재구성한 것이다. 다음은 중국에 유동성을 나타내는 신용자극(Credit Impulse) 지수인데 한국 경기와 밀접한 중국의 통화정책 및 경기 상황을 선제적으로 잘 나타내는 지표이다. 다음 차트에서 보듯이 신용지수를 후행하여 주택 가격이 움직임을 볼 수 있다.

↑Ⓢ↓

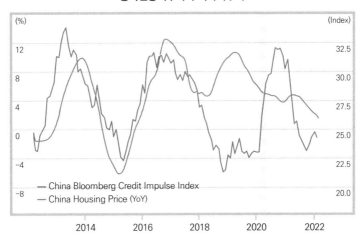

중국신용지수와 주택가격추이

자료: 매크로마이크로

Financial stress Index: St. Louis Fed Financial Stress Index |
금융 위기가 찾아올 때 가장 먼저 영향을 받는 곳은 신용시장(credit market)이다. 세인트루이스 지역 연준에서 발표하는 이 지표는 금융 스트레스 인덱스로 금융시장과 정책당국의 불확실한 요인에 따라 경제주체들이 느끼는 피로감을 계량화하여 산출한 지수이다.

금융변수에 대한 기대값이 변하거나 표준편차로 표현되는 리스크가 커질 경우 스트레스지수는 올라간다고 보면 된다. 자주 점검할 필요는 별로 없지만 리만브러더스 사태와 같이 기업들에 신용경색 위기가 올 때 유효한 지표이다.

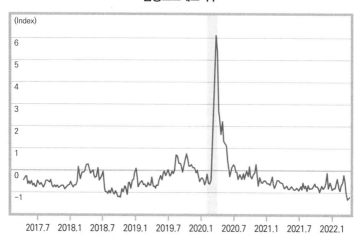

금융스트레스지수

(Index)

6

5

4

3

2

1

0

−1

2017.7 2018.1 2018.7 2019.1 2019.7 2020.1 2020.7 2021.1 2021.7 2022.1

자료: 세인트루이스연방준비은행

VIX(Volatility Index) | 주식시장의 위험을 가장 빠르게 반영하는 지표로는 VIX(Volatility Index)가 있다. 이는 시카고옵션거래소에 상장된 S&P 500 지수옵션의 향후 30일간의 변동성에 대한 시장의 기대를 나타내는 지수로, 증시지수와는 반대로 움직이는 특징이 있다. 예를 들어, VIX지수가 최고치에 이른다는 것은 투자자들의 불안 심리가 극에 달했다는 것이다. 이를 활용하려면 30을 넘어가는 수치에서는 주식시장에 대한 리스크 회피가 극에 달해서 팔 사람은 이미 많이 팔았다고 해석할 수 있다. 10년간의 차트를 보면 2020년 초 코로나가 발발했을 때 일시적을 50을 넘어간 적이 있고 우크라이나를 러시아가 침공했을 때 역시 30을 넘어섰다. 이지표는 나중

VIX공포지수

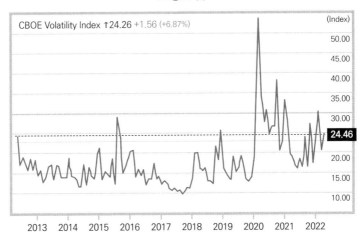

CBOE Volatility Index ↑24.26 +1.56 (+6.87%)

(Index)
50.00
45.00
40.00
35.00
30.00
24.46
20.00
15.00
10.00

2013　2014　2015　2016　2017　2018　2019　2020　2021　2022

자료: 인베스팅닷컴

에 심리지표편에서 설명한 CNN Greed&Fear인덱스와 같이 활용하면 좋으며 수치가 너무 높아질 경우 반대로 지수가 반등 가능성이 있다고 봐도 된다. 따라서 공포지수라고도 불린다.

Economic Surprise Index, 금융스트레스지수, VIX공포지수와 같은 지표들은 경기가 예상 대비 좋은지 또는 주식에 얼마나 반영되었는지 파악하는데 도움이 된다. 이 지표가 10년 평균보다 과도하게 나쁜 방향으로 쏠려있다면 악재가 선반영 됐을 확률이 높으니 서서히 주식을 주어 담을 때이다.

한 줄 요약

4계절처럼 변하는
자산군들간의 매력도
(레이 달리오)

지금 나의 투자 자산포트폴리오는 어떻게 구성이 되어 있는지 한번 살펴보자. 일단 대표적인 자산군을 나열해보면 부동산, 주식, 채권, 상품(commodity), 가상자산 등이 있을 것이다. 부동산투자는 개인차도 크고 유동성이 떨어지는 관계로 이를 제외하고 나머지 자산군에서 비중을 보면 어떤 상태일까? 흔히 증권사에서 자산배분을 추천할 때에는 나이에 따라서 위협 자산과 안전 자산군의 비중을 조절해 나가는 TDF(Target Date Fund) 개념이 제일 잘 알려져 있다. 라이프 사이클상의 자산배분으로 은퇴 시점이 가까워 올수록 안전자산인 채권투자 비중을 높여가는 단순한 구조로 이해하면 된다.

여기서는 인생주기에 따른 자산배분이 아닌 경기 사이클 주기에 따라 공통적으로 적용되는 자산 배분 방식을 설명하려고 한다. 세

↑Ⓢ↓

계에서 자산배분 전략으로 가장 유명한 사람은 미국 헤지펀드 브리지워터 어소시에이츠(BridgeWater Associates)의 레이 달리오(Ray Dalio)이다. 참고로 동사의 운용자산은 $130 billion로 약 150조 원의 자산을 운용하고 있는 미국의 굴지의 운용사이며 4계절(All Weather) 투자법으로 유명하다.

레이 달리오는 경기를 4개 분면으로 분할하여 국면별 유망 투자자산 배분을 달리하였는데 일단 주요 팩터를 경기와 물가로 단순하게 나누고 경기와 물가가 각각 상승/하락하는 상황에 따라 4개의 국면에 위치에 따라 대상 자산의 비중을 달리하는 전략이다. 예를 들어 표에서 볼 수 있듯이 경기가 상승하고 물가가 상승하는 국

레이 달리오의 올웨더 전략

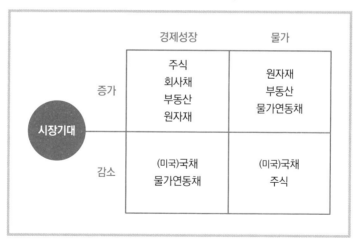

자료: 브리지워터 어소시에이츠

면에서는 주식, 원자재와 회사채의 비중을 늘리고 경기가 하락하는데 물가가 상승하는 나쁜 구간에서는 주식 대신 국채와 물가연동채의 비중을 늘리는 전략을 구사하고 있다. 중요한 포인트는 서로 상관관계가 다른 자산군을 항시 보유하여 예측 불가능한 위기에도 수익률이 서로 상쇄되는 안정적인 투자 방식이라고 할 수 있다.

그럼 2021년 말 기준 레이 달리오의 실제 포트포리오를 분석해 보자. 현재 주식비중이 약 30%, 장기 국채가 40%, 중기채가 15%, 상품과 금이 각각 7.5%로 구성이 되어 있다. 이 포트폴리오의 약 20년간의 성과를 보면 S&P500지수보다는 다소 부진하지만 위기 구간에 상당히 안정적인 수익률을 가져다 줬음을 볼 수 있다. 2008년 금융 위기나 코로나 사태와 같은 경우 미국지수의 최악의 해는 37% 하락했지만 동 포트폴리오는 5% 하락에 그쳤다. 반면 20년간의 연평균 수익률은 미국지수가 10.5%인 반면 올웨더의 연평균 수익률은 7.7%로 생각보다 높은 수익률을 가져다 주었다. 이는 주식이 좋은 해에도 국채와 금과 같은 안전자산을 항시 보유했기에 상승장에서는 주가지수보다 수익률이 낮았지만 하락장에서는 방어 능력이 탁월했기 때문에 가능했다.

이렇게 레이 달리오의 올웨더 포트폴리오는 구글에서 언제든 검색이 가능하며 포트폴리오 전략에 참고하기에 좋은 자료이다. 올웨더 전략을 추종하는 펀드나 개인들은 글로벌 ETF를 활용을 많이 한다. 예를 들어 미국주식은 SPY, 미국장기채는 TLT, 중기채는 IEF, 금은 GLD, 원자재는 DBC와 같은 ETF를 활용하면 된다. 필자가

올웨더 포트폴리오

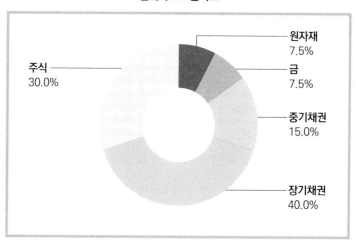

원자재
7.5%

금
7.5%

중기채권
15.0%

장기채권
40.0%

주식
30.0%

자료: Optimized portfolio

올웨더 펀드운용 성과 추이

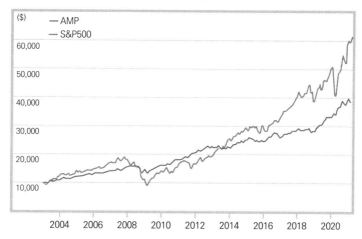

자료: Optimized portfolio

보기에 올웨더 전략의 보험과 같은 안정성은 높이 평가하지만 경기 사이클의 회복단계가 눈에 확실히 보이는 경우는 조금 더 적극적인 자산배분 전략을 펼치는 게 나을 것 같다.

물가와 경제성장률에 따라서 자산 포트폴리오 비중을 조절하면 매우 효과적이다. 경기가 둔화될 때는 국채와 같은 안전자산을 물가와 경제성장률이 상승할 때는 주식, 부동산, 물가 연동채와 같은 자산군이 유리하다.

한 줄 요약

그래서 2022년 현재 주식시장 위치는?

그렇다면 2022년 5월 현재 글로벌 주식시장은 아직 상승 사이클에 있는가? 아니면 이제 막 시작된 미국의 강력한 정책 금리 인상과 함께 하락 사이클로 접어드는 것일까? 그리고 미국 경제 성장률과 인플레이션 위치상 주식시장은 어떨까? 이 기준을 잡기 위해서 일본의 유명 투자 고수인 우라가미 구니오(Uragami Kunio)의 저서 『주식시장 흐름 읽는 법』을 참조하여 4가지 국면으로 시장을 나눠보자. 사실 이 저서는 1979년에 쓰여졌으나 아직까지 종종 유효하게 활용된다.

필자가 정리한 표를 보면 일단 1) 유동성장세는 경기침체기에 정부의 금리 인하와 유동성 공급으로 기업 실적 부진에도 풍부한 현금유동성이 주가를 끌어올리는 구간을 말한다.

경기순환 사이클

구분	경기순환 사이클			
	1. 침체기	2. 회복기	3. 활황기	4. 후퇴기
주식시장	유동성장세	실적장세	역금융장세	역실적장세
금리	저금리	중금리	고금리	저금리
정부	경기진작	경기진작	긴축	긴축완화
실적	둔화	개선	개선	둔화
주가	바닥	상승	상승둔화	하락

참조: 『주식시장 흐름 읽는법』, 한국경제신문(2002)

다음으로 경기가 회복되는 구간에서는 2) 실적장세가 나타나는데 이는 실적이 개선되는 펀더멘털에 따라 주가가 올라가는 가장 정직한 구간이다. 경기가 활황기에 접어들면 다소 과열 양상을 보이면서 정부가 유동성을 회수하는 긴축에 들어가게 되는데 이를 3) 역금융장세라고 한다. 경기는 좋은데 주가는 오르지 못하는 구간으로 우라가미 구니오는 설명하고 있다. 그리고 경기가 다시 둔화되는 후퇴기를 맞으면서 4) 역실적장세로 접어들고 이러한 경기순환 사이클은 반복이 된다.

위의 표를 보면 결국 경기가 침체기를 벗어날 때 주식에 투자하면 활황기까지 상승하는 모습을 보이는 것을 알 수 있다. 사실 원래 우라가미 구니오의 사이클에는 활황기에 접어들어도 정부의 긴축으로 주가가 빠지는 것으로 표현이 되어 있다. 하지만 필자는 표에서 주가 하락이 아닌 상승둔화로 수정하였는데 이는 이 이론이 작성됐던 1980년대에는 맞았지만 그 이후 적극적인 정부 정책이나 구글 애플과 같은 혁신 기업들의 출현으로 주가 사이클의 모습이 다소 바뀌었기 때문이다. 결국 주가 하락 사이클의 시작은 활황기의 고점 부근 어디일텐데 이를 정확히 알기는 사실 어렵다. 따라서 앞서 다룬 것처럼 미국의 국채금리 레벨을 활용하는 것이 여전히 유효하다.

주가의 고점과 저점의 정확한 변곡점은 맞추지 못해도 적어도 금리 수준과 기업실적을 가지고 판단할 수 있다. 2022년 5월 현재 미국 10년물 국채금리는 과거 평균수준 이상으로 급하게 튀어 올라와서 불안한 수준이다. 하지만 앞서 지적한 것처럼 인플레이션을 제외한 실질금리 수준은 여전히 마이너스 수준이다. 참고로 코로나 사태 전인 2019년 평균 국채금리는 2.3%이었고 금리고점은 3.2%였다(이때 실질금리는 1%였음).

이제 기업의 실적 부분을 살펴보면 2021년 미국기업의 순이익은 약 50% 성장하였고 2022년 시장 컨센서스는 약 10%의 이익 성장을 예상하고 있다. 따라서 기업이익은 위 표에 세 번째 로 위치한 활황 국면으로 볼 수 있지만 이익 성장률 둔화는 부담이다. 전년도 성장률이 워낙 높은 기고 효과로 상승률이 둔화되지만 아직 이익이 감소하고 있지는 않다.

마지막으로 이번 사이클에서 제일 중요한 정부 정책인데 미국연방준비은행(Fed)는 2022년 3월에 첫 금리 인상을 시작한 이래로 매우 강력한 긴축을 진행하고 있다. 금리 인상 사이클에서는 통상 전반부보다는 후반부에 유동성에 악영향을 주기 때문에 현재 정부정책상 위치는 역금융장세이자 활황기에 위치하고 있다.

이를 종합해 보면 현재 경기순환 사이클 상 위치는 3단계인 활황기이면서 역금융장세에 있다. 주가 상승둔화 구간이며 2022년에는 인플레이션이 둔화될 때까지 비교적 강한 금리 인상 사이클이 예상되고 있어 금리 인상 후반부인 2023년부터 주식시장은 둔화 압력을 받을 수 있다.

하지만 지금 같은 인플레이션 상황에서는 매출도 같이 늘어나서 기업 실적이 견조할 가능성이 높고 세계 경기가 심각한 버블에 진입하여 물가(금리)가 상승한 것이 아니기 때문에 큰 하락 사이클이 아닌 소순환 경기 사이클일 가능성이 높다. 아직도 전쟁리스크 및 중국의 코로나 락다운과 같은 여러 불확실성이 상존하기 때문에 향후 긴축정책으로 물가를 잡을 수 있는지와 국채금리의 상승 속도를 예의 주시해야 할 것이다.

그러면 3단계에 진입한 현재 유망한 자산군은 어디일까? 아직은 주식에서 탈출할 때가 아니다. 하반기 물가 둔화의 가능성이 있고 실질금리대비 주가의 기대수익률이 훨씬 더 높기 때문이다. 그리고 국채는 가격하락이 예상되어 선호되지 않으며 그 보다 높은 금리를 제공하는 우량 회사채에는 기회가 다가오고 있다. 이는 기업실적이 아직 튼튼한 구간이기 때문이다. 마지막으로 인플레이션 헷지가 가능한 부동산관련 자산이나 물가연동채도 유리한 투자자산으로 분류된다.이처럼 경기 사이클과 금리(물가)수준에 따라 우리는 자산배분의 비중을 다소 적극적으로 조정할 수 있으며 크게 쏠리지 않는 자산 포트폴리오를 구축한다면 예상치 못했던 리스크에서도 수익률을 잘 관리할 수 있다.

2022년 2분기 현재 주가 사이클상 위치는 상승둔화 구간이다. 하지만 아직 주식의 기대 수익률이 실질금리보다 매력적이기 때문에 2023년까지 주식을 보유하는 것이 유리하다고 판단된다. 미국국채의 실질금리가 1%를 넘어설 때는 걱정을 할 것 같다.

한 줄 요약

4장

유망
산업의
조건

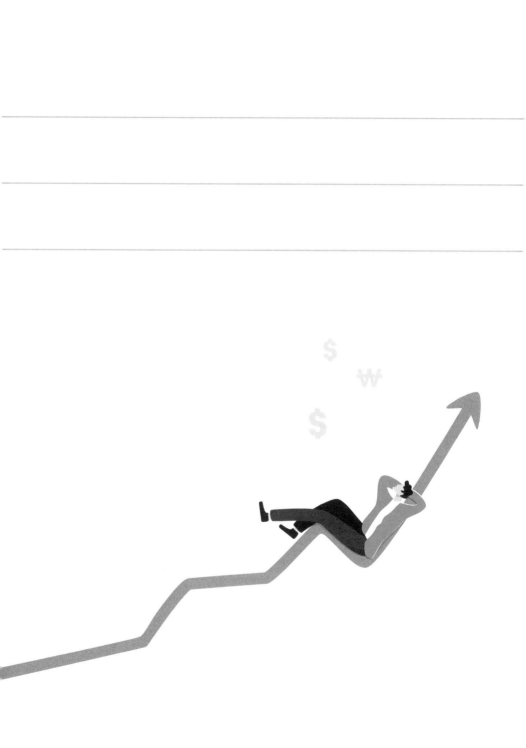

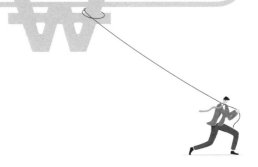

인생과 같이 한방이 있는
산업 사이클

모든 산업은 사람의 인생처럼 라이프 사이클을 가진다. 산업의 태동기에서 고속성장기와 성숙기를 지나 쇠퇴기를 맞이하는 것이 일반적인 산업 사이클이다. 역사를 간략하게 되돌아보면 18세기 영국에서 시작된 1차산업혁명은 직물을 생산하는 방직기와 증기기관 발명으로 기계가 처음으로 인류의 생산성을 대폭 향상시킨 시기였다. 공장 생산설비 확충과 교역이 활발해지면서 최대 수혜 산업은 철도 산업이었으며 석탄발전이 주 에너지원이었다. 대규모 인프라 투자에 따른 은행과 같은 자본가의 역할도 중요해지기 시작했다.

2차산업혁명은 전기가 발명되고 내연기관 자동차의 등장으로 철강산업과 석유사업이 핵심산업이 되었다. 분업으로 공장의 대량생산이 가능하게 된 시기이라고 할 수 있다. 이 과정에서 석탄발전의 증기기관은 오일 메이저와 내연기관 자동차에게 패권을 내어 주게 되었다.

3차산업혁명은 컴퓨터의 등장과 정보혁명의 시기였고 지금은 인공지능(AI)과 데이터산업 시대인 4차산업혁명의 살고 있다.

이처럼 새로운 기술의 도입과 대체제와의 경쟁을 거치며 산업은 끊임없이 변화 발전해왔다. 비교적 근래의 예로는 노키아가 점령하던 휴대폰산업은 2009년 등장한 아이폰의 혁신으로 스마트폰산업으로 바뀌었으며 넷플릭스의 등장은 비디오 및 영화산업에 큰 타격을 주었다. 또한 특별히 대체제가 없는 산업들도 약 10년 주기로 커다란 변화의 사이클을 겪기도 한다. 이처럼 해당 산업의 패러다임 변화를 잘 찾아내면 매우 성공적인 투자 기회를 찾을 수 있다.

전통산업군에서 우리나라가 세계 1위를 차지하고 있는 조선산업을 예로 들어보자.

2004~2008년은 중국이 전 세계의 공장역할을 하면서 엄청난 인프라투자 및 공장 증설을 하는 시기였다. 이때 중국의 경제성장률은 연10%를 넘었고 이에 따른 철강 및 제조업투자에 빅사이클이 나타났다. 중국은 늘어난 철강수요를 충족하기 위해 원재료인 석탄과 철광석 수입을 크게 늘려야 했다. 이 당시 주 원재료의 수입국은 인도네시아와 호주였지만 공급 부족으로 수입 국가를 브라질로 확대해야 했으며 이에 따라 더 많은 배가 필요로 했다. 결국 벌크선 운임은 폭등하였고 이에 따라 보수적인 일본을 제외한 한국과 중국의 조선소들은 역사적 수준의 발주를 대응하기 위하여 대규모 도크

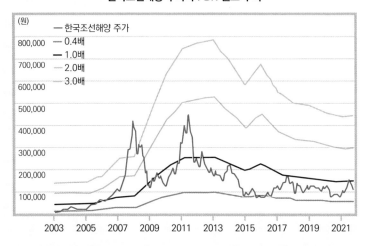

한국조선해양 주가와 PBR 밴드 추이

(원)
— 한국조선해양 주가
— 0.4배
— 1.0배
— 2.0배
— 3.0배

자료: 그로쓰힐자산운용

(Doke) 증설에 나설 수밖에 없었다.

2005년~2007년 사이 조선주 주가를 복기해보면 한국조선해양 (현대중공업) 주가는 약 12배의 어마어마한 상승을 하였다. 이처럼 구경제(old economy) 산업이라도 커다란 수요 변화요인이 발생하면 산업은 증설 사이클을 거치면서 큰 기회를 가져다 준다. 하지만 이러한 호황의 끝은 결국 공급과잉을 발생시켜 과잉투자로 경쟁력이 떨어진 기업들을 도태시킨다.

당시 생산설비를 크게 늘렸던 조선사들은 중국의 인프라 사이클이 둔화되기 시작한 2009년 이후로 대규모 구조조정을 맞이하였는데 대우조선, 성동조선 등 많은 국내 조선사들이 채권단으로 넘어가거나 사라졌으며 중국도 조선사의 약 70%는 부도를 맞이했다. 당시 급증한 조선사의 이익 규모만 보고 뒤늦게 투자한 사람은 약 80%의 주가 하락을 경험해야만 했다.

이처럼 수년마다 다양한 산업에서 커다란 수요 변화 기회들이 발생한다. 2015년도에는 중국에서 한국 화장품 소비붐으로 아모레퍼시픽이 약 5배 상승하였으며, 2018년도에는 바이오시밀러 분야에 공격적인 증설을 펼친 셀트리온의 주가가 약 8배 상승을 경험했다. 그리고 2022년 지금은 2차전지 관련 업체들이 이러한 붐을 경험하고 있는 중이다.

모든 산업은 인생과 같은 라이프 사이클을 가지는데 특정 산업의 패러다임 변화를 잘 포착할 경우 커다란 투자 기회를 가질 수 있다.

한 줄 요약

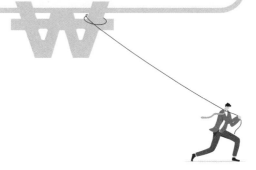

눈여겨볼 미래 성장 산업 4종 세트

앞서 살펴본 예처럼 한번 성장산업으로 진입하게 되면 어마어마한 주가 상승을 경험한다. 이 사이클을 잘 찾아서 초기에 올라타면 투자자로서는 대성공일 것이다. 그렇다고 저런 성장 사이클이 발생할 때 특정 기업 내부자나 대형 금융기관들이 독점하는 것도 아니니 투자기회도 공평하다. 지금도 이러한 성장산업들이 태동 발전하고 있는데 이를 얼마나 확신을 가지고 기회화하는 것은 바로 여러분의 몫이다. 그럼 이젠 다들 알고 있을 법한 미래성장산업들을 살펴보자.

메타버스산업

—Ⓦ—

2021년 이래로 주식시장에서 가장 뜨거운 키워드 중 하나는 메타

↑$↓

버스(Metaverse)가 아닐까 한다. 한국과 미국 등에서 메타버스 ETF 가 신규 설정되어 단기간내에 1조 원이 넘는 자금이 모였다. 메타버스는 가상공간(Meta) + 현실 세계(Universe)의 결합을 의미한다. 쉽게 얘기하면 우리가 살고 있는 현재와 다른 제2의 가상 세계이다. 자료나 영상을 통해서 이미 메타버스가 투자대상으로는 익숙하겠지만 실제 본인의 메타버스 세계와 아바타를 보유한 사람은 현시점에서 그리 많지 않을 것이다. 왜냐하면 아직 그런 제대로 된 메타버스 환경을 제공하는 플랫폼이 현시점에서 별로 없기 때문이다.

미국에 2021년 상장하여 시가총액이 600억 달러(70조 원)이 넘는 로블록스(Roblox)는 2억 명이 넘는 월간 이용자가 있으며 이중 800만 명이 넘는 이용자들이 게임을 스스로 만들고 즐기는 메타버스 플랫폼이다. 하지만 단순한 게임 위주로 생태계가 만들어져 있어서 아직은 중학생 이하의 저학년 위주의 사용자가 주류를 이룬다. 그 다음으로 많은 가입자를 보유한 메타버스는 네이버의 제페토인데 가입해 본 사람은 처음에는 신선하지만 성인이 자주 방문할 만한 동인은 없다는 것을 느낄 것이다. 이처럼 메타버스를 대표하는 플랫폼들은 아직은 걸음마 단계의 수준에서 청소년 위주의 놀이공간을 제공하고 있다. 하지만 지금 글로벌 빅테크 기업들이 준비 중인 새로운 플랫폼의 방향을 보면 향후 무궁무진한 새로운 세상이 열릴 것으로 기대된다. 그 중심에는 메타플랫폼(페이스북), 마이크로소프트, 구글 등이 여전히 중심에 서있다. 그렇다면 이는 플랫폼 지배 기업들의 미래 먹거리를 위한 마케팅일까? 아니면 새로운 web 3.0과 같은 진화된 생태계를 추구하는 유저들의 시대적인 요구일까?

일단 메타버스란 가상 세계는 왜 필요하고 그 매력은 무엇일지 먼저 알아보자. 이는 두 가지 커다란 기술혁신에서 발전이 시작되었다. 첫째는 현재 우리가 사용하는 소셜네트워크의 물리적 한계를 뛰어넘었다는 것이다. 전 세계 인구가 사용하는 SNS는 페이스북, 인스타그램, 그리고 트위터 정도이고 한국의 경우 네이버카페나 블로그라고 할 수 있다. 하지만 현재의 서비스는 활발한 소통은 가능하지만 댓글과 데이터 위주의 2차원적의 평면적 구성을 가진다. 상호 커뮤니케이션이 실시간이 아니며 소통에 한계도 있다.

이러한 소셜네트워크 플랫폼이 메타버스로 바뀌게 되면 시공간이 존재하는 3차원이 되고 유저들간에 실시간 상호작용(interaction)이 이뤄질 것이다. 그리고 이렇게 창조된 플랫폼이 제2의 페이스북을 대체하는 지배적 공간이 될 것이다. 올해 중에 메타플랫폼의 인기작인 오큘러스 퀘스트2에 이어 애플의 신규 XR(Extended Reality) 기기가 출시될 예정이다. 이렇게 기술적인 지원이 충분히 서포트된다면 우리는 메타플랫폼의 호라이즌(Horizon) 또는 새로운 플랫폼에서 실생활을 하는 경험을 할 수 있을 것이다. 그리고 반드시 3D와 같은 공간 현장감이 없더라도 좀 더 진화된 플랫폼은 여러 형태로 생길 수 있다고 본다.

두 번째로 매우 중요한 기술혁신은 무형의 디지털세상에도 NFT

(대체불가토큰)도입과 함께 새로운 경제시스템 구축이 가능해 졌다는 점이다. 현재까지는 인기 카페(블로그)나 트위터와 같은 SNS에 인기 글을 올려서 많은 사람들이 그 글에 열광을 하여도 그에 대한 경제적인 보상은 없었다. 많은 유저들의 양질의 데이터가 축적되어 운영이 되는 네트워크에서 발생하는 수익을 플랫폼 기업이 거의 독식을 한 것이다. 반면 유튜브가 어마어마한 성공을 하게 된 것은 세계 최초로 구독에 따른 수익배분이라는 에코시스템을 도입했고 이것이 무한대의 크리에이터를 양성했기 때문이다.

지분 증명이 가능한 NFT 개념의 등장은 메타버스 플랫폼 안에서 콘텐츠 저작권에 대한 보상을 가능하게 했다. 디지털콘텐트에 대한 지적재산권(IP)이 빅테크 기업이 아니라 일반 유저들이 NFT형태로 저작권이 보호되며 이를 통해 크리에이터와 유저들에게 보상이 갈 수 있는 구조로 진화된 것이다. 이미 잘 알고 있을 NFT에 대한 자세한 설명은 생략하고 현재 쓰이고 있는 사례로 이해해보자.

아직 규모는 작지만 메타버스 환경을 잘 보여주는 디센트럴랜드(Decentraland)에서는 뉴욕 증권거래소의 땅을 구매할 수 있으며, 해외여행을 주제로 하는 유튜버는 코로나를 넘어서 가상공간을 여행하며 콘텐츠를 만들 수 있다. 실제 타임스퀘어를 가보면 많은 대기업들이 현실 세계와 똑같이 돈을 내고 광고를 하고 있다. 유저는 MANA라는 코인을 구입하여 아바타를 꾸미고 재화나 부동산을 살 수가 있다. 이처럼 메타버스 세상에서는 게임의 주인공으로 현실에서 불가능한 재능과 능력으로 새로운 직업을 가질 수도 있으며 관심 커뮤니티에 리더가 될 수도 있다. 현실 세계보다 훨씬 저렴한 가격으로 구찌와 슈퍼카를 자유롭게 구매할 수도 있고 미국 유명가수의 실시간 공연을 보는 것도 가능하다. 중요한 것은 이러한 재화의 공급이나 부동산 거래는 기존처럼 중앙화된 대기업만 파는 것이 아니라 유저들이 자체적으로 디자인하고 제작하여 서로 다른 유저들에게 코인을 통해 판매가 가능한 경제생태계라는 점이다. 향후 이러한 메타버스 공간을 누가 가장 잘 구현해내느냐에 따라 아직은 무주공산인 이 산업에 새로운 승자가 결정될 것이다.

앞서 언급한 것처럼 메타플랫폼(페이스북), 애플, 마이크로소프트, 엔비디아와 같은 회사들이 메타버스와 관련하여 다양한 형태의 모델을 준비하고 하고 있으며 가장 앞서 있는 메타가 가상 세계에 가장 가까운 모습으로 호라이즌 월드(Horizon world) 플랫폼을 내 놓을

메타플랫폼의 호라이즌과 내년 출시 예정인 펄어비스의 메타버스 게임

출처: 메타플랫폼, 펄어비스

것으로 보인다. 플랫폼에서 즐길 수 있는 VR 콘텐츠 역시 1,000개 이상을 준비 중이다. 애플의 경우 AR과 VR이 합쳐진 개념의 XR기기와 애플링(Apple ring)과 같은 하드웨어 위주의 전략으로 알려져 있다.

마이크로소프트는 윈도우와 오피스의 강자답게 메타버스상 업무용 소프트웨어와 원격근무가 가능한 화상회의 등의 업무용 소프트웨어 들이 타겟이다. Mesh, MS루프와 같은 가상회의공간과 AI를 활용한 기업용 소프트웨어에 강점이 있다. 산업용 XR기기로 MS홀로렌즈를 개발하였으며 콘텐츠로는 마인크래프트 제작사를 보유하고 있기도 하다.

GPU의 대명사인 앤비디아는 메타버스 환경을 만들 때 필요한 중요한 툴(tool)들을 장악하려고 하고 있다. 예를 들면 3D 디자인 협업 및 시뮬레이션 플랫폼인 엔비디아 옴니버스(Omniverse)의 기능 강화와 함께, PTX GPU를 사용하는 모든 엔비디아 지포스 스튜디오 크리에이터들에게 무료로 제공하는 점이다. 또한 CEO 젠슨 황이 심혈을 기울이고 있는 인공지능분야는 메타버스 세계를 제작할 때 현실 세계와 유사한 환경을 AI를 통해 3D그래픽으로 구현 가능하게 한다. 토이미(toyme)라는 대화형 아바타도 만들어 냈는데 언어신경망을 활용한 가상 세계 속에 인공지능 아바타가 탄생한 것이다.

이들 빅테크 공룡들은 각자의 방식에서 메타버스를 준비하고 있지만 역시 가장 강력한 사업자는 유니버스 플랫폼의 터전을 제공하는 메타플랫폼이라고 생각된다. 그 파괴력은 메타의 현재 페이스북, 왓츠앱 메신저, 그리고 인스타그램 유저만 합쳐도 33억 명에 달하기 때문이다. 만약 메타가 호라이즌 월드를 제대로 구축하고 개장식을 가진다면 아마 수십억 명이 한번쯤은 가입하지 않을까 생각한다. 이는 엄청난 유저베이스가 있기에 약간의 사용 가능 코인을 주는 마케팅만으로도 충분히 가능해 보인다. 중요한 것은 그 유니버스를 채워 나갈 콘텐츠인데 이는 다양한 기업들의 콘텐츠 및 마케팅 공급, 그리고 유저들이 자체 제작하게 될 자기만의 공간과 놀이 문화들이 모여서 거대한 유니버스가 완성될 것이다. 참고로 메타버스의 어머니 격인 마인크래프트 안에 유저들이 10년간 만들어 놓은 공간의 전체 면적은 실제 지구의 7배나 된다.

그렇다고 향후 메타버스 유니버스가 현재의 유튜브, 페이스북처럼 거대 독점 기업의 단일 형태가 될까? 필자는 현재 사회처럼 용도나 관심사에 따라 블록화될 수도 있을 것이라고 생각한다. 예를 들면 게임을 좋아하는 유저, 여행이나 사람을 사귀기 좋은 공간, 원격 업무를 효율적으로 하기 위한 공간 등 유저들에 특화된 공간 위주의 발전이 이루어질 것으로 보인다. 현재 메타버스로 실제 돈을 벌고 있는 회사는 대부분 게임이나 엔터테인먼트 분야에 치중되어 있다. 로블럭스와 네이버에 제패토 그리고 다소 게임에 치중된 포트나이트 등이 초기시장을 형성하고 있는 것이 좋은 사례이다.

향후에도 메타버스 플랫폼으로 유저를 이끄는 가장 강력한 동인은 게임이 될 가능성이 높다. 단순히 제2의 메타버스 세상이 캐릭터를 육성하고 사회관계를 형성해야 하는 퇴근 후의 또 다른 피곤한 세상이 아니길 바라기 때문이다. 그러자면 즐길 수 있는 엔터테인먼트적인 요소가 강하거나 또는 그 생태계 안에서 돈을 벌 수 있어야 한다. 2021년 하반기부터 출시된 P2E(게임하면서 돈벌기) 개념은 과거에 게임 안에서만 쓸 수 있는 화폐의 개념을 바꾸어 놓았다. 미르4라는 게임의 위믹스(Wemix), 엑시인피니티(ASX)와 같은 게임에서 벌어들인 코인을 현금으로 환전하여 실생활에서 쓸 수 있게 진화하고 있다. 따라서 게임업체가 주도하는 가상 세계나 게임성이 향후 가장 강력한 메타버스 플랫폼의 유인책이 될 것이라고 본다. 최근에 마이크로소프트가 세계 최대 게임사인 엑티비전블리자드를 687억 달러(약 82조 원)에 인수한 것도 빌 게이츠(Bill Gates)가 이러한 방향을 잘 알았기 때문일 것이다.

그 외에 메타버스산업의 팽창에 따른 낙수 효과를 보는 산업들도 수혜를 받을 것으로 보이는데 이는 인프라 제공업체(5G, 클라우드, 데이터 센터 등), 메타버스용 하드웨어(VR, AR 기기), 소프트웨어(유니티 개발 엔진)등이다. 앞으로 기술발전으로 인한 VR/AR 기기의 보급은 메타버스산업 성장의 중요한 변곡점이 될 전망이다. 한국에서는 2023년에 출시될 펄어비스사의 〈도깨비〉라는 게임이 메타버스 환경을 잘 구현할 것 같다. 시간내서 유튜브 영상을 찾아 보시길 권한다.

전기자동차와 자율주행

보통 특정 산업이 급격하게 성장하게 되면 정부의 규제가 나오거나 소비자의 가격 저항 등이 발생하여 성장이 둔화되는 경우가 많다. 반면 전기자동차산업의 경우는 정부, 기업, 소비자가 삼위일체가 되어 모두가 필요로 하는 유일무이한 산업이다. 대부분의 국가들이 2040년까지 탄소중립을 선언하면서 내연기관차 생산을 금지하고 있다. 기업 입장에서도 경쟁은 치열해지겠지만 전기차 제조사들의 수익성이 내연기관차에 비해 훨씬 높다. 비싼 엔진과 변속기가 필요 없고 2차전지 가격 또한 계속 절감이 가능하기 때문에 가격 경쟁력을 무기로 시장점유율 확대가 가능하다. 마지막 주체인 소비자들은 연료비 절감 외에도 자율주행 기능을 탑재한 핵심 기술의 수혜를 받을 것이다.

2021년 말 기준 세계 자동차 판매 비중 중 순수 전기차 판매는 약 470만 대로 아직 보급률이 6%도 안 된다. 현재 진행되고 있는 어떤 산업보다도 확실한 성장이 담보되고 있으니 전기차 판매 비중이 약 절반(약 4,000~5,000만 대)을 차지하는 2030년까지 크게 성장할 필수 산업임을 의심할 바가 아니다. 참고로 테슬라의 2030년 생산 목표는 2,000만 대, 폭스바겐 500만 대, 도요타 350만 대, 현대차그룹 400만 대이다. 목표이니 아무리 열심히 공장을 짓고 있어도 당분간은 한참 모자를 것 같다.

여기에서 중요한 포인트는 완성차업체를 투자할 것인지 2차전지 제조업체나 소재업체를 투자할 것인지 판단 여부이다. 1장에서 설명한 마이클포터(Michael Eugene Porter)의 이론을 조금만 접목해보자. 완성차업체들에게는 남의 시장점유율을 뺏어갈 수 있는 절호의 기회이다. 따라서 경쟁력을 갖춘 업체는 후발 주자들을 도태시키고 매출을 늘릴 수가 있을 것이다. 반면 창조적 파괴자들의 진입으로 더욱 경쟁이 치열해질 수가 있다. 전통 자동차 제조사가 아닌 AI 자율주행을 무기로 테슬라, 애플, 구글카와 같은 빅테크들의 시장 진입은 결국 완성차업체보다는 구매 기업이 늘어나는 2차전지업체가 훨씬 유리한 것을 알 수 있을 것이다. 신규 진입하는 빅테크 기업들이 직접 2차전지를 만들기는 어렵기 때문이다.

　2차전지 제조사들은 장기적으로 훌륭한 투자처이다. 하지만 이러한 기업들도 경쟁 기업들이 계속 생길 수 있다는 점과 기술의 발전에 따라 기업의 성패가 결정될 수도 있다. 예를 들어 가장 빠른 속도로 전기차가 보급되고 있는 유럽의 경우 폭스바겐 그룹과 다임러벤츠 그리고 BMW와 같은 기업들은 가장 중요한 2차전지의 생산을 계속해서 중국과 한국의 업체들에게만 의존하면 안 된다는 것을 누구보다 잘 알고 있다. 따라서 2017년 설립된 스웨덴 신생업체인 노쓰볼트(Northvolt)에 대규모 투자를 단행하였고, 2021년 말 이제 생산을 처음 시작한 기업이 폭스바겐과 BMW로부터 10년간 약 270억 달러(약 30조 원)의 수주를 받았다. 동사의 2030년 2차전지 목표 생산능력은 150GW(전기차 약 200만 대 생산 규모)이다. 이외에도 테슬라에 신규 공급을 논의 중인 중국의 EVE에너지 등 2차전지 생산이 가능한 경쟁 업체들은 계속해서 생겨나고 있다.

기술 변화 역시 매우 중요한 점검 포인트이다. 여기서는 간단하게만 다루면 한국기업들이 채택한 NCM방식(니켈·코발트·망간)의 배터리는 파우치 형태로 고효율 방식인데 반해 중국의 LFP방식(리튬인산철)은 주행거리에 단점이 있지만 가격이 싸다는 큰 장점이 있다. 이와 같이 완성차업체들이 어떤 기술을 선택 하느냐에 따라 2차전지 업체들의 희비는 엇갈릴 수 있다. 현재 테슬라는 대부분 한국기업들의 생산방식보다는 경제성이 우수한 중국 CATL의 배터리의 채택 비중을 높이고 있는 상황이다. 필자의 판단은 두 가지 방식 중 저가형 차량의 대량 생산은 중국 배터리를 채택하고 고가형 프리미엄 차량은 한국의 배터리를 선택할 가능성이 높다고 보여 두 기술 모두 양립할 것으로 보인다.

결과적으로 2차전지산업에 수혜를 보면서 경쟁과 기술의 변화에

LFP 배터리 채용 주요 모델과 글로벌 OEM의 LFP 채택

글로벌 OEM그룹	차량 제조사	LFP 적용모델	글로벌 LFP 확대 전략
Tesla	Tesla	Model 3 SR+	소형 전기차 적용
GM	GM-SAIC	바오준 E300, 홍광미니	계획 없음
VW Group	VW-BAIC	X5E, EC100	Entry 모델에 적용
Ford	Ford	없음	사용EV에 적용

자료: EV Volumes, 언론 종합, 삼성증권 정리

가장 영향을 적게 받는 산업군을 고르면 안전한 투자방법이 될 것이라고 생각한다. 이는 양극제, 음극제와 같은 핵심소재와 이를 감싸주는 소재인 동박과 알루미늄박과 같은 생산업체들이다. 이러한 산업에서 과점을 하고 있는 기업들은 쉽게 잘 찾을 수 있을 것이고 그들 역시 역대급 증설을 하고 있다. 이런 소재 기업들은 5장 〈필승 기업 발굴법〉에서 증설하는 기업의 투자 매력 사례로 더 자세히 다룰 예정이다.

클라우드 데이터산업

요새는 TV프로그램보다 유튜브를 시청하는 시간이 더 긴 사람들이 많아졌다. 이러한 유튜브 생태계는 폭발적인 데이터의 생성을 가져왔고 지고 일어나면 수백만 개의 새로운 방송이 매일 생성되고 있다. 유튜브에 따르면 3,700만 이상의 유튜브 방송채널이 활동 중이고, 이들이 한 달에 영상 한 개만 업로드 한다고 가정을 해도 100만 개의 영상이 매일 생성되고 저장되어야 한다. 이러한 큰 성장의 인센티브는 당연히 구글생태계가 만들어 놓은 시청률에 따른 경제적 보상이라는 강력한 시스템이 있기 때문이다. 서비스나 재화의 공급이라는 대부분의 경제활동은 기업을 통해서 이루어지는데 회사에 크게 기여해도 직원들은 월급과 보너스를 받고 남은 수익은 회사가 챙기는 구조와 완전히 다르다.

이와 같은 유튜브는 하나의 사례에 불과하며 현재 생성되는 하

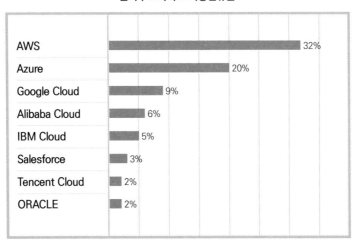

클라우드서비스 시장점유율

AWS	32%
Azure	20%
Google Cloud	9%
Alibaba Cloud	6%
IBM Cloud	5%
Salesforce	3%
Tencent Cloud	2%
ORACLE	2%

자료: 시너지리서치 그룹

루 하루의 데이터는 SNS(인스타그램, 틱톡 등 포함), 소셜미디어, 블로그 등을 포함하여 상상을 초월할 만큼이다. 이러한 막대한 데이터를 저장하고 관리하는 것은 이미 특정 기업의 힘으로 불가능하다. 이에 따라 필요한 산업이 바로 매년 40~50%의 성장을 보이고 있는 클라우드 데이터서비스이다. 그리고 이를 필요 유저에게 최적의 상태로 공급하거나 경제적으로 활용 가능하게 하는 것이 AI 알고리즘이다. 모두 구글이 제일 잘 하는 분야이다.

약 1,500억 달러(180조 원)에 달하는 클라우드서비스의 글로벌 시장점유율을 보면 아마존 웹서비스(AWS)가 32%로 1위, 마이크로소프트 Azure가 20%로 2위, 그리고 구글 클라우드가 9%로 3위이다.

국내 유통업체들이 사용하고 있는 클라우드

국내

AWS

쿠팡, 신세계, 마켓컬리,
11번가, 티몬,
AWS(Amazon Web Service)

네이버
네이버 클라우드

국외

월마트, 코스트코,
월그린, 크로커
MS 애저

ARM
아마존 AWS

크로커
구글클라우드플랫폼

자료: 이데일리

모두 미국의 빅테크 기업(65%)들이다. 이제는 더 이상 기업들이 효율이 떨어지는 자체 서버를 기업 내에 구축하지 않는 세상이며 전세계의 대부분의 데이터는 결국 미국 빅테크 기업들이 관리한다고 보면 된다. 보안이 생명인 미국의 국방부도 이 기업들의 클라우드 서비스를 사용하고 있으니 보안에 대한 걱정은 아직까지 이슈가 아니다. 참고로 중국은 알리바바와 텐센트를 합쳐 약 10%의 시장을 점유하고 있다.

한국의 네이버도 클라우드 사업을 하고 있지만 눈에 안보이는 정도이고 실제 11번가, 쿠팡 등은 미국의 아마존 클라우드를 이용한다. 미국의 경우도 대부분의 빅데이터가 중요한 기업들은 클라우드 서비스를 활용하고 있다. 이 경우 원활한 데이터 서비스 외에 가장 중요한 요소는 무엇일까?

바로 인공지능 AI로 빅데이터를 기업이나 정부가 해당 목적에 맞게 이용하는 기술이다. 예를 들면 유튜브는 관심사가 다른 유저들에게 타켓 광고를 통해 광고수익을 크게 높였으며 페이스북, 인스타그램 등을 통한 SNS 마케팅 역시 기존 전통 광고시장을 잠식하고 있다. 미국 CIA나 FBI에 AI 데이터 처리 기술을 제공하여 테러범을 색출하거나 산업스파이를 단속하는 서비스를 제공하는 기업들(Palantir, Snowflake, C3AI)도 있다. 데이터의 외부 저장이 늘어나면서 클라우드 데이터 보안솔루션을 제공하는 기업들(CrowdStrike, Fortinet, Palo Alto) 역시 신성장 기업군으로 높은 매출 성장을 지속하고 있다. 주식으로 볼 때 단 하나 주의해야 할 점은 이런 미래 성장 기업들의 기술과 경쟁력은 인정하지만 이익을 잘 낼 수 있는 기업인지도 함께 살펴보는 것이 중요하다. 너무 꿈만 큰 기업의 주가는 변동성에 쉽게 흔들릴 수 있기 때문이다. 다음 우주항공산업이 그러한 예이다.

우주항공산업

제프베이조스, 일론머스크, 리처드브랜슨은 우주시대의 개척자 들이다. 과거에는 구소련과 미국과 같은 국가 간에 우주패권 경쟁이 있었다면 지금은 민간으로 상당부분 공이 넘어 갔다. 그 이유는 NASA등이 진행하는 국가사업은 우주시대의 미래를 위한 공익의 목적이 컸다. 세금으로 운용하다 보니 필사적으로 원가를 절감할 이유도 없었다. 반면 민간 기업들이 적극 뛰어들 수 있었던 것은 기술혁신을 통한 수익을 낼 수 있는 비즈니스 모델이 가능해졌기 때문이다.

끊임없는 투자와 기술 개발로 우주 여행이라는 매력적인 상품이 상용화되면서 그들의 경쟁은 시작되었고 인간의 본능이 세계 최초 또는 최고라는 타이틀을 걸고 우주산업 발전을 가져오고 있다. 우선 버진갤럭틱과 제프베이조스의 블루오리진이 먼저 민간 우주 여행을 짧게나마 성공시켰다. 버진갤럭틱은 지상에서의 로켓 발사라는 고정관념을 모체 비행체 위에서의 발사를 통한 연료효율성과 비용을 개선시킨 혁신을 보여줬다. 블루오리진의 뉴셰퍼드는 전통적인 발사체를 이용한 수직 이착륙 비행 기술로 과거 NASA의 재활용이 불가능했던 발사체의 비용을 획기적으로 절감시켜 우주여행의 사업화가 가능했다.

우주여행 자체는 순위가 밀렸지만 가장 큰 스케일의 우주사업을 준비하고 있는 스페이스X의 경우는 재활용 로켓인 펠콘9의 역추진

버진갤러틱의 최초의 민간우주 여행과 스페이스X의 스타쉽 달기지 왕복선 예상도

출처: 버진갤러틱, 나무위키

착륙 기술과 대형 우주선인 스타쉽을 통해 가장 앞선 규모와 기술력을 보유하고 있다. 앞선 기업들의 약 10분간의 우주 여행이 아닌 달까지 24명의 민간인 관광이 가능하게 하는 계획이 23년에 시작될 예정이다. 그 외에도 스페이스X는 뉴욕과 파리를 30분에 주파하는 지구를 1시간 생활권의 비행 서비스를 제공할 예정이기도 하다. 일론머스크의 최종 목표는 화성에 위성을 건설하는 것이다.

이러한 미래산업의 성장은 상당한 투자를 필요로 하지만 미래에 독점적 지위를 형성할 수 있는 기회를 제공한다. 모두가 어마어마한 가능성과 미래를 가지고 있지만 투자자의 입장에서 볼 때는 세 번째 성장산업인 우주산업에 대한 투자는 최대한 뒤로 미루는 것이 좋다. 앞선 전기차 체인과 클라우드산업의 기업들은 투자와 함께 돈을 벌고 있는 사이클이지만 우주산업의 기업들은 초기투자 단계이기 때문이다. 주가는 늘 미래에 매출과 이익에 함수에서 벗어날 수가 없다. 우주항공산업의 기업들도 언젠가 황금알을 낳는 거위가 될 수 있을 것이다.

현재 진행중인 대표적인 미래성장산업은 메타버스, 2차전지 자율주행차, 클라우드 서비스, 그리고 우주산업이다. 이중에서 매출과 이익이 발생하고 있는 기업의 주가는 주식시장의 흔들림에도 상승할 것이고 아직 꿈이 큰 기업은 실적이 수반될 때까지 기다려도 된다.

한 줄 요약

위기에도 끄떡없는 산업은
독과점적 지위를 가진다

10년에 한두 번 꼴로 찾아오는 경제 위기에도 크게 영향을 받지 않는 산업은 무엇일까? 앞서 〈끝까지 살아남을 기업을 꼽아라〉에서 다루었던 내용에서는 꼭 필요한 서비스를 제공하는 기업이라고 요약을 했었다. 이러한 산업군을 좀 더 세분화해보자.

물론 경기 침체기가 찾아오면 영향을 안 받을 수는 없다. 하지만 그 영향 정도가 적은 섹터는 필수적인 재화나 서비스를 공급하는 회사일 것이다. 이를 선호도 없이 나열해 보면 카카오와 같은 메신저, 인터넷플랫폼, 음식료, 통신서비스, 전력산업 그리고 은행 보험 업종 등이 이에 해당될 것이다. 한국 기업은 아니지만 PC와 스마트폰 운용프로그램(OS), AI서비스 그리고 글로벌 클라우드서비스 제공 기업들도 해당된다.

이러한 다양한 산업 내에서도 유망 산업에 특징을 찾아야 한다. 예를 들어 이미 성장이 끝나고 포화되어 있는 통신산업은 경기 변동의 영향은 거의 없지만 투자 측면에서의 매력이 떨어진다. 보험업이나 전력과 같은 유틸리티산업도 경기를 적게 타지만 방어주 이상의 역할은 하기 어렵다. 따라서 망하지 않을 것 같은 기업에 반드시 추가되어야 할 핵심 요소가 있다. 바로 여러 번 강조한 독과점적인 지위나 파워를 가지고 있어야 한다.

독과점적인 시장 구조를 가지고 있는 산업은 시장을 선점한 기업들이 강력해서 진입장벽이 매우 높은 산업이 해당된다. 신규 시장 진입을 위해서는 기존 기술을 능가하는 새로운 혁신기술 개발이나 대규모 자본을 통한 규모의 경제가 필요하다. 이러한 경쟁사 출현에 따른 시장침투를 제외하면 이미 공고히 굳어진 시장에는 경쟁이 별로 없다. 이러한 독과점 기업군은 보통 주주에게는 유리한 결과를 가져오고 소비자에게는 불리한 구조이기도 하다. 우리는 소비자이자 잠재적 주주 입장일 테니 이런 기업의 주주가 되어 유리한 구조로 바꾸면 된다. 이해를 높이기 위해 이런 기업군의 핵심 조건을 예로 들어보자.

브랜드

콜라를 예를 들면 전 세계 소비자들은 코카콜라와 펩시콜라만 마신다. 기타 다양한 음료가 있지만 콜라를 새로 만들어 경쟁하지는 않는다. 처음 들어보는 이야기일 수도 있겠지만 한국에서 815독립콜라나 해태콜라가 과거에 잠시 존재했지만 지금 세대는 알지도 모르게 사라졌다. 말도 안 되지만 만약 삼성그룹이 돈이 넘쳐서 갑자기 삼성콜라를 만든다고 해도 비슷한 일이 생길 수 있다. 크게 차별화되지 않는 재화의 브랜드가 소비자들을 독점하게 되면 해당 산업은 큰 변화가 생기기 어렵다. 이런 브랜드 기업들의 소비자 지배력은 우리가 흔히 아는 롤렉스, 에르메스, 구찌와 같은 명품 산업에서 잘 경험할 수 있다. 브랜드 파워가 있어 아무리 수요가 증가해도 함부로 생산을 늘리지도 않으며 한정판 마케팅을 도입하여 가격을 마음대로 올릴 수 있는 파워를 가진다. 아직도 한국 중국을 포함한 아시아에서는 명품이 출시될 때는 밤새 줄을 서거나 백화점 오픈런을 해야 하는 한심한 풍토까지 생겼다. 대체 불가능한 공고한 브랜드는 그들을 영원한 갑으로 만들어 준다.

기술 독점 기업들

—Ⓦ—

어떤 산업이던 독점 기업은 사실상 거의 찾기 어렵다. 기업이 어떤 재화나 서비스를 독점할 경우 가격 결정력이 생기며 이로 인한 고마진을 향유하게 되는데 다른 대기업 사업자들이 그냥 내버려 둘리 없기 때문이다. 바로 신규사업 확장을 통해 대규모 투자와 마케팅을 집중하여 시장 점유율을 뺏어가는 것이 정상적인 경쟁 시장의 논리이다. 하지만 이것이 불가능한 산업은 바로 누구도 따라올 수

↑Ⓢ↓

없는 기술경쟁력이나 그로 인한 신성장산업을 스스로 창조해 낸 혁신 기업군일 것이다.

이러한 예를 보면 1990년대 말 PC 보급이 늘면서 컴퓨터산업이 크게 성장할 때 마이크로소프트는 PC운용체제인 윈도우를 개발 탑재하였다. 그전까지는 일일이 명령어를 쳐야 하는 DOS체제에서 누구나 쉽게 운용체계를 사용하게 한 혁신이었으며 20년이 넘게 지난 현재까지도 애플 맥 컴퓨터의 PC용 OS를 제외하고는 대부분의 PC를 독점하고 있다. 이후 2008년경부터 시작된 모바일 스마트폰 시장의 개화로 핵심 운용체제는 구글의 안드로이드와 애플의 iOS의 양 강 체제로 재편되며 역시 독과점은 지속되고 있다.

인터넷 서비스 플랫폼(Service Flatform) 산업 역시 마찬가지이다. 새로운 기술을 기반으로 한 대규모 혁신 산업의 탄생은 구글의 탄생으로 한국과 중국을 제외한 전 세계의 지배적 사업자로 자리잡았다. 그동안 먼저 생겨났었던 야후나 라이코스와 같은 기업들은 기술적 경쟁력 저하로 선점했던 시장점유율을 대부분 잃고 말았다. 마지막으로 한국의 카카오나 미국의 페이스북 메신저 그리고 동사가 역시 보유하고 있는 왓츠앱과 같은 SNS 역시 엄청난 기술의 소프트웨어가 아님에도 불구하고 승자독식제(winner takes all) 전략이 통하는 산업특성으로 전체 시장을 독점해버리는 결과를 가져왔다. 참고로 일본 메신저 시장을 Naver Line이 점유율 70%로 독과점한 것은 정말 고무적이다.

핵심 제조 기업들

마지막으로 이러한 지배적 사업자의 성장을 위해서 반드시 필요한 서플라이체인(supply-chain)에 있는 기술 기반 제조업체들도 해당이 된다. 해당 생태계에 기술과 서비스를 제공하는 핵심 기업들은 전방 고객의 성장과 함께 고성장이 보장된다. 예를 들면 자율주행기술이나 AI 컴퓨팅을 위해서는 ARM이나 엔비디아와 같은 칩 설계 회사와 이를 생산해주는 TSMC와 삼성전자와 같은 제조사가 반드시 필요하다. 클라우드 데이터센터의 AI 연산을 위해서는 엔비디아의 GPU칩이 필요한 것과 같다. 물론 애플, 구글, 테슬라 등도 자체 칩을 설계하여 적용하고 있지만 제조는 역시 TSMC를 비켜 갈 수가 없다. 이러한 기업군 역시 제조사 간의 경쟁이 존재하겠지만 대

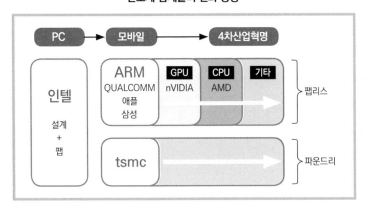

반도체 업체들의 진화 방향

자료: 신한금융투자

핵심 OS	Microsoft, Google, Apple, Tesla
컴퓨팅 칩/반도체	삼성전자, TSMC, Nvidia, ARM, QUALCOMM
플랫폼 기업	Google(YouTube), Naver, Baidu
SNS기업	Meta Platform(WhatsApp, Instagram), WeChat, 카카오, Line, Telegram
전자상거래	Amazon, Alibaba
클라우드/AI	Amazon, Google, Microsoft
자율주행차	Tesla, Google, Volkswagen
콘텐츠 플랫폼	Netflix, Disney, Tencent
핀테크 금융	Paypal, Square, AliPay, 카카오페이

자료: 그로쓰힐자산운용

규모 자본투자에 따른 R&D능력과 규모의 경제를 달성한 기업들은 쉽게 따라 잡히지 않는 지배적 지위를 누리고 있다.

정리해보면 결과적으로 독과점을 형성하는 요소는 기술경쟁력, 글로벌 브랜드, 대규모 자본과 같은 요소들이며 지배적 사업자가 정립된 업종은 웬만한 경제 위기나 코로나와 같은 충격에도 큰 타격없이 살아남는다. 위 표는 핵심 산업별로 지배적 기업을 정리해보았다.

위기가 찾아와도 흔들림이 없는 산업은 독과점이라는 시장지위를 가진 기업들에서 찾을 수 있다. 이런 독과점 지위는 브랜드, 핵심 독점기술, 그리고 규모의 경제의 3대 요소에서 발생한다.

한 줄 요약

5장

필승
기업
발굴법

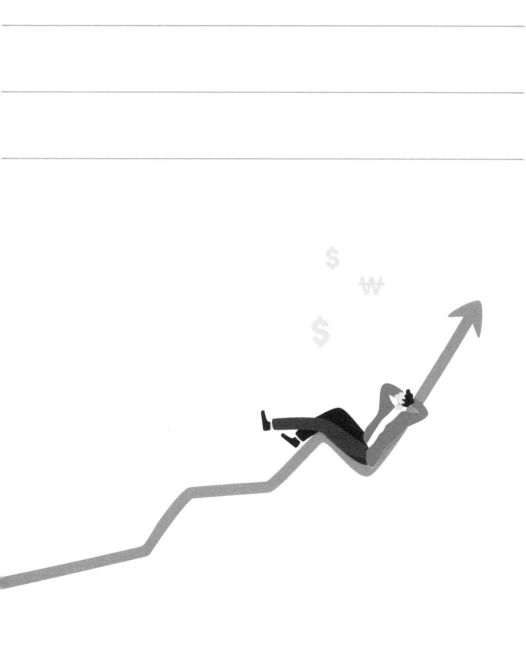

쇼미더머니
-기업 이익 점검부터

이제 기업이익을 점검하는 방법과 순서를 살펴보자. 기초적인 내용이라 초보자가 아닌 분은 다음 장으로 넘어가도 좋다. 우선 기관투자가 만큼은 아니지만 일반투자자들도 투자에 필요한 실적 정보는 충분히 찾아볼 수 있다. 일단 기업이익의 미래 전망치인 애널리스트 컨센서스를 찾아보는 것이 중요하다. 네이버에 기업명을 입력하면 기업정보가 뜨는데 이때 기업 실적 예상치가 나온다. 예를 들면 현대차의 재무재표인데 초기 화면에는 연간 실적과 분기 실적이 나온다. 맨 위에 더 보기 탭을 누르고 연간이익으로 수정하면 2년 뒤의 이익까지 볼 수 있고 분기이익으로 탭을 바꾸면 분기이익만 따로 볼 수 있다. 다들 잘 활용하고 있겠지만 여기서 강조하고 싶은 사항은 다음 두 가지이다.

첫째는 내년과 후년의 연간이익이 과거 평균보다 증가율이 높은지 확인해야 한다. 투자를 할 때 가급적이면 기업 영업이익이 20% 이상 증가하는 기업이 코스피수익률보다는 높다. 동시에 이익 증가의 가시성이 높아야 한다. 애널리스트들도 사람이라 대부분 긍정 편향적인 뷰를 가지기 때문에 내년 이익이 확실하지 않아도 이익을 상향 추세로 추정하는 경우가 많다. 따라서 이익 추정치 변화를 보는 것이 더 중요하기도 하다. 본인이 사용하는 증권사나 에프앤가이드(Fnguide) 등을 참조하면 애널리스트가 추정하는 기업이익의 변화를 추적할 수 있는데 컨센서스보다 큰 차이의 이익 추정치 변화가 있는 경우 이러한 기업의 주가 역시 바로 반영하는 경향이 크다.

둘째로는 분기이익의 증가율 역시 매우 중요하다. 이는 기업의 이익 터닝 포인트 시점을 잡을 수 있기 때문에 연간이익보다 더 중요하다. 분기이익의 경우 전년동기 대비해서 증가율을 계산을 하는 게 일반적이며 분기이익 증가율의 폭이 가장 낮거나 또는 높은 시점이 언제인가 체크하는 것이 포인트이다.

예를 들어 분기이익이 계속 감소하다가 다음 분기에 턴하기 시작하면 일반적으로 높은 PER에도 불구하고 주가는 턴어라운드 하면서 상승할 가능성이 높다. 반대로 활용도 굉장히 중요한데 분기 이익 증가율이 피크에 해당 분기를 알 수 있게 되면 상승하던 주가는 그 시점부터 하락 전환할 가능성이 높다. 주의할 점은 이익의 절대 금액이 아니라 증가율의 크기가 줄어들 때이다. 따라서 특정 기업의 사상최대 이익 갱신이라는 뉴스가 나와도 주가는 이미 하락 전

현대차 기업 실적 추정치

IFRS(연결)	Annual			
	2018/12	2019/12	2020/12	2021/12(P)
매출액	968,126	1,057,464	1,039,976	1,176,106
영업이익	24,222	36,055	23,947	66,789
영업이익 (발표기준)	24,222	36,055	23,947	66,789
당기순이익	16,450	31,856	19,246	56,931
지배주주순이익	15,081	29,800	14,244	49,424

IFRS(연결)	Net Quarter			
	2021/03	2021/06	2021/09	2021/12(P)
매출액	273,909	303,261	288,672	310,265
영업이익	16,566	18,860	16,067	15,297
영업이익 (발표기준)	16,566	18,860	16,067	115,297
당기순이익	15,222	19,826	14,869	7,014
지배주주순이익	13,273	17,619	13,063	5,469

자료: NAVER

환하는 경우가 많이 생기는 것이다.

더 자세한 기업 사업 전망 내용 및 실적에 대한 자료는 전자공시 시스템(fss.or.kr)에 분기별로 올라오는 사업보고서(분기보고서)를 필독해야 한다. 사업현황, 제품 가격 추이, 원재료 가격 추이, 생산능력 및 가동률 그리고 자산보유 현황까지 꼭 필요한 정보들이 들어

↑ $ ↓

있기 때문이다. 기업분석편에서 자세히 설명하겠지만 만약 제품 판매가격이 올라가고 있거나 가동률이 올라가고 있는 기업을 발견하게 되면 동 기업 실적은 필시 예상치를 상회할 가능성이 높다.

주가 상승의 가장 확실한 단 하나의 조건을 뽑으라면 바로 기업의 이익이다. 그리고 기업이익 점검은 분기와 연간 이익 증가율의 고점과 저점을 찾는 작업에 집중해야 한다.

한 줄 요약

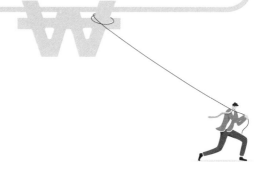

대규모 증설에 들어간 기업은 강력한 우승 후보

기업들 중에 생산설비 증설을 진행 중인 기업들을 어렵지 않게 찾을 수 있다. 뉴스를 검색해 봐도 좋고 전방산업의 수요가 좋아서 증설이 필요한 산업은 조금만 공부를 해보면 쉽게 찾을 수 있다. 이렇게 증설 사이클에 들어간 기업은 정말 좋은 투자처 후보이다. 따라서 증설 뉴스가 나오는 기업은 일단 무조건 스터디를 시작해야 한다.

그렇지만 증설하는 기업이라고 무조건 투자해서는 안 된다. 가장 중요한 두 가지 선행 요건이 있다. 첫째, 해당 기업 제품에 대한 초과 수요가 장기적으로 발생할 수 있는 상황인지와 둘째, 산업의 특성이 생산자가 많아서 경쟁이 치열한 가를 구분할 필요가 있다. 이 두 가지를 충족한다고 하면 이미 여러분이 고른 기업의 승률은 70% 이상이다.

2020년부터 초과 수요가 발생했던 효성티앤씨의 스판덱스산업의 경우를 살펴보자. 효성티앤씨는 스판덱스산업에서 글로벌 1위를 하고 있는 기업이다. 2020년 11월 동사는 스판덱스 공장 증설을 발표한다. 11월 초에 터키에 15,000톤을 증설하여 생산능력을 40,000톤으로 증설한다는 뉴스를 기사 검색을 통해 확인할 수 있다. 그리고 한달 뒤인 12월 7일에는 브라질 공장을 1만톤 증설하는 계획을 발표한다. 그 외에 중국 등의 설비 증설을 포함하면 총 14만톤을 증설하게 되는 상황이다. 전체 생산능력을 2년에 걸쳐 100% 가까이 증설하는 계획을 세운 것이다. 이는 당연히 강력한 스판덱스 수요 증가에 기인한다. 룰루레몬으로 대표되는 요가복이나 스판덱스 소재의 트레이닝복의 수요가 급증한 까닭이다.

앞서 얘기한 두 번째 조건을 충족하는지 살펴보자. 강력한 초과 수요 부분은 확인이 되었으며 시장지배력 차원에서 보면 동사는 글로벌 시장점유율이 약 35%로 가장 높다. 이번 2년간의 공격적인 증설로 중국의 경쟁사대비 규모의 경제를 가져 갈 수 있다. 하지만 중국업체들이 함께 증설 경쟁에 뛰어들면 이야기는 달라진다. 경쟁시장에서의 생산량의 증가는 가격 하락을 수반하기 때문에 과점시장과 구분해야 하는 것이다.

자, 그럼 앞와 같은 기사를 2020년 12월경에 보았을 때 투자자의 행동은 어떻게 했어야 할까? 만약 첫 번째 뉴스와 두 번째 뉴스까지 다 확인하고 2020년 12월 7일에 효성티앤씨의 주식을 샀다고 가정해 보자. 아래 차트를 보면 당시 주가를 191,000에 매입이 가능했다.

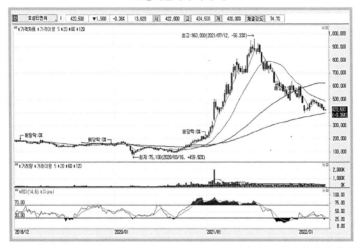

효성티앤씨 주가 추이

자료: 미래에셋HTS

    그 이후 6개월간 동사의 주가는 놀랍게도 고가 기준으로 96만 원까지 상승을 하였다. 고점까지는 대충 계산해도 4배 이상의 주가 상승을 기록한 것이다. 따라서 남들이 다 본 뉴스라도 일단 주식을 사고 계속 관심을 가지고 가는 것이 맞았다. 중간에 팔고 나왔어도 2배 이상의 수익을 낼 수 있을 만큼 오른 이유는 스판덱스 가격 급등으로 실제 기업 실적이 크게 뒷받침되었기 때문이다.

    하지만 1년 뒤에 동사 주가는 왜 크게 빠졌을까? 이는 동사의 증설과 함께 중국의 2위 후아퐁과, 3위 산동루이도 같이 증설 경쟁에 뛰어들었기 때문이다. 동사의 주가는 공장이 완공되기 시작 시점인 2021년 4분기부터 하락이 시작되었다. 따라서 독과점적인 지위가 없는 시장에서 경쟁 심화는 주가 차트와 같은 좋은 레슨을 준다. 초과 수요에서 초과 공급으로 변화되는 상황을 투자가들이 간파한 것이다. 참고로 동사의 이익은 급증하여 2021년 말 PER은 3배 아래로 떨어질 만큼 싸졌다.

그럼 지나간 답안지는 그만 보고 현재 증설 중인 산업은 무엇이 있는지 보는 것도 의미가 있을 것이다. 현재 국내 산업 중에서 가장 강력한 생산설비 증설을 추진 중인 곳은 2차전지산업이다. 특히 2차전지 배터리를 구성하는 소재의 증설이 매우 크게 나타나고 있다. 이는 이미 잘 알고 있는 양극재, 음극재, 분리막, 동박, 알루미늄박 등으로 요약할 수 있다. 이중에서 가장 비중이 큰 핵심소재인 양극재만 살펴보도록 하자. 양극재 생산업체는 엘엔에프와 에코프로비엠이 대표 기업이며 이들은 LG에너지솔루션, 삼성SDI, SK이노베이션 등을 통해 테슬라 등 글로벌 전기차 업체들에 소재를 공급하고 있다.

전기차시장의 성장성은 여러 번 언급했기 때문에 엘엔에프의 생산설비 증설만 살펴보도록 하자. 동사의 2021년 말 생산 능력(capacity)은 자동차생산대수 기준으로 약 110만 대(양극재 기준 약 5만톤)이다. 그리고 2022년 210만 대, 2023년 330만 대, 2024년에는 약 490만 대(양극재 기준 17만톤)분을 생산하는 것이 계획이다. 4년간 400% 이상 성장하는 어마어마 한 성장으로 이런 산업 사이클은 역사적으로도 찾아보기 힘들다. 중요한 점은 생산설비 증설이 이미 모두 수주를 받아 놓은 상태에서 진행한다는 점이다. 그것도 세계 1~5위에 글로벌 자동차 회사들이다. 참고로 동사의 매출 중 테슬라

양극재 증설 계획

	에코프로비엠	엘앤에프	합산	증가율(전년 대비)
2020	50,000	30,000	80,000	
2021E	60,000	50,000	110,000	37.5%
2022E	90,000	90,000	180,000	63.6%
2023E	174,000	130,000	304,000	68.9%
2024E	216,000	170,000	386,000	27.0%
2025E	324,000	230,000	554,000	43.5%
연평균	45%	50%	47%	

자료: 그로쓰힐자산운용, 각사

향 매출이 50% 이상을 차지한다. 바꿔 말하면 이렇게 큰 증설을 해도 수요처가 줄거나 돈을 못 받을 가능성이 적다.

2021년 말 현재 1.4조 원의 매출을 하고 있는 에코프로비엠은 SK이노베이션에서만 10조 원의 수주를 받았다. 엘앤에프 역시 LG에너지솔루션을 통한 테슬라 향 수주만 5조 원이 넘는다. 참고로 동사의 2021년 매출 역시 1조 원 밖에 되지 않는다. 그리고 2023년 예상 매출은 3.3조 원을 넘어선다.

중요한 건 이러한 증설에 관한 뉴스는 이미 1~2년 전부터 수차례 보도되었다는 것이다. 기업분석 리포트를 열심히 뒤져보거나 정보사이트를 유료 구독하는 것보다 증설 뉴스를 꼭 챙겨보라는 이유가 바로 여기에 있다. 그리고 이 산업 역시 과점적인 구조를 가지는

↑⑤↓

합격점을 가지고 있다.

이런 소재기업들의 성장세가 둔화되려면 2024~2025년은 넘어가야 한다. 따라서 단기 사이클에 그치는 산업들과 확실한 비교가 된다. 엘앤에프의 주가는 과거 일년간 5배가 올랐기 때문에 미래의 이익을 상당부분 당겨온 부분이 있다. 하지만 고성장이 몇 년간 유지되기 때문에 이 책을 쓰고 있는 현재 대비 약 2년 뒤에 주가를 보면 재미있는 모습을 발견하지 않을까 한다.

마지막으로 현재에도 많은 투자가 진행되고 있는 산업들을 나열해보면 다음과 같다. 친환경에너지(2차전지 소재, 태양광, 수소, 풍력 등), 미디어/콘텐츠, 바이오, 게임 등이며 공장설비가 없는 섹터들도 투자를 늘리고 경쟁력이 있다면 눈 여겨 보아야 한다. 예를 들면 미디어는 전년 대비 제작편수를 하이브와 같은 엔터테인먼트사는 공연회수, 그리고 게임사는 대작 출시 계획을 미리 점검하면 된다.

증설 뉴스만큼 주가에 매력적인 요소는 별로 없다. 기업이 대규모 증설 투자를 계획할 때는 초과수요 발생과 함께 장기적인 수요에 대한 자신이 있을 때이다. 여기에 증설 경쟁이 치열하지 않은 산업이라면 증설 후 미래 이익은 급증할 것이다.

한 줄 요약

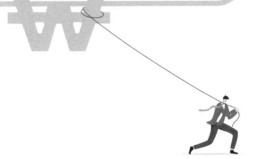

판매가격 올리는 이런 조건 기업은 무조건 따라잡자

기업이 강력한 초과 수요를 경험할 경우 기업은 두 가지 행동을 고민한다. 첫째는 앞서 설명한 것과 같이 증설을 통해 생산량을 증가시켜 매출을 키우는 것이고, 둘째는 일단 가격을 인상하여 수요를 자연스럽게 줄이면서 수익을 높이는 것이다. 만약 기업이 판단할 때 초과 수요 현상이 어느 정도 오랫동안 지속될지에 따라 정책은 다르게 나타난다. 장기적인 수요가 비교적 확실한 경우는 증설을 택하지만 이는 길게는 몇 년이라는 시간이 소요되기 때문에 가격 인상을 먼저 선택할 가능성이 높다.

제품의 가격을 인상하는 것은 사실 어마어마한 일이다. 가격을 인상하면 고객들의 불만이 생길 수 있고 판매수량이 떨어지는 즉각적인 문제가 발생하기 때문이다. 그럼에도 불구하고 가격을 인상할 수 있는 기업은 매우 강한 파워를 가진 기업으로 인정할 수 있다. 따라서 가격 인상 뉴스가 나오면 바로 주식을 매수해도 될 정도로 강한 뉴스로 이해하면 된다. 왜냐하면 A라는 기업이 가격을 인상하게 되면 경쟁사인 B사의 제품에 소비자들의 상대적인 수요가 몰리기 때문에 A기업은 시장점유율을 빼앗길 우려가 있다. 결국 어쩔 수 없이 B사도 가격을 올릴 수도 있겠지만 A기업은 자사제품의 판매 수량이 큰 영향을 받지 않을 것이라는 경쟁력을 증명하는 것이다.

제품 가격을 인상하는 기업은 그 원인에 따라 크게 두 가지로 분류해 볼 수가 있다. 일단 원재료 가격이 상승하여 어쩔 수 없이 제품 가격에 전가를 해야 하는 경우와 수요가 크게 증가하여 가격을 올리는 상황이다. 이 중에서는 당연히 원료가 압박으로 인한 가격 상승보다 수요 증가 기업의 가격 상승이 더 유리할 것이다.

여기에 한 단계 더 분류를 해야 하는데 같은 초과 수요 증가를 경험하여도 가격 인상으로 인해 판매량 감소가 생기는 경우와 가격에 상관없이 판매량이 유지되는지 여부이다. 후자의 케이스에 해당하

가격 인상의 원인과 판매량 유지하는 기업군

가격 인상 원인	판매량 감소 case	판매량 유지 case
1. 원재료 상승	교촌치킨, 참이슬, 철강재	농심, 삼양식품
2. 수요 증가	넷플릭스, 테슬라	TSMC, 샤넬, 애플

자료: 그로쓰힐자산운용

는 기업은 박스 표시를 해 놓았는데 슈퍼등급(S급) 기업인 경우 매우 유망한 투자 후보가 된다.

비메모리반도체 파운드리 생산 세계 1위인 대만의 TSMC의 예를 보자. 동사는 애플, 구글과 같은 빅테크 회사들의 반도체칩수요 증가와 차량용반도체 공급 부족 현상으로 2021년 하반기 비메모리반도체 가격을 약 30% 인상하였다. 통상 10% 이상 가격 상승이 없는 장기 공급계약 위주로 운용되는 산업 특성상 매우 큰폭의 가격 인상이었으며, 이는 초과 수요가 구조적으로 발생했기 때문에 가능했던 케이스다.

또한 동사의 글로벌 시장점유율은 53%로 압도적이(참고로 삼성전자는 17%로 2위)기 때문에 가격 인상에 대한 고객사의 저항은 거의 없었다. 이처럼 TSMC는 슈퍼갑의 위치에서 가격 인상을 먼저 선택했지만 제품판매 수요는 전혀 줄어들지 않는 구조를 가졌다. 또한 이러한 수요가 구조적이며 장기적이기 때문에 동사는 증설 계획도 발표하였다. 약 10조 원을 투자하여 일본공장을 착공하고 독일에도 생산능력 증설을 준비 중이다. 결국 동사는 연간 280억 달러 투자 계획에서 400억 달러 이상으로 투자 계획을 대폭 상향하였다.

또 다른 예로 루이비통(Louis Vuitton), 샤넬(Chanel)과 같은 명품 브랜드 기업을 보자. 루이비통과 샤넬은 2021년 한국에서만 5차례의 가격 인상을 하였다. 그것도 매번 최소 5% 이상씩 가격 인상을 하였음에도 불구하고 전날부터 백화점 매장 앞에서 노숙하는 일(오픈런)까지 발생하고 있다. 이 경우도 가격을 끊임없이 올리는데 수요

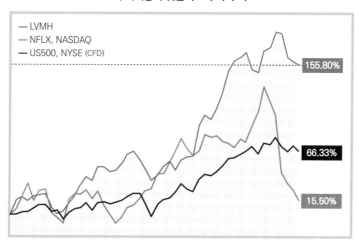

루이비통과 넷플릭스 주가 추이

- LVMH
- NFLX, NASDAQ
- US500, NYSE (CFD)

155.80%

66.33%

15.50%

자료: 인베스팅닷컴

는 전혀 줄지 않는 케이스이다. 이러한 기업의 호황은 주가에서도 고스란히 드러난다. 위 차트에서 루이비통(LVMH) 주가와 같은 기간 동안 S&P500의 주가를 비교해보면 미국지수가 66% 오르는 동안 동사의 주가는 155%나 상승하였다는 것을 알 수 있다.

참고로 중간에 크게 오르다 하락한 기업은 넷플릭스이다. 넷플릭스 역시 구독료를 인상하였는데 이는 제작비 증가에 따른 부분과 인도 시장 개척을 위해서이다. 루이비통과 같은 명품과의 차이는 월 구독료가 오르면 소비자들에게는 애플TV, 아마존프라임 등의 대안이 있어서 구독자(Q)가 줄 수가 있다는 점이다.

가격의 인상 원인이 위와 같이 소비자의 초과수요에 의한 사례는 주가측면에서 가장 강력한 모멘텀이다. 하지만 가격 인상을 하여도 주가가 크게 오르지 못하는 경우도 발생한다. 이는 원재료 가격이 올라가기 때문에 어쩔 수 없이 제품 가격을 인상해야 하는 경우이다. 예를 들어 농심과 오뚜기는 2021년 8월에 라면 가격을 9%, 12%씩 인상을 하였다. 라면의 원재료인 소맥 가격이 30% 이상 크게 상승하였기 때문이다.

앞장의 표에서 보면 오른쪽 상단에 포지션 된다. 라면은 판매가격이 올라가면 일시적으로 판매수량이 감소할 수는 있어도 대체재가 없기 때문에 판매량은 바로 회복된다. 이 경우는 원재료가 상승 없이 초과수요가 발생한 표 하단에 위치한 기업들보다는 수익성 개선이 크지 않겠지만 가격 인상의 효과는 놀랍게도 매출과 영업마진을 크게 올리는 효과가 있다. 이번 가격 인상으로 농심의 2022년 영업이익은 30%나 증가하는 것으로 예상되고 있다. 이는 가격만 올리고 투입 원재료는 늘어나지 않으니 고정비와 변동비를 모두 상쇄하기 때문에 가능한 것이다. 가격 인상에 효과에 대한 자세한 내용은 6장 〈기업분석 노하우〉에서 수식으로 증명하도록 하겠다.

기업이 가격을 올릴 수 있는 상황은 원재료가격이 올라갔거나 초과 수요가 발생한 두 가지 경우이다. 이중에서 초과 수요에 의한 가격 상승은 판매량 하락 없이 매출을 올릴 수 있어서 가장 강력한 투자 기회이다.

한 줄 요약

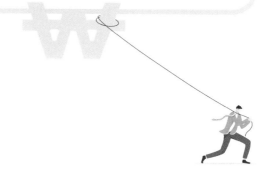

을이었는데 갑이 되는 기업
(Seller's Power)

우리는 사회생활을 하면서 흔히 갑질이라는 뉴스를 많이 접해봤을 것이다. 보통 갑이라 하면 계약을 맺을 때, 상대적으로 유리한 지위에 있는 자와 불리한 지위에 있는 자의 관계에서 유리한 지위에 있는 사람을 말한다. 따라서 갑이 무리한 권력 행사를 할 경우 갑질이라는 표현으로 사회 문제가 되는 것이다.

기업 간에도 이러한 힘의 관계가 존재한다. 예를 들어 의류와 같은 소비재에 있어 옷을 구매하는 소비자가 갑의 위치에 있다. 그리고 패션회사는 옷을 제작하는데 필요한 면직물을 구매하게 되는데 방직업체에게는 의류회사가 갑이 되고 원재료 공급사인 방직업체가 을이 된다. 이처럼 모든 산업들은 각자의 공급망 체계를 가지고 있다.

하지만 중요한 건 계약서 상의 갑과 을이 아니라 누가 실질적으로 힘을 가지는 위치에 있느냐는 점이다. 명품 패션 브랜드인 샤넬, 에르메스는 명백히 갑이다. 돈을 들고 오는 소비자들에게 아침 일찍부터 줄을 세우기 때문이다. 반면에 일반 브랜드의 패션아이템은 소비자가 갑이다. 산업을 담당하는 기업체를 보면 나이키와 같은 업체가 해운업체에 운송을 시키고 운송업체는 조선사에 배를 발주하고 조선사는 철강업체에 원재료를 구매한다. 결국 기업들 사이에서도 누군가는 누군가에 갑이면서 을이기도 하다.

그럼 투자를 하는 입장에서는 어떠한 위치에 있는 기업을 주목해야 할까? 당연히 갑의 힘을 가지는 기업을 골라서 투자하면 된다. 많은 산업을 보면 항상 갑인 기업은 일부 명품을 공급하는 기업을 제외하고는 많지 않다.

2020년 코로나 사태 이후로 전 세계 공급망에는 큰 차질이 생기기 시작했으며 이에 따라 갑과 을의 힘의 균형의 변화가 있었다. 예를 들어 화주인 나이키와 같은 기업은 신발 생산을 동남아에서 하며 이를 컨테이너선을 통해 전 세계 소비국가들에게 운송을 한다. 따라서 나이키와 같은 대형 우량 고객은 어떠한 컨테이너 선사를 이용하느냐를 결정하는 힘을 가졌으며 장기운임을 할인 받을 수 있는 힘을 가지고 있었다.

하지만 코로나 사태 이후로 컨테이너선의 발주 및 생산의 차질이 생기기 시작했으며 각국의 항구 운영 현황도 어려워지기 시작했다. 결국 배 부족 사태로 인한 컨테이너선의 국제 운임은 폭등하였으며 힘의 균형은 화물주에서 해운선사로 넘어 갔다. 갑이 된 선주는 운임을 400% 가량이나 올렸으며 이러한 현상은 일년 이상 지속이 되었다.

그 결과 한국 컨테이너 선사인 HMM의 주가는 2020년 여름 5,000원에서 2021년 여름에 5만 원으로 10배나 상승하였다. 물론 역사적으로 봐도 너무 높은 일시적인 운임이기 때문에 주가는 그 이후 하락했지만 이러한 산업의 변화를 인지한 투자가에게는 큰 기회를 주었다는 것만은 주목할 만하다. 이제 돈을 많이 벌어 둔 해운사들은 좀 더 적극적인 배 발주가 필요한 상황이며 긴 시절 동안 생산설비 과잉으로 고생을 하였던 조선사들에게 서서히 힘의 균형이

상해 컨테이너 운임지수 추이

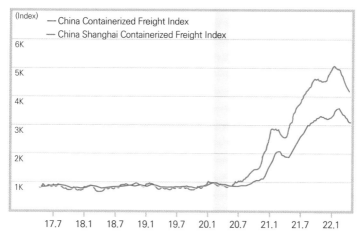

자료: 매크로마이크로

넘어갈 것으로 보인다.

살펴본 바와 같이 구조적인 갑과 을의 위치 변화가 발생할 때는 커다란 투자 기회를 가져다 준다. 여기에서 중요한 점은 갑과 을이 뒤바뀐 상황에서 높아진 비용을 구매자에게 전가할 수 있는 파워를 가지는지 파악하는 것이 중요하다.

이러한 상황에선 어떠한 구조를 파악해야 할까? 당연히 힘은 독과점화가 높은 산업일수록 유리하다. 예를 들면 2005년~2008년 사이에 중국에 인프라 투자 붐이 일어났을 때 가장 부족했던 것은 철강재였다. 철강 가격의 상승도 엄청 났지만 실제적으로 원재료인 철광석의 상승세는 더 높았다. 그 이유는 중국에는 3,000개 이상의 철강 제조사들이 존재했지만 철광석을 공급하는 업체는 브라질의 Vale, Roi Tinto, BHP 등 3사의 점유율이 60%나 되었기 때문이다.

결국 같은 철강산업 내에서 발생한 초과 수요 사이클에서도 소수의 과점업체들이 더 강한 셀러의 파워를 가진다는 점을 알 수 있다. 요약하면 과점화가 되어 있는 산업구조에서 갑을 관계에 변화가 생기면 힘이 강한 기업이 갑이 될 가능성이 높다.

기업 간의 공급망 관계에서 힘의 균형이 완전히 바뀌는 현상이 가끔 발생한다. 어떤 산업이든 과잉 설비로 인한 커다란 구조 조정을 겪은 후 살아남은 기업은 특히 예의주시 해야 한다.

한 줄 요약

자사주매입과 주주환원 정책은 기업가치 상승을 수반한다

여태까지는 성장하는 기업 위주로 많은 강조를 하였다. 하지만 반드시 높은 성장을 하지 않아도 주가가 꾸준히 상승하는 기업들이 있다. 기업은 높은 성장 사이클을 지나고 나면 안정 성장 단계로 진입하게 되는데 이러한 단계에 들어가게 되면 더 이상 투자가 필요하지 않은 경우가 생긴다. 예를 들면 한국 스타벅스는 전국 매장이 약 1,600개 가량 된다. 놀랍게도 일본을 제치고 세계에서 세 번째로 매장수가 많으며 이제 더는 매장을 낼 곳도 별로 없을 정도이다. 인구당으로 보면 압도적인 세계 1위이니 과히 커피를 사랑하는 커피 민족이라고 할 수 있다. 이는 한국인의 식습관 문화가 점심을 너무 빨리 먹기 때문인 것 같다. 오랜만에 만난 사람과 바로 헤어지기 아쉬워서 식후 커피숍에 가기 때문이라고 필자는 주장을 하지만 어쨌든 커피 왕국은 맞다.

신세계그룹이 직영중인 스타벅스 코리아는 연간 영업이익이 약 2,000억 원 이상으로 이마트 전체 이익의 40% 이상을 차지할 정도로 크다. 더 이상 매장을 확장할 필요가 없으면 기업의 선택은 그동안 쌓인 현금을 배당을 하거나 자사주 매입 소각을 하는 것이 맞다. 왜냐하면 과잉 현금을 보유하고 있으면 가장 낮은 2~3%의 이자수익률 밖에 가져다 주지 않기 때문에 전체 ROE(자본수익률)를 떨어트리는 역할을 하기 때문이다.

이와 같이 성장이 어려워 투자를 할 필요가 없는 기업들은 적극적인 자사주 매입 소각이나 배당을 통해서 주주들에 대한 요구 수익을 맞추어 나가야 한다. 이러한 주주가치의 제고는 한국 기업보다는 미국 기업에서 훨씬 많이 찾아볼 수 있다. 미국 기업의 전체 주주환원 비율은 89%나 되지만 한국의 경우 28% 수준에 그친다. 이것이 바로 글로벌 주식시장에서 코리아디스카운트가 가장 큰 이유이다. 미국 주가지수와 PER배수가 거의 2배나 차이가 나며 이머징마켓 내에서도 가장 주주환원율과 PER이 낮은 편이다.

더 이상 큰 성장이 필요없는 미국 기업들의 사례를 살펴보자. 다국적 기업인 맥도널드는 2019년에 약 $5 billiion(약 6조 원)의 자사주를 매입하여 소각하였다. 그리고 2020년부터는 $15 billion(약 18조 원)의 자사주 매입 프로그램을 기한을 두지 않고 가동시켰다. 2020년 동사의 순이익은 $4.7 billion(약 5.5조 원) 그리고 보유현금은 $3 billion(약 3.6조 원)에 불과한 것을 감안하면 실로 엄청난 규모이다. 결국 동사는 일년에 버는 돈보다 더 많은 돈을 주주에게 돌려주고 있는 것이다.

한국 대주주들은 전혀 이해가 안 가겠지만 애플처럼 차입을 통해서 배당을 지급하는 기업들도 있다. 맥도널드 외에도 코카콜라, 스타벅스 그리 주요 은행들처럼 투자가 많이 필요하지 않은 기업들은 이익을 남기지 않고 주주환원을 한다.

그럼 미국에서 가장 많은 자사주 매입 소각을 한 기업은 어디일까? 아는 사람은 이미 잘 알겠지만 정답은 애플이다. 애플은 지난 5년간 $440 billion(약 500조 원)의 자사주 매입 소각을 하였다. 2021년에는 배당을 포함해서 약 $100 billion(120조 원)을 결정했다.

국가별 주주환원율 비교(자사주+배당)

자료: KB증권

이는 애플의 2021년 순이익 평균이 약 $95 billion(110조 원)를 능가하는 규모이다. 애플은 창업자인 스티브 잡스(Steve Jobs)가 경영을 하는 동안은 자사주 매입이나 배당이 없었다. 그는 미래를 위한 혁신적 투자를 중요시했기 때문이다.

하지만 그의 후계자인 팀쿡이 CEO로 바뀌고 행동주의 펀드들(Activist)의 주주환원에 대한 강력한 요구는 애플의 현금흐름을 바꿔 놓았다. 한국에서는 기업사냥꾼으로 알려진 칼아이칸의 애플에 대한 공격을 기억할 것이다. 애플은 현재 차입을 통해서 주주에게 주주환원을 하고 있는 상황이며 곡간에 쌓여 있던 현금보유는 $60 billion으로 줄어들었으며 반면 부채는 $160 billion으로 늘어났다.

애플, 마이크로소프트, 알파벳, 메타 플랫폼스의 자사주 매입 비중은 미국 전체 기업의 24.1%(2021년 예상 기준)에 달한다. 애플의 비중은 10.7%이며, 알파벳 6.0%, 마이크로소프트와 페이스북이 각 3.7%를 차지한다 마이크로소프트는 2019년부터 배당과 자사주를 합쳐 약 $23 billion을 주주환원 했으며 최근 약 $60 billion의 새로운 자사주 매입 소각 계획을 발표하였다. 구글은 연간 약 $10 billion의 자사주 매입을 하고 있다.

앞서 필자가 성장이 없는 기업이 주로 배당이나 자사주 매입을 많이 한다고 했는데 성장성이 높은 빅테크 삼인방이 저렇게 높은 주주환원을 하는 것에 의문이 생길 것이다. 이는 미국의 주주자본주의와 금융기관투자가들이 기업의 대주주라는 구조적인 이유 때문이다. 시가총액이 큰 대부분의 기업들을 살펴보면 주요주주가

Vanguard(뱅가드), Blackrock(블랙록), State Street(스테이트 스트릿)과 같은 금융기관들이다. 우리나라처럼 지주회사를 통한 지배나 개인 대주주는 창업한지 몇 년 안 된 기업을 제외하고는 찾아보기 힘들다. 이는 회사가 수차례 걸친 자본조달을 통해 공룡으로 성장해 나가면서 생긴 자연스러운 현상이다. 그렇기 때문에 더더욱 금융기관 투자자들의 주주환원 요구에 순응할 수밖에 없는 것이다.

미래 혁신기술 투자와 기업 인수 합병에 더 많은 자본을 투자하는 것이 분명 맞게 보이지만 저런 대규모 주주환원 정책이 유지되는 것 또한 미국의 주가지수를 받쳐 주는 힘이라고 생각된다. 또 중요한 것은 주요 기관투자가 펀드는 사실상 대부분 개인투자자들의

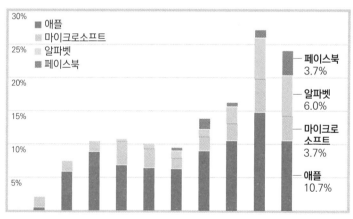

미국 빅테크 기업들의 자사주매입 비율

자료: KB증권

돈이다. 특히 401K로 불리우는 퇴직연금이 발달한 미국에서는 주주의 혜택이 전국민들에게 돌아가기 때문이다. 참고로 미국 퇴직연금에서의 주식투자비중은 50%에 달하고 미국 기업들의 연간 자사주 매입 소각 규모는 1.2조 달러를 넘는다.

이제 한국 투자자들도 이익 성장이 크지 않지만 주주환원 프로그램이 좋아지는 기업들을 주목해야 한다. 또한 한국 기관투자가들 역시 기업이 주주환원에 적극적일 수 있게 주주행동주의적 역할이 필요하다. 우리는 배당과 자사주 매입이 증가하는 기업들을 찾아서 투자를 하게 되면 주주자본주의를 비판할 일도 없을 것이다. 우리가 주도적으로 주주가 되어 배당의 과실을 나누면 되기 때문이다.

주주환원이 세계에서 가장 낮은 수준의 한국 기업들의 주가가
디스카운트 받는 것은 당연하다. 하지만 그만큼 기회도 크기에
주주들은 본인의 이익을 위해서 더 적극적인 주주행동주의에
참여해야 할 것이다.

한 줄 요약

↑ $ ↓

창조적 파괴자도
그를 위한 생산자가 필요하다

A. 게임체인저와 시장파괴자: 테슬라, 넷플릭스, 스페이스X

새로운 패러다임을 제시하는 혁신 기업이 기존 전통산업의 질서를 무너뜨리고 새로운 강자로 등장하는 경우는 매우 큰 투자기회를 제공한다. 20년대 들어 가장 좋은 예는 테슬라일 것이다. 동사는 10년 이상 자율주행기술을 개발해온 구글의 웨이모(Waymo)를 따돌리고 자율주행 상용화 독보적인 자리에 올라있다. 참고로 웨이모는 구글이 2009년부터 개발한 방식으로 레이저를 이용한 라이다시스템 (Lidar)을 통해 자율주행 기능을 구현하고 있어 과도한 비용이 문제가 되고 있다. 반면 테슬라는 이미지센서 방식의 카메라 탑재로 경제성을 달성하였다. Ford, BMW 등 다국적 자동차 업체들도 인텔의 모빌아이(Mobileye)와 협력을 통한 기술 개발에 나서고 있지만 테슬라의 상용화가 가장 앞서 있는 상황이다.

넷플릭스는 기존의 위성방송사나 SO(케이블)사의 송출식 방송에서 콘텐츠를 원할 때 골라서 보는 온디맨드(On-demand) 방식으로 산업의 방향을 바꾸어 놓았다. 헐리우드 방식에서 벗어난 다양한 국가의 문화콘텐츠 제작에 적극적인 투자를 하였고 AI를 통한 시청자 취향분석 등의 경쟁력을 갖추었다. 결과적으로 전 세계 2억 명이 넘는 가입자들을 유치하는 가장 큰 미디어플랫폼이 되었다. 동사는 글로벌 자체 제작능력을 위해 매년 5조 원 이상을 투자하였으며 한국의 K-Drama가 넷플릭스 글로벌 역사상 가장 높은 시청률을 기록하는 이변도 만들어 나갔다. 이러한 적극적인 투자와 패러다임의 변화는 전통 방송 시장을 파괴하였다.

이러한 기업들의 특징을 나열해 보면 다음과 같다.

- 소비자가 처음 경험하는 혁신 서비스를 제공한다.
- 멈춰 있지 않고 계속 진화한다.
- 구독 경제를 통한 반복 구매를 유인한다.
- 소유보다 경험을 중요 시 한다.
- R&D와 인수를 통해 격차를 벌려 나간다.

B. 독점 기술의 생산자들:
TSMC, 삼성전자, Nvidia, 인텔, ASML

—(₩)—

미래성장산업인 AI빅데이터, 클라우드서비스, 자율주행차 등의 서비스를 구현하기 위해서는 굴지의 플랫폼 공룡들에게도 기술을 구현할 제조 설비가 필요하다. AI기술과 자율주행 기능을 위해서는 엔비디아의 GPU칩이 필수적이며 테슬라가 자체 OS연산칩을 제작하고 있지만 대부분의 AI 서비스 사업자들에게는 엔비디아의 차세대 GPU칩이 필요하다. 막대한 데이터를 저장 및 활용하는 데이터센터의 증설을 위해서는 삼성전자의 서버DRAM 및 TSMC의 비메모리 반도체가 필수적이다.

그리고 이 기업들이 미세공정 시스템반도체 개발을 위해서는 EUV라는 초미세공정을 제조할 수 있는 반도체 장비가 핵심이다. 네덜란드의 ASML은 EUV장비를 만드는 유일한 기업으로 TSMC와 삼성전자의 엄청난 러브콜을 받고 있다. 참고로 삼성전자는 2030년까지 파운드리 분야에서 TSMC를 따라가기 위해 2025년까지 EUV 100대를 도입하는 것을 목표로 하고 있지만 ASML의 EUV 제조능력이 수요를 못 따라가는 상황이다. ASML의 EUV 생산능력이 2021년 기준 약 40대 정도가 한계이기 때문이다. 심각한 문제는 ASML이 생산하는 EUV 상당부분이 1위사인 TSMC로 계약 되어 있어 삼성전자와 하이닉스는 장비 확보 경쟁에 돌입한 상태이다. 결국 이러한 독점 기술 기업은 세계 1, 2위의 반도체업체들에게 제품 가격을 올리면서 줄을 세우는 슈퍼갑의 역할이 가능한 것이다.

이런 기업들의 특징을 나열해 보면 다음과 같다.

- 이들의 생산 기술이 없이는 미래산업이 없다.
- 고객사가 글로벌 빅테크 회사들이다(애플, 구글, 아마존).
- 압도적인 기술력 차이로 경쟁사가 적다.
- 생산에 대규모 투자를 수반하며 규모의 경제체제를 가진다.
- 기술 개발에 끊임없는 R&D투자를 한다.

창조적인 파괴자는 혁신을 통해 새로운 산업을 만들어 가면서 엄청난 부가가치를 형성해 왔다. 이러한 게임 체인저들에게도 그 기술을 구현해줄 제조 기업들이 필요하다. 다행히 많은 한 국 기업들이 그 핵심 공급망 안에 있다.

한 줄 요약

↑ $ ↓

투자를 위한 투자

6장

기업분석 노하우

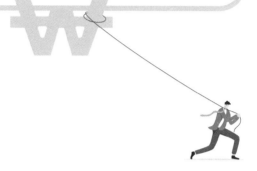

성장 사이클에 있는
전방산업에서 기업을 고르자

기업의 향후 몇 년간의 미래 실적을 추정 하려면 먼저 속한 산업의 성장이 어느 정도인지부터 시작을 해야 한다. 앞장에서 여러 번 다룬 것과 같이 장기적으로 성장이 높은 구간에 들어간 산업을 고르고 거기서 제일 경쟁력 있는 기업을 찾는 방법이 제일 좋기는 하지만 여기서는 모든 산업에 공통적으로 적용되는 사례를 다루기로 하자. 먼저 산업의 성장률을 이해하기 위해서는 성장 동력으로 작동하고 있는 요인이 무엇인지 파악하는 것이 중요하다.

반복되는 사례긴 하지만 2014년~2016년 한국 화장품산업이 크게 부각을 받을 때의 주 성장요인은 중국에서 K-뷰티가 유행하면서부터였다. 당시 한국 드라마, 영화의 인기에 힘입어 한류 영향이 미용시장으로 번지고 한국 화장품들이 면세점에서 엄청난 매출을 올리기 시작했다. 특이한 현상은 한국 면세점에서 산 제품을 중국에 가져다 파는 전문직업군인 따이공(보따리상)이 생길 정도로 붐이 일었으면 현재도 한국화장품의 핵심 수요자로 주요 역할을 하고 있다. 이와 같은 산업의 커다란 변화의 물결은 아주 초기는 아니더라도 뉴스만 잘 봐도 분위기를 쉽게 파악할 수 있었다. 내수위주의 화장품판매는 성장률이 낮은 상황에서 커다란 외부수요가 생기면서 산업의 성장 지도를 바꿔 놓았기 때문이다.

이와 같이 산업의 변화 요인을 파악하게 되면 다음 단계로 수요의 지속성을 판단하는 것이 중요하다. 수요의 지속성은 일시적인 유행이나 짧은 산업 사이클을 구별해내는데 아주 중요한 점검 요소이다. 산업의 수요가 일시적인 산업은 잠깐 유행하는 제품에서 흔히 찾아볼 수 있다. 식품이나 의류산업에서 그 예를 들어보겠다. 2014년에 해태제과에서 출시된 허니버터칩은 품절 사태를 일으키며 1인 2봉 판매 제한까지 걸리는 등 히트 상품이었다. 하지만 경쟁사들이 유사한 과자를 금방 만들어냈고, 과자 특성상 유행이 오래가지 않기 때문에 일시적인 호황이라고 할 수 있다. 그 이후로 허니버터칩 류의 과자는 언제든지 찾아볼 수 있다.

의류산업에서도 비슷한 경우를 살펴보면 유난히 추웠던 2016년 겨울, 몇몇 의류업체는 발빠르게 롱패딩을 출시하였는데 이는 고등학생의 교복이 될 정도로 큰 인기를 끌었다. 문제는 그 다음해에 발생하였는데 거의 모든 의류브랜드가 롱패딩을 출시하여 옷이 남아돌았고 업체들은 재고처리에 큰 어려움을 겪었다. 이러한 산업들의 특징은 쉽게 모방이 가능하고 쉽게 생산이 가능한 특징을 가지고 있다. 따라서 산업이 초과수요로 인해 장기적인 수혜를 받으려면 생산능력 확대가 대규모 투자 없이 가능한지 그리고 경쟁사들도 쉽게 증설이 가능한지를 점검할 필요가 있다.

다른 업체들이 쉽게 따라오지 못하는 강력한 브랜드 보유나 자본투자 규모가 매우 커야 하거나 또는 기술력으로 진입 장벽이 있는 경우와 같은 산업에 속한 기업이 비교적 중장기 성장이 가능하다. 마지막으로 산업이 성장하면 선점효과를 오래 누리는 기업은 있겠지만 언젠가는 성장률이 둔화되는 때가 생긴다. 이는 모든 산업의 큰 호황을 맞이한 이후 항상 겪어야 하는 문제이며 투자자들은 산업의 피크 사이클을 증설이 끝나는 시점에서 잡으면 크게 틀리지 않는다. 지금까지 기술한 전방산업을 분석할 때 장기적이며 주가에 영향이 큰 경우를 분간하기 위해서 다음과 같은 질문 프로세스를 꼭 거치기 바란다.

점검 프로세스 산업 성장 요인 찾기 ➡ 수요의 지속성 판단 ➡ 기업의 생산능력 증설 여부 ➡ 신규진입이나 경쟁 기업의 증설 동향파악 ➡ 산업 사이클의 피크 판단(증설 완료 시)

기업의 미래 매출 추정시 전방산업의 성장률을 파악하는 것이 기본이다. 이때 산업내 수요에 지속성이 있는지 그 특성을 잘 파악해야 한다.

한 줄 요약

잘 추정한 매출은
잘 끼운 첫 단추다

기업 재무제표 분석을 시작할 때 매출 추정이 가장 중요하다. 이는 모든 기업 실적 추정의 시작점이기 때문이다. 그러면 매출의 구성은 어떻게 될까? 제품을 제조해서 판매하는 제조업체의 경우 매출은 제품판매량(Quantity)과 판매 가격(Price)을 곱하면 된다. 이를 흔히 Q와 P를 추정하면 된다고 표현한다. 제조업체가 아닌 서비스업체는 용역서비스의 제공 정도(시간)와 서비스 가격으로 분석을 하면 된다. 예를 들면 엔터테인먼트 업종, 물류업종, 컨설팅, 요식업 등이 여기에 해당된다. 여기서는 분석에 대한 이해를 쉽게 하기 위해서 P와 Q가 명확한 제조업체 위주로 설명을 하도록 하겠다.

우선 자동차 업종을 예를 들어보자. 우리는 현대차의 연간 생산능력을 알고 있다. 해외 공장을 포함한 동사의 생산능력을 약 500만 대라고 가정하자. 그리고 실제 연간 판매량을 추정해야 하는데 이 경우 현대차의 내부 목표치를 참조하되 실제 경기상황과 신모델의 흥행 여부 경쟁사와의 경쟁 정도에 따라 조정해 나가야 한다. 아직 코로나여파로 글로벌 생산 및 판매가 완전히 회복되지 못하고 있기 때문에 과거 평균 판매대수인 450만 대 수준은 어려워 보인다. 따라서 올해 동사의 판매대수는 부품 부족에 따른 생산 속도 등을 고려했을 때 다소 부진한 430만 대라고 추정할 수 있다. 동사의 공장 가동률은 과거보다 저조한 86% 수준이지만 코로나 여파가 더 컸던 2020년 대비 16% 가량 증가한 수치이다. 이렇게 여러 가지 가정을 통해 그 해의 판매량(Q)를 추정하고 그 다음해인 2022년의 Q도 최대한 합리적으로 추정해야 한다.

실제 회사의 2022년 판매 목표에 월별 판매 데이터 발표를 보면서 조정해 나가기도 하고 판매량에 영향을 많이 주는 신차 발표가 있는지, 그리고 해외 판매 시장이 확대되고 있는지, 경쟁사의 신차 사이클에 따라 영향을 받는지 등을 다각도로 고려하여 내년의 판매량 증가율을 계산해야 한다. 전년에 문제가 되었던 차량용 반도체 부족 사태에 따른 생산차질이 해소 되었는지 노조의 파업이 올해는 크지 않을지 등 다른 변수 들도 가정해 놓아야 한다. 이렇게 판매 예상치가 끝나서 모델에 입력을 하면 그 다음에는 평균판매가격(ASP)을 추정해보자.

ASP라는 가격의 추정은 판매량 추정보다 더 어려운 면이 있다. 자동차 업계는 List Price라는 공식판매가에 딜러 별로 판매가 할인을 해주는데 이를 인센티브(보조금)를 제공하는 형태로 가격을 보조해준다. 영리한 전략이긴 한데 잘 안팔리는 차는 인센티브를 많이 지급하여 재고를 낮추고, 잘 팔리는 인기 모델에 대해서는 인센티브를 크게 축소하여 비싸게 팔 수 있기 때문이다. 통상 차량당 인센티브는 적게는 1,500달러에서 많게는 4,000달러도 지급이 된다. 이렇게 인센티브를 탄력적으로 조정을 하면서 전체 ASP의 가격에 영향을 주는 것이다. 따라서 경쟁력 있는 모델이 많이 나오고 판매가 잘 되면 자연스럽게 가격도 올라가는 것으로 추정을 할 수가 있다. 실제 현대차 그룹의 인센티브는 미국 시장에서 업계 최저 수준이다.

우리는 현대차를 통해 매월 차량별 판매데이타를 제공 받을 수 있고 재고 수준을 추정할 수 도 있다. 이런 점을 고려해서 가격의 변화를 이익추정 모델에 입력을 하게 되면 아까 추정한 판매량과 평균 판매 가격(ASP)을 곱하면 매출액을 추정할 수 있다. 물론 여기에 환율과 같은 데이터에 넣어주어야 하지만 일단 기본이 되는 매출의 추정은 끝이 났다. 사실 해당 해의 매출을 비교적 정확하게 맞추는 것보다 향후 매출이 증가할지 그리고 확실한 매출 증가의 동력이 있는지를 판단하는 인사이트가 매우 중요하다.

매출 추정은 기업 실적분석의 시작점이다. 판매량(Q)과 판매가격(P)을 잘 추정해야 하는데 제조업의 경우 가동률이 많은 힌트를 준다.

한 줄 요약

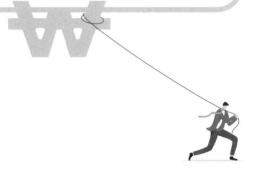

가격과 가동률의 비밀
(이익을 결정하는 요소들)

비교적 합리적인 가정을 통해 위와 같이 매출을 추정하였으면 그 다음에는 이익을 추정해야 한다. 여러 가지 이익이 있지만 여기서는 순수한 영업활동에서 발생하는 영업이익에 포커스하겠다. 자 이제 중요한 이익 추정의 결정요인들을 살펴보자.

기본 점검

투자자들이 이미 알고 있는 기본이겠지만 그래도 간단히 용어 정리를 해보면 매출액에서 제조 원가를 차감하면 매출총이익(Gross Profit)이 나오고 여기에서 마케팅 및 직접생산에 참여하지 않는 본사영업인력 등의 판매관리비를 차감하면 영업이익(Operating Profit)이 나온다.

영업이익은 실제 기업의 영업활동을 가장 잘 설명하기 때문에 주가에 상관성이 가장 높으며 이익률의 추정도 매우 중요하다. 그 다음에 기업의 이자비용과 외환 관련 비용이나 일회성 비용 등을 제외하면 경상이익(Recuring Profit)이 마지막으로 세금을 차감하면 순이익(Net Profit)이 나온다.

순이익은 모든 비용이 제외된 순수하게 기업의 자본으로 적립되고 배당의 원천이 되어 매우 중요하다.

매출액에서 각종비용을 차감하면 이익을 구할 수 있는데 실제 애널리스트들이 가장 흔히 쓰는 간단한 방법을 살펴보자. 상장 제조업체 기준으로 보면 판매 품목과 제품 가격은 사실 수십 개에서 수백 개가 넘는다. 따라서 각 제품의 매출과 원가를 일일이 계산할 수는 없는 노릇이다. 이를 계산한다고 더 좋은 결과가 나오지도 않는다. 따라서 애널리스트들은 평균 영업이익률을 계산하여 그보다 높아지는 요인이나 낮아지는 비교적 의미있는 요인들을 계산하여 마진율에 반영을 한다.

하지만 애석하게도 그 정도가 주관적인 부분이 있어서 사실 분기 말에 가면서 기업체 IR담당자와 숫자를 조율해가면서 추정을 하는 경우도 흔하다. 따라서 이렇게 어려운 작업을 일반 투자자들이 한다는 것은 불가능해 보인다. 하지만 어닝 서프라이즈를 추정해 낼 방법이 있다면 이는 대단한 투자 기회를 줄 것이다. 따라서 여기서는 증권사 애널리스트들도 잘 안 쓰는 이익추정비법을 공유하도록 하겠다.

가동률을 추정하라

—ⓦ—

모든 제조업체들은 생산능력 대비 실제 생산량을 나타내는 가동률이 있다. 쉽게 말해 생산능력이 100인데 95를 생산해냈다면 가동률은 95%인 것이다. 이 부분이 왜 중요하냐 하면 기업들의 생산 설비는 그 자체로 고정비라는 비용을 수반하기 때문이다.

비용에는 생산량을 늘릴 때 반드시 같은 비율로 올라가는 원재료 비용과 같은 변동비가 있고 생산을 안 해도 들어가는 공장의 고정비라는 것이 있다. 여기에는 생산에 투입되는 인건비도 포함된다. 생산량이 줄어도 쉽게 노동자를 해고를 할 수 없는 구조상 공장생산직은 가장 큰 고정비이다. 또한 공장가동에 필요한 전력비 등과 유틸리티 비용 역시 큰 고정비이다. 따라서 고정비 비율을 아는 것은 매우 중요하다. 자동차업계의 고정비는 약 20~30% 내외로 추정된다. 사실 회사에 전화하여 확인하는 것이 가장 정확하다.

이렇게 고정비율을 알게 되면 가동률에 따라 마진이 어떻게 변하는지 알 수 있기 때문에 회사의 내부자 정보 없이도 마진율의 개선폭을 정확히 계산해 낼 수 있다. 가동률은 분기보고서를 보면 나오는데 전분기와 추이를 비교하면 된다. 이렇게 이익률을 추정하면 실제 IR 담당자가 결산 숫자가 나오기 전에 알고 있는 경우보다 더 정확할 때도 많다.

예를 들어 공장의 생산능력이 1,000인 현대차의 평소 가동률이 90%인 B케이스(표 참조)의 가정을 해보자. 그러면 이 기업은 매출

가동률 상승에 따른 고정비 절감 효과

생산능력(1,000)	A	B	C
가동률	85%	90%	100%
생산액(매출)	850	900	1,000
변동비(60%)	510	540	600
고정비(30%)	300	300	300
비용합계	810	840	900
이익	40	60	100
이익률	4.7%	6.7%	10.0%

자료: 그로쓰힐자산운용

액 900을 생산하기 위해 원재료를 사다가 쓰는 비용인 변동비가 약 60% 수준(540)이라고 가정하자. 이 변동비는 예를 들어 850개를 만들면 같은 비율인 60%로 투입비용도 510으로 절감이 된다. 반면 고정비라고 표현되어 있는 인건비와 공장의 기본적인 비용은 매출에 상관없이 고정되어 있다. 이를 약 30%라고 가정했을 때 동사의 평소 판매 정도인 B의 상황에서는 마진율이 6.7%가 나오는 것을 식에서 볼 수 있다.

이 B케이스를 기본으로 놓았는데 어느 순간 현대차 리콜 등이 발생해서 판매량이 저조해 졌다고 가정을 해보자. 그래서 A케이스인 생산이 850으로 줄게 되면 동사의 가동률은 85%로 하락한다. 이 경우 이익률의 변화를 보면 변동비는 같은 비율로 줄어서 마진율에 영향을 주지 않지만 고정비 30%는 매출이 줄어도 항상 발생하는 비용이다. 따라서 고정비가 마진율을 깎아 먹는 역할을 하는 것이다. 6.7%였던 마진은 4.7%로 크게 하락한다. 결국 매출은 약 5% 감소했는데 이익은 약 30%나 감소했다.

반대로 C의 경우처럼 현대차 모델이 대히트를 쳐서 주문이 몇 개월씩 밀려 있다고 가정을 해보자. 생산직원들은 풀가동을 위해 특근수당을 받으면서 일해서 생산능력을 꽉 채워서 생산을 해낼 것이다. 이 경우 가동률은 100%이고 고정비를 그대로 다 커버하면서 마진율은 10%까지 상승하게 된다. 가동률에 따라 매출증가보다 이익증가 효과가 훨씬 크다.

정리를 하면 우리는 IR담당자에게 현재 공장 평균 가동률이 얼마냐고 질문을 할 수 있다. 그리고 웬만한 성실한 담당자는 가동률을 알고 있어야 한다. 그리고 분기영업보고서에도 가동률 자료가 나와 있는 경우가 많다.

애널리스트들은 회사에 다음분기 이익률이 얼마 나올 것 같냐고 물어보지 않는다. 물어보고 대답을 한다면 공정공시 위반이기 때문이다. 하지만 공장가동률은 공정공시와 상관이 없다. 왜냐하면 영업이 잘 되고 있냐고 물어보는 정도의 기본적인 탐방에서 꼭 해야 할 질문이기 때문이다. 따라서 화학, 정유, 철강 어느 기업이고 모두 가동률이 존재하며 이를 꼭 점검해야 한다. 그리고 고정비 비율은 제조 원가 명세서에서 잘 계산하면 충분히 구해낼 수 있다. 이런 매카니즘을 가지고 이익을 추정하게 되면 보수적인 애널리스트나 결산이 끝나야 아는 IR담당자보다 더 정확한 이익 폭의 변화를 감지해 낼 수 있다. 이는 사실 분석의 아주 기본인데 이렇게 영업이익률을 추정하고 있는 사람은 많은 것 같지 않다. 자 다음은 가격 인상효과를 분석해 보도록 하자.

가격 인상은 굉장한 마진개선
(가격 효과 vs. 물량 효과)

—ⓦ—

위에 사례에서는 판매량 증가에 따른 가동률 상승 효과를 보았다면 그 보다 훨씬 파괴력이 큰 가격 인상에 따른 실적 증가 요인을 분석해 보도록 하자. 앞서 가격 인상하는 기업에 주목하라는 편에서 예를 든 바와 같이 원재료 가격 상승으로 제품가를 인상하는 경우와 명품과 같이 초과수요가 계속되어 원가와 상관없이 가격을 올리는 슈퍼갑 기업의 케이스를 보았다. 여기서는 제조업체로 원재료 가격 상승분만큼 가격을 올리는 경우를 가정하자. 결론부터 요약하면 원재료 가격 인상폭만큼 가격을 인상해도 이익과 마진율이 더 좋아진 다라는 점이다. 가격을 인상하면 인상폭의 상당부분이 마진율 상승으로 귀결된다. 그 이유를 하나하나 살펴보자.

아래 테이블에 A라는 기업은 1달러짜리 껌을 1,000개씩 생산하고 있었다. 그런데 원재료인 고무 가격이 5%가 올라서 5%의 가격 인상을 했다고 가정하자. 참고로 변동비(원료)비율과 고정비(인건비 등)비율은 각각 50%라고 놓았다. 가격을 인상하면 소비자들의 일시적인 반발로 판매도 5% 정도 줄어드는 것이 합리적일 것이다. 따라서 동사의 매출은 판매량이 5%줄고 가격은 5%올라서 매출의 감소는 거의 없는 998달러이다. 그런데 이 경우 껌의 원료인 고무의 투입량도 5%가 줄었기 때문에 생산비용은 -2.5%(878달러)로 떨어진다. 결국 매출은 그대로인데 이익은 인상 전 100달러에서 120달러로 늘어나는 효과를 보게 된다.

이제 기업 대표가 이 기회에 가격을 좀 적극적으로 올려서 10%를 인상했다고 치자. 판매량이 더 크게 감소한다고 가정을 하지는 않고 비교의 편의를 위해 앞의 사례처럼 5%감소로 고정하였다. 이때 아래 표를 보면 가격 인상분의 거의 60%가 마진율로 떨어짐을 볼 수 있다. 매출은 5%상승(가격 10%+, 판매량 -5%)하였는데 영업이

원료가 인상에 따른 가격 인상 효과 분석

기존 판매량 1,000개	인상 전	인상 후 5%	인상 후 10%	인상 후 20%
가격 인상	0%	5%	10%	20%
매출액	1,000	998	1,045	1,140
판매량(-5% 가정)	1,000	950	950	950
생산비용(-2.5%)	900	878	878	878
이익	100	120	168	263
이익률(OPM)	10.0%	12.0%	16.0%	23.0%

자료: 그로쓰힐자산운용

↑ $ ↓

익은 테이블에 보이는 것처럼 68%나 증가한 168달러가 되었다.

이러한 점이 바로 가격 인상의 파워이다. 따라서 제품 가격을 인상하는 기업은 원재료 상승이 원인이 되어도 반드시 체크해야 하는 이유이다.

굳이 피해야 하는 업종은 가격이 정부의 규제를 받는 산업이다. 가령 한국전력, KT&G와 같은 독점 기업이나 통신사와 같은 기업도 정부의 가격규제를 받는다. 따라서 예측이 어렵다. 라면과 같은 서민물가에 영향을 미치는 제품도 가격을 한번 올리기는 매우 어렵다. 2021년 3분기 농심과 삼양식품은 4년 만에 라면 가격을 7~8% 가량 인상하였다. 하이트진로는 맥주와 소주 가격을 약 8% 인상하였다.

이 글을 쓰는 동안 아직 1분기 영업이익을 예측할 수 없지만 하이트진로의 2022년 1분기는 약 540억 원으로 추정되어 있다. 특별한 비용요인이 없으면 1분기 이익도 서프라이즈가 나올 것이라고 생각한다. 이는 일부 증권사에서 이익을 과소 추정하여서 그런데 영업이익률을 위에 공부한 것처럼 과감하게 높게 올리지를 못한다. 고정비비중, 가동률, 변동비 변화 등을 모델에 넣고 계산을 하기보다는 회사 IR담당자의 이익 가이던스에 더 많이 의존하여 추정치를 낮게 평가하기 때문이다. 하지만 필자는 회사 IR담당자 조차도 마감을 하기 전까지는 이익을 모르는 경우를 많이 보아왔다. 그래서 정교한 모델을 가지고 분석을 꾸준히 하면 이익의 서프라이즈나 쇼크를 미리 감지할 수 있는 것이다. 이 작업은 애널리스트 분들이 해야 할 일이고 일반투자자는 일단 가격 인상 뉴스가 뜨면 바로 투자를 가동할 준비를 해야 한다.

기술한 바와 같이 기업의 이익률을 추정하는 방법을 적용하면 증권사 애널리스트들이 만들어 놓은 컨센서스 이익보다 앞서서 서프라이즈를 맞출 수가 있다. 여기에 핵심은 가동률, 가격 변수이다. 가동률과 가격이 올라가는 기업은 일단 매수하자.

한 줄 요약

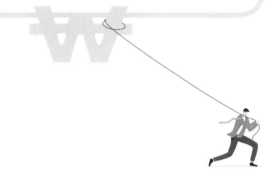

이익 피크 시점이
주식 매도 기준점

기업은 마치 마라톤 선수와 같다. 신생 기업들도 많지만 한국에 상장된 기업 중에 대부분은 10년 이상의 중견기업들이다. 이처럼 오랜 기간 영업을 하는 기업들의 과거 이익 레벨을 살펴보면 당시의 영업상황을 잘 나타내고 있다. 기업의 재무재표를 과거부터 살펴보면 각종 경제 위기나 경쟁사들과의 치열한 경쟁에서 살아남은 스토리가 고스란히 묻어 있다. 따라서 다음 분기이익을 점검하는 것도 중요하지만 장기적인 관점에서 한 회사가 유지해왔던 영업마진율이 얼마인지 찾아보는 것이 중요하다.

예를 들어 한 기업의 10년간 영업이익률의 평균을 보면 되는데 첫 5년간은 영업이익률(OPM)이 평균 10% 수준이었다고 가정하자. 하지만 어느 해인가 마진이 2%로 떨어졌다가 다시 마진이 회복을 했지만 수년간 5% 수준에 머물게 된다면 동사에게는 산업내 강력한 경쟁자가 진입을 해서 매출이 감소했거나 비용차원에 구조적인 문제가 생긴 것으로 의심해 볼 수 있다. 이처럼 5~10년 정도의 안정적인 장기 영업이익률을 우리는 sustainable OPM(지속가능한 이익률)이라고 부른다. 이러한 마진율은 미래에 이익을 추정할 때도 중요한 기준점이 된다. 참고로 경기 사이클을 강하게 타는 원자재, 화학소재, 반도체 기업들의 마진율은 지속가능하지는 않다.

그러면 기업의 이익피크는 어떻게 파악을 하는게 좋을까? 잘 알다시피 주가는 기업이익의 증가율의 함수이다. 따라서 기업이익 증가율이 정점을 찍을 때 주가의 정점과 대부분 일치한다. 예를 들어 기업성장률에 피크시점을 찾아내려면 기업단을 보는 것보다 산업의 변화를 보는 것이 더 유리하다. 가령 강력한 수요요인이 발생하여 전방산업이 큰 성장을 시작했다고 하면 그 이유의 지속성 여부와 향후 고성장이 둔화되기 시작하는 이벤트를 찾으면 된다.

앞서 산업편에서 다룬 큰 성장 사이클의 화장품산업의 예를 한번 더 들어보자. 기억하겠지만 2014년~2015년경 한국의 화장품산업은 커다란 붐이 일었다. 당시 많은 중소기업들도 생산설비도 없는데 화장품사업을 사업목적에 추가만해도 주가는 널뛰는 장이 연출되었다. 당시 한국의 화장품산업은 내수시장만 보았을 때는 성숙기에 들어가 있었다. 연간 성장률은 10%에 못 미쳤고 매장혁신을 통한 성장도 지지부진 한때였다. 돌파구는 K-뷰티 열풍에 따른 해외수요였다. 중국 여성들에 폭발적인 인기에 힘입어 한국 화장품의

↑ $ ↓

면세점 매출과 중국 현지대리점이 크게 늘었으며 실제 대표 기업
인 아모레퍼시픽과 당시 이익은 매년 40%대의 성장을 구가했었다.
2014년 동사의 영업이익은 전년 대비 40% 증가한 약 6,600억 원,
2015년은 전년 대비 39% 증가한 약 9,100억 원을 달성하였다. 앞
서 공부한 것처럼 과거 평균 10%가 안되던 동사의 영업 마진율이
2014년에는 13%에서 2015년에는 16%를 달성한 것이다. 이에 따라
2014년 초 10만 원이던 당시 주가는 2016년까지 40만 원을 상회하
는 폭발적인 상승을 보여주었다.

여기에서 우리는 '이렇게 16%로 레벨업된 마진율이 지속가능한
영업이익일까'를 질문해야 한다. 이 레벨이 고착화된다면 동사의
주가는 어느 정도 유지가 될 수 있지만 경쟁력을 수반하지 않은 단

아모레퍼시픽의 장기 주가 추이

자료: 미래에셋HTS

기적인 성과라면 이미 당시 밸류에이션이 PER 50배를 넘어선 상황에서는 그 밸류가 유지되기 어렵기 때문이다.

상대적으로 제품경쟁력 및 하이엔드 브랜드로 포지셔닝한 LG생활건강은 해외 화장품 매출을 잘 유지했지만 아모레퍼시픽은 2016년을 피크로 OP마진이 2016년 11%대로 하락했으며 그 이후 5년간 평균 마진율은 약 7.9%로 오히려 지속가능 마진율은 하락하였다. 성장이 클 때 고PER을 적용받았던 동사 주가는 성장률이 둔화되면서 크게 하락하였다. 여기에는 여러 가지 이유가 있었지만 중국에서 한국 화장품에 대한 수요가 다소 시들해졌고, 중국 정부의 보따리상에 대한 규제도 있었다. 그렇지만 상대적으로 LG생활건강에 비해 어려움을 더 겪었던 동사는 중저가의 브랜드에서 중국 경쟁 제품에 지위를 내주었기 때문이다.

이러한 예는 끊임 없이 반복된다. 2018년 셀트리온 그룹을 위시한 바이오 업종, 2020년 2차전지 업종, 그리고 2021년 해운 업종 등이다. 이러한 폭발적인 성장을 수반한 산업은 현재의 초과수요에 따른 높은 마진율과 성장률이 지켜질 만한지 반드시 체크해야 하는 것이다. 그리고 어느 산업도 5년 이상 고성장하는 경우는 본 적이 없다. 그 이유는 크게 두 가지인데 첫째, 기존 사업자들의 증설에 따른 공급과잉으로 전환하거나 둘째, 신규 경쟁자 진입에 따른 과당경쟁이 발생하기 때문이다.

따라서 산업의 높은 성장기에는 주가 고평가에 대한 부담보다는 산업 성장 원인을 모니터링하고 성장의 피크가 언제인지를 캐치하는 것이 필요하다. 여기서 중요한 것은 이익의 절대금액의 피크가 아니고 성장률의 피크라는 점이다. 뒤 밸류에이션 내용에서 왜 역대 최고치 이익을 경신하고 있는 기업인데도 주가가 반토막이 나는 현상이 발생하는지를 자세히 설명하겠다. 여기서는 성장률이 고성장에서 저성장으로 떨어지게 되면 거기에 맞는 낮은 밸류에이션 적용으로 주가 조정이 일어나기 때문이라고 설명하도록 하겠다.

마지막으로 그럼 이익성장률 피크 여부는 어떤 점들을 보면 알수 있을까?

- 첫째, 경쟁기업의 수가 많은지 점검하자.
- 둘째, 경쟁기업들이 같이 경쟁적 증설을 하는지 점검하자.
- 셋째, 증설의 완공시점이 몇 년 뒤인지 살펴보자.
- 넷째, 수요의 변화가 일시적인지 중장기 적인지 살펴보자.
- 다섯째, 주가가 몇 배나 올랐는지 선 반영 여부를 살펴보자.

이에 대한 답변을 정리해 본다면,

해당 산업 내에 경쟁하는 기업의 수가 많고 다같이 경쟁적 증설이 있었다면 그 기업의 주식은 증설이 끝나가는 무렵에는 파는 것이 좋다. 매출액은 증가할 수도 있겠지만 공급과잉으로 제품 가격이 크게 빠지는 경우가 발생하기 때문이다. 또한 그 전까지 기대 선반영으로 주가가 이미 상당히 올라있을 가능성이 높다.

수요에 대해서는 수요의 일시성을 따져보는 것은 쉽지는 않다. 만약 소비재의 경우 브랜드가 경기영향이 적은 하이엔드에 포지션되어 있으며 그를 대체할 만한 경쟁 브랜드가 별로 없다면 이는 장기적인 수요로 인정해도 된다. 반면 아모레퍼시픽의 사례처럼 중고가 라인에 경쟁사들이 어렵지 않게 비슷한 제품으로 위협할 만한 품목이라면 이는 경쟁 제품이 많아지는 시점을 고점으로 잡으면 된다.

성장이 컸던 산업에서 이익의 피크는 큰 폭의 주가하락을 수반한다. 반드시 기업의 경쟁력이 지속가능한 이익을 담보할 수 있는지 살펴야 한다. 이익 성장률이 둔화되기 시작하면 그 동안의 밸류에이션 프리미엄은 날카로운 부메랑으로 다가올 것이다.

한 줄 요약

이익의 바닥을 캐치하면 크게 먹는다

앞장과 반대로 업종의 피크가 아닌 업종의 바닥을 잘 파악해보면 어떨까? 물론 매우 어려운 일이지만 만약 기업 사이클의 바닥을 제때제때 파악하는 능력이 있는 사람은 매우 큰 수익을 얻을 수 있을 것이다. 주가의 속성을 보면 주가는 제대로 밸류에이션이 나오기 한참 전부터 귀신같이 반등을 하기 시작하기 때문이다. 예를 들면, 기업이 적자를 지속하다 흑자로 전환할 때 30% 상승, 기업이익이 정상화되어 밸류에이션이 적정하다 싶을 때 40% 상승, 그리고 마지막으로 장기평균 이익보다 매우 잘 나올 마지막에 30%가 오르고 주가 사이클이 끝난다. 따라서 투자가들이 기업이익이 과거보다 부진하다고(고PER) 무관심할 때 주가는 서서히 오르기 시작하는 경향이 있고 그만큼 초기에 잡기가 어려운 것이다.

그렇다면 기업 실적이 바닥을 통과할 때 캐치하는 방법을 한번 제시해보도록 하겠다.

첫째, 기업이익(earning)이 턴어라운드(turnaround)를 하는 기업에 집중해보자. 여기서 무조건 어닝이 좋아지는 기업보다는 턴어라운드라는 표현을 썼다. 이는 안정적인 수준의 이익을 내는 기업이 대내외 변수로 실적이 하락한 후에 다시 회복한다는 뜻이다. 이러한 기업군의 특징은 앞서 언급한 것과 같이 sustainable OP(지속 가능한 이익)을 낼 수 있는 기업의 속성을 가진 회사가 많다. 금융 위기나 과열경쟁 등의 충격을 받았지만 수년 내 다시 정상 체력으로 올라갈 수 있는 경쟁력을 지녀야 한다.

장기간 고객층을 확보한 브랜드를 가진 기업군이 여기에 해당된다. 예를 들어 맥도널드와 같은 브랜드를 보면 코로나 사태로 인해 외식이 줄어들면서 맥도널드도 이익이 크게 줄었다. 하지만 이는 맥도널드 햄버거의 맛이나 질이 떨어진 것이 아니고 경쟁사에게 마케팅에 진 이유도 아니다. 이처럼 일시적으로 맥도널드의 이익이 20~30% 하락할 때에는 조금만 장기적인 투자 호흡을 가진 투자가에게는 좋은 매수기회를 제공해 준다. 지금 나빠진 이익이 회복 가능하다는 것을 알기 때문에 가능한 일이다. 만약 코로나로부터 조금씩 회복하기 시작했던 2020년 6월경에 확인을 하고 맥도널드 주식을 샀어도 2021년 말 기준으로는 약 50%의 수익이 날 수 있었다. 이러한 상황은 현재에도 여행업이나 항공업에서는 진행 중이다. 이 글을 쓰고 있는 현재에도 코로나 사태로 인해 이익이 크게 위축되어 있기 때문이다. 이중에 국적 항공사나 브랜드 호텔과 같은 기업들은 어려운 시기를 잘 견디고 나면 주가 상으로는 좋은 턴어라운드 기회를 제공할 것이다.

필자가 실제로 경험한 투자 사례를 공유해 보겠다. 2008년 금융 위기 때에 한국 원/달러 환율은 1,500원 선까지 치 솟았고 당시 10~20%를 외화 차입으로 조달했던 국내 대형 시중은행들은 심각한 유동성 위기를 겪었다. 달러 차입금이 만기 연장이 안 되고 바로 회수가 되는 사태가 발생했기 때문이다.

이는 국내 굴지의 은행들이 모두 해당이 되었으며 주가는 당시 코스피 하락폭보다 훨씬 큰 1/3토막이 났었다. 외국인 투자자들도 난리가 난 상황이었고 그 당시 프랭클린템플턴투신운용에서 펀드 운용을 담당했던 필자는 외국계 기관투자가들이 긴급하게 요청했던 JP Morgan 런던 컨퍼런스콜에 같이 참여하였다. 딱 한가지가 너무 궁금했는데 과연 외국인 큰손 기관투자가들의 분위기가 한국은행들이 디폴트(상환불능)에 빠지는 것을 용인할지였다. 다행히도 당시 JP Morgan 리서치헤드와 은행 애널리스트의 은행 건전성에 대한 적극적인 방어 논리로 외국계 기관투자자들의 동요는 줄어 들었고 이런 안도의 움직임을 감지했을 때 한국 1~3등 시중은행의 주당자산가치(PBR)는 0.2~0.3배 수준이었다. 이는 은행의 모든 부채를 탕감하고 남는 자산만으로도 현재가치보다 3~4배가 된다는 뜻이다.

당연히 가치투자의 명가 템플턴이 동전주가 된 은행주식을 외면할 리 없었다. 필자는 은행주를 조용히 긁어 모았으며 결과적으로 필자가 운용하던 그로쓰시리즈 펀드는 매우 우수한 성과를 낼 수 있었다. 투자편입 이후 일 년도 안 되어서 신한, 하나은행 등의 주가가 100% 이상 올랐기 때문이다.

이러한 경험을 공유하는 이유는 턴어라운드의 기준을 발견할 수 있기 때문이다. 지속가능한 이익을 창출하는 브랜드를 가진 기업이며 소비자 금융에 꼭 필요한 가치를 제공하는 기업이 일시적으로 어려웠다. 당시 템플턴에서 우리는 이런 기업군을 프랜차이즈밸류가 있는 기업군이라고 불렀다. 우연이겠지만 맥도널드도, 은행도 전국에 프랜차이즈(지점)을 가진다. 물론 10년이 지난 지금은 전국 지점이 전국민의 스마트폰 속에 들어가 카카오뱅크나 페이에게 많은 점유율을 내주었지만 말이다.

두 번째 방법으로는 산업 특성상 큰 산업 사이클을 반복하는 시크리컬(cyclical)산업에서도 바닥 캐치를 할 수 있다. 예를 들면 석유화학산업이나 정유업이 그렇다. 소비자들이 필요로 하는 화학제품에 대한 수요는 매년 2~3%로 꾸준한 수요 성장이 있다. 하지만 일시적인 수요가 특정 성장 국가나 특정 아이템에서 몰리게 되면 석유화학 제조사들은 증설을 결정한다. 이러한 사이클은 크게는 5~10년 단위로 발생하기도 하는데 이는 다음과 같은 과정을 거치기 때문이다. 기업이 2~3년간의 기간 동안 증설을 마치고 나면 급격히 증가한 공급으로 제품 가격 스프레드가 크게 축소되고 수 년 간의 불황기를 겪는다. 그때 규모의 경제를 갖추지 못한 화학업체 들은 적자를 벗어나지 못하게 되며 주가 역시 순자산가치 한참 아래로 빠지곤 한다. 결국 기업들이 경쟁 심화로 인한 생산설비 폐쇄나 경쟁력 약한 기업들의 도산이 발생하게 된다. 그리고 마지막 시점에는 잘 버티고 살아남은 기업들은 수요회복 대비 부족해진 공급으로 결국 높은 마진을 향유하게 되는 과정을 거치는 것이다.

한국의 해운업을 예로 들어보자. 2016년 한국의 1위, 글로벌 7위였던 국적 해운사인 한진해운은 국책은행을 포함한 채권 은행단들의 지원 중지로 파산에 들어갔다. 이는 기업 창업자의 방만한 경영도 문제였지만 산업 사이클상 머스크와 같은 1위 컨테이너선사들의 저가 공세로 공급과잉이 있었고 한진해운은 높은 운임에 해 놓은 용선료 계약으로 적자가 누적되고 있었기 때문이다. 당시 채권단의 회사채관련 채무는 총 1.5조 원대로 크게 보일지 모르지만 현재 HMM(구현대상선)이 내고 있는 이익을 보면 잘못한 결정은 분명하다. HMM의 2021년도 한해 영업이익은 당시 한진해운이 멀쩡했을 때의 시가총액보다 큰 7.3조 원에 달했다. 한진해운이 채권단의 도움으로 살아 있었다면 이런 역대급 이익을 반씩 나누어 가졌을지도 모른다. 물론 글로벌 공급망 차질이 가지고 온 일시적인 이익의 급증이었지만 해운산업 전체로 보면 그만큼 공급이 부족해진 사이클을 답습한 것이다.

한진해운은 일종의 프랜차이즈 밸류 속성 중 브랜드 가치를 가진

회사였음은 맞다. 하지만 속해 있는 산업자체가 경기변동성의 파고가 매우 크다란 것이 문제이다. 한국의 STX, 팬오션과 같은 기업들이 망하거나 다른 회사로 인수된 영향도 이러한 강한 투기적 사이클의 속성 때문이다.

결국 이런 산업 사이클의 바닥을 잡으려면 그 징후를 다음과 같은 방식으로 잡아내야 한다.

- 첫째, 산업 전체에 커다란 증설 붐 이후 경쟁력이 약한 기업들의 가동률 하락이나 실적부진 발생 시작
- 둘째, 실적부진 기업의 파산 발생과 산업 내 덤핑으로 우량기업까지 파급영향
- 셋째, 정부지원 및 채권단의 지원으로 무상감자나 대주주 변경을 수반
- 넷째, 적자 지속에 대규모 부실자산 상각 등의 자구노력
- 다섯째, 적자는 지속되지만 적자폭 축소 시작
- 여섯째, 경영정상화 수순으로 겨우 이익이 나기 시작함

이러한 과정을 중간에 목도한다면 투자자는 다섯째 단계에 투자를 시작해야 한다. 여섯째 단계를 보고 투자 규모를 늘려야 하며 그 이후 이익의 규모가 위기 전 규모까지 회복했을 때 뒤늦게 신규 진입하는 다수의 투자자들에게 수익의 일부 나눠 주면 된다. 여기까지만 해도 턴어라운드 사이클 기업 주가 상승의 60~70%(전체 상승을 100%로 보고)는 먹을 수 있다. 나머지 남은 투자 분은 경쟁사

↑ⓢ↓

축소로 산업이 호황을 맞이할 때 유유히 차익실현을 하면 된다. 누가 아는가 제2의 HMM의 상승(10배 상승)과 같은 사이클을 또 경험할지?

주가 사이클의 바닥을 잡으려면 프랜차이즈 밸류가 있는 기업이 경기침체기에 들어갔을 경우나 기업들이 커다란 경쟁 사이클을 거쳐 구조조정에서 살아남았을 때다. 피가 흥건한 곳에 수익이 있다.

한 줄 요약

7장

밸류에이션 뽀개기

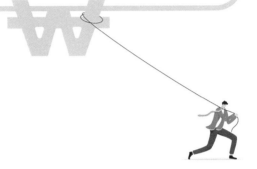

기업가치의 본질은
요구수익률에서 출발한다

투자를 함에 있어서 자산의 가치란 무엇이고 누가 결정을 하는 것일까? 장기간 주식투자를 하면서도 이러한 고민을 안 해봤다면 이번이 좋은 기회일 것이라 생각한다. 모든 재화는 가치를 가지지만 주관적인 가치를 가지는 어려운 재화는 무시하고 일단 계산이 가능한 채권, 주식 그리고 부동산을 비교해서 다뤄보고자 한다. 이 자산들의 공통점은 해당 자산을 가지고 있으면 이자, 배당, 월세 등의 형태로 현금흐름을 보상 받을 수 있다는 점이다.

채권 중에서는 국가가 발행하는 국채의 신뢰도가 가장 높다. 경영학 책에서 우리는 국채를 무위험자산(Risk Free Asset)이라고 배웠을 것이다. 물론 국가별로 위험이 없지는 않지만 여기서 말하는 국채는 미국 정부가 발행하는 국채로 제한적이다. 이러한 지위를 얻

↑⑤↓

기 위해서는 세계 최고의 경제력 외에도 군사력과 정치력 모든 것이 뒷받침되어야 하기 때문에 한국 국채도 신용등급도 높은 편이지만 무위험 자산이라고 칭할 수는 없다.

자, 그럼 미국 국채의 기본 수익률에서부터 출발해보자. 현재 미국 국재 5년물 수익률이 약 1.4%라고 가정한다면 5년 뒤에 미국 정부는 국채 매수자에게 연 1.4%의 수익률을 보장한다. 잘 알다시피 이 국채수익률도 매일매일 변동이 있는데 이는 미국의 장기 물가, 세계 경기의 불확실성, 경제 성장의 정도 등의 다양한 변수들이 영향을 미치기 때문이다. 예를 들어 미국 노동자들의 임금이 상승하여 기대인플레이션이 올라간다고 하면 국채금리는 그만큼 상승할

국채와 회사채의 리스크 프리미엄 구조

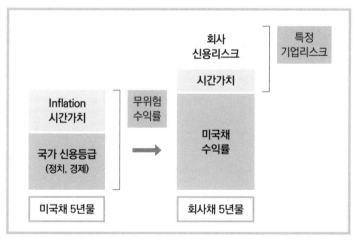

자료: 그로쓰힐자산운용

것이다. 또는 코로나 바이러스나 전쟁과 같은 위기가 찾아오면 세계에서 제일 안전한 미국 국채의 매입수요가 늘어나 국채 가격은 올라가고 국채금리는 하락하는 매커니즘을 보일 것이다. 이처럼 매일 변동하는 미국채의 수익률을 무위험(Risk Free)수익률로 놓고 정부가 아닌 기업이 발행하는 채권과 비교를 하면 채권시장에서 요구하는 해당 기업의 채권수익률을 이해할 수 있다.

예를 들어 미국에서 시가총액 1위인 애플의 3년 만기 채권의 채권수익률이 약 2.5%이다. 위에서 본 미국 국채수익률인 1.4%보다 1.1% 가량 높은데 더 높은 수익률을 요구하는 이유는 애플이 3년 안에 망할 리스크는 제로이지만 미국 정부보다는 신용이 낮기 때문이다. 이러한 신용리스크를 더해 준 것이 결국 애플이라는 기업이 외부차입을 할 때 채권투자가에게 추가로 제공해야 하는 리스크프리미엄 수익률인 것이다. 이를 신용등급으로 나타내면 애플의 신용등급은 AA+이고 미국 국가 신용등급은 AAA로 표시한다. 참고로 한국의 국제 신용등급은 신용평가사 피치(Fitch)기준으로 AA-이다. 국제 신용평가 기관들은 애플이 한국 정부보다 안전한 신용(credit)처라고 보고 있다. 이처럼 신용등급에 따라 요구하는 수익률이 서로 달라지며 이러한 수익률로 기업의 가치를 평가할 수 있는 것이다.

주식을 설명하는데 채권의 수익률을 한참 설명하고 있는 이유는 기업가치의 기본적인 개념이 바로 이러한 요구수익률에서 출발하기 때문이다. 자 그럼 본격적으로 주식의 수익률은 어떻게 결정이 되는지 살펴보자. 주식투자에 대한 요구수익률이 결정되면 적정주가의 해답에 더 가까이 접근할 수 있을 것이다.

모두가 잘 알고 있듯이 주식은 위험자산, 채권은 안전자산이라고 분류된다. 따라서 주식에 대한 요구수익률은 같은 기업 A가 발행한 채권수익률보다 더 높은 수익률을 제시해야 한다. 그 이유는 만약 A라는 기업이 망해간다고 할 때 주주(주식투자자들)에게는 돈을 못 줘도 채권투자자에게는 먼저 주어야 하기 때문이다. 사실 채권투자자에게 만기에 돈을 못 주면 부도가 나기 때문에 회사가 보유한 현금은 늘 채권투자자가 주주에 우선한다. 또 다른 쉬운 이유는 약속된 것과 약속되지 않은 것에 대한 차이도 있다. 우량한 기업의 채권도 가격은 변동의 리스크를 가지지만 만기가 있고 이표채의 경우 쿠폰(이자)지급이 결정되어 있어서 만기까지만 탈없이 보유한다면 사실 투자수익률은 확정이 되어 있다. 이 부분 역시 주식과 큰 차이점인데 주식은 만기도 없고 기업 실적에 따라 수익률 변동의 폭이 매우 크기 때문에 약속된 수익률이란 게 존재하지 않는 위험자산이다.

쉬운 얘기를 길게 설명한 이유는 그럼 그러한 위험을 투자자가 추가로 감내하는데 대한 리스크프리미엄을 얼마나 더 요구해야 할까에 대한 얘기를 하기 위함이다. 국채 대비 회사채의 신용차이에 따른 프리미엄을 요구했고 이제 회사채 대비 추가로 리스크에 대한 프리미엄을 주어야 하는데 이를 크게 두 가지로 분류할 수 있다.

첫째는 주식시장 자체가 가지는 고유의 위험이다. 애플이 편입되어 있는 나스닥(Nasdaq)이라는 미국의 주식시장을 가정해보자. 미국

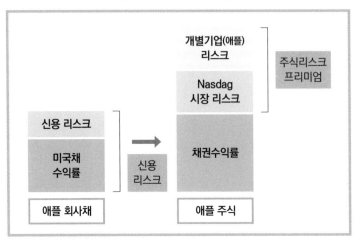

회사채와 주식의 리스크프리미엄 구조

자료: 그로쓰힐자산운용

의 주식시장은 전세계에서 가장 안정적이면서 수익률도 꾸준히 좋은 시장이다. 이러한 주식시장에 참여한 투자가들의 기대(요구)수익률은 약 10% 초반이다. 실제 1926년부터 2020년까지의 역사적 평균으로 보면 미국 주가지수는 연평균 약 10~11%의 수익률을 나타냈다. 이를 기대수익률 또는 요구수익률로 표현할 수 있다. 참고로 경영학 교과서에서 주식시장이 가지는 고유의 리스크를 체계적리스크(Systematic Risk)라고 부른다.

둘째는 해당 기업의 자체 리스크인데 특정 기업이 주식시장이 가지는 위험보다 더 큰 위험을 가지는 것에 대한 위험 보상비용이다(물론 위험이 더 적은 기업도 있다). 예를 들면 애플이 가지는 위험은 미국 전체 주식시장이 가지는 위험보다 더 클 수밖에 없다. 일단 미국 주식시장이 하락할 때 동사의 주식도 빠질 확률이 높고 오를 때는 같이 오를 확률이 높다. 그렇지만 동시에 전체 주가지수와 다른 동사만의 리스크를 내포한다. 예를 들어 신규로 출시한 스마트폰이 인기가 없어서 삼성전자에게 시장점유율을 뺏기거나 미국과 중국 간의 분쟁으로 중국에서 애플에 대한 판매규제로 매출이 크게 줄어들 수도 있다. 이와 같은 기업에 고유의 위험이나 변동성이 가지는 것에 대해 우리는 추가적인 리스크프리미엄을 요구해야 한다. 이처럼 미국 주식시장과 다르게 움직이는 동사만의 변동성 정도를 베타(Beta)라고 부른다. 만약 어떤 기업 주식의 베타가 1.2이면 이는 주식시장보다 1.2배 더 심하게 움직인다라는 의미로 이해하면 된다.

종합하면 이처럼 상장된 기업의 주식이 가지는 리스크는 채권이 가지는 신용리스크에 더 많은 리스크를 추가해야 한다. 따라서 애플 주식의 기대수익률(요구)은 기본적으로 주식시장의 수익률 10%를 상회한다고 봐야 한다. 이는 기업의 리스크는 신용위험인 채권수익률＋주식 리스크프리미엄으로 구성되기 때문이다. 이를 식으로 쓰면 다음과 같다.

| 애플
요구수익률 | ＝ | 채권
신용리스크
(2.5%) | ＋ | 시장리스크
프리미엄
(7.5%) | ＋ | 기업리스크
프리미엄
(예: 2~3%) |

이렇게 측정한 애플의 현재 시점 시장 요구수익률은 연평균 기준 약 13% 내외로 판단된다. 마지막 식에 기업 리스크프리미엄은 성장이 기대보다 크면 프리미엄을 더 주게 된다. 단어는 리스크로 표시되어 있어 헷갈릴 수 있겠지만 그만큼 프리미엄을 주는 것이기도 하다. 결국 성장률의 함수로 애플의 이익 증가 전망이 커지면 수익률은 더 커진다.

그렇다면 실제 애플의 실현 수익률은 어땠을까? 그리고 지난 10년간 동사의 연평균 수익률은 약 27%로 같은 기간 미국 주식시장의 16%를 크게 상회하는 결과를 나타내었다. 이는 실제 동사의 지난 5년간 베타는 1.2였다라는 점에서 위의 설명과 일치한다.

$$\text{애플의 실제 수익률} = \text{애플의 주가 상승} + \text{배당} + \text{자사주이익 소각}$$

이렇게 요구수익률 측면에서 본 기업가치의 분석은 분명 의미가 있다. 그리고 각 산업별로 개별기업별로 리스크프리미엄을 다르게 받고 있는데 이는 기업의 미래 성장성에 따라 결정되는 경우가 가장 크다. 따라서 기업의 절대 평가는 사실 의미가 적으며 실제로 투자자들이 기업이익에 대한 기대를 반영하는 요구수익률이 중요한 것이다. 더 자세히 설명하겠지만 이러한 요구수익률은 앞서 살펴본 당시의 국채금리, 신용스프레드, 기업이익 전망 등에 따라 끊임없이 변하는 특징을 가진다.

↑ $ ↓

애플의 장기 수익률

총수익(%)	1일	1주	1달	3달	YTD	1년	3년	5년	10년	15년
AAPL	0.36	1.13	7.36	3.17	14.66	27.99	45.08	41.62	27.09	30.81
Sector	0.35	1.42	7.76	3.89	14.98	28.48	44.63	41.42	27.76	27.07
Index	0.40	2.20	8.27	6.27	25.42	36.20	22.16	19.97	16.37	11.05
+/-Sector	0.00	-0.28	-0.40	-0.72	-0.32	-0.49	0.45	0.20	-0.67	3.75
+/- Index	-0.04	-1.06	-0.91	-3.10	-10.76	-8.21	22.92	21.65	10.72	19.76

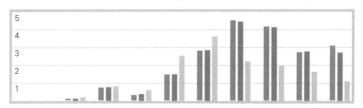

자료: 모닝스타

이 장에서 부동산의 가치 평가까지는 생략하겠지만 경기가 나쁠 때나 좋을 때나 상관없이 왜 시장의 유동성(금리)에 따라 부동산 가격이 오르는지 생각을 열어 놓도록 하겠다.

> 주식의 기본 가치란 그 주식을 필요로 하는 사람들의 요구수익률에 의해 결정된다. 이를 분해하면 국채의 무위험 자산수익률 + 개별채권의 리스크 + 개별 주주 리스크가 더해져야 한다.

한 줄 요약

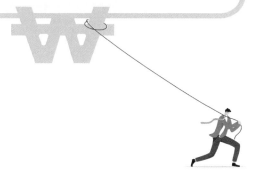

벨류에이션에 절대 가치가 있을까?

이제부터 다소 어려운 부분인 밸류에이션을 논의해보자. 기본적으로 밸류에이션의 방식에는 여러 가지 방법이 있지만 밸류에이션에 대한 기초적인 내용보다는 잘 활용하는 방법을 다루도록 하겠다. 먼저 밸류에이션에 있어서 상대가치 분석과 절대가치 분석을 구분하는 것이 필요하다. 상대가치는 크게 두 가지 방식이 있는데 첫째로는 해당 산업내에 다른 기업들과의 상대가치를 분석하는 방법이다.

예를 들면 A화학의 PER은 8배인데 한국 화학 기업들의 평균 PER은 11배이면 A화학의 밸류는 상대적으로 저평가되어 있다고 할 수 있다. 두 번째로는 A화학의 과거 밸류에이션 추이와 비교하는 것이다. 과거 해당 기업이 이익의 수준을 어느 정도 냈을 때 밸류에이션과 비교하는 것이다.

ROE(자본수익비율) 수준 대비 PER이나 PBR로 비교하는 것이 비교적 의미가 있다. 예를 들어 과거 PER밴드가 8~12배에서 거래가 되던 기업이익의 과거 평균 ROE는 8%였는데 올해 예상 ROE가 최고 수준인 10%라고 한다. 만약 이 기업의 PER이 밴드 중간값인 10배에서 거래가 된다면 동사는 과거 이익 대비 저평가 국면에 있다고 표현할 수 있다. 기본적으로 상대평가에서 자주 사용하는 PER, PBR, PSR과 같은 가장 이해하기 쉽고 오래된 밸류에이션 방식이며 직관적이고 이해하기 쉽다는 장점이 있다.

반면 단점이 있다면 비교 대상 기업군의 PER이 낮아지면 이를 적용한 동사의 가치도 떨어지게 되어 무척 상대적이며 산업 내 기업들의 주가는 같이 움직이기 때문에 후행적이라는 어려움이 있다. 동일 기업의 과거 대비 밸류에이션을 비교하는 방식은 훨씬 더 의미가 있지만 산업의 성장성이 과거 대비 크게 매력도가 떨어졌거나 또는 반대로 새롭게 크게 성장을 시작한 경우에는 과거의 밸류에이션 밴드를 넘어서는 경우가 흔히 나타나기 때문에 이점은 유의해야 한다.

그럼 상대가치 분석에 비해 절대가치 분석은 무엇이 다른가를 살펴보자. 여기서 절대가치 분석이라고 표현한 이유는 가치평가 시 다른 지표와 비교하지 않기 때문이며 내재가치 분석으로 이해하면 된다. 절대가치 분석은 상대적으로 PER 등으로 비교한 적정가치(목표주가)에 비해서 변동성이 매우 적다. 예를 들어 현대차의 기업의 가치는 상대비교시에는 외국자동차산업 평균 PER이 10배에서

12배로 상승한다면 동사의 목표주가도 자연스럽게 올라간다. 반면 절대가치 분석인 현금흐름할인법(DCF) 방식은 미래현금흐름을 예측하고 이를 모두 더해서 현재가치로 환산하여 내재가치를 구하기 때문에 상대적으로 변화 요인이 적다.

이를 요약하면 절대가치분석은 미래 기업의 순현금흐름을 적정 요구수익률로 현가화해서 계산하는 방식의 가치분석이다. 이는 상가나 건물, 채권의 밸류를 측정할 때 쓰는 방식과 비슷하며 기업에는 미래현금흐름할인방식(DCF)를 적용하여 현재가치를 측정을 한다. 자세한 계산식과 이론은 경영학 밸류에이션 책을 활용하길 바란다.

이런 여러 가지 방식으로 밸류를 측정할 수 있지만 중요한 점은 두 방식 다 기업의 실질가치를 제대로 평가할 수 없다는 한계를 가진다. 상대가치는 어차피 상대적인 가치를 평가하니까 매번 바뀔 수밖에 없다. 절대가치 밸류에이션 성격의 DCF도 미래 이익을 할인하여 현재 가치로 환산하여 가져오는데 이때 적용하는 할인율이 매일 변화하고 있는 국채금리이기 때문이다. 사실 DCF밸류에이션을 해보면 할인율을 조금만 건드려도 목표주가의 변동폭이 매우 크다라는 것을 알 것이다.

결국 필자의 30년 이상 기업 밸류에이션을 경험해본 결과로는 '기업의 절대적인 밸류에이션 방법은 없다'라고 할 수 있다. 이는 투자가들이 그 당시에 요구하는 기대수익률에 따라 기업의 밸류는 연동되어 변화하기 때문이기도 하다. 경제 성장이 높은 시기에는 높은 투자수익률을 요구하였고 현재와 같이 낮은 시기에는 상대적으로 낮은 수익률에도 만족하는게 요구수익률이다. 이는 실증적으로 과거에 같은 기업들이 얼마의 밸류에이션을 받았는지 찾아 보면 쉽게 알 수 있다.

　좀 더 이해를 돕기 위하여 주식 외에 다른 자산군들을 살펴 보자. 예를 들어 금이란 재화는 순도가 전혀 변화하지 않는데 금의 가격이 수년간 크게 움직이고 있는 것을 보면 이해를 할 것이다. 2019년 초 1,300달러대였던 금값은 코로나로 인해 2020년 7월에 2,000달러을 찍었다가 2021년 말에는 1,800달러 수준에 거래가 되고 있다. 금의 가치가 영향을 받는 요소는 경기매크로와 유동성이다. 특히 시장유동성으로 대변되는 금리와 달러가치가 가장 큰 영향을 주는데 이는 기업의 밸류에이션에도 똑같은 영향을 준다.

　이번에는 월세의 현금흐름을 수반하는 부동산이나 이자를 지급하는 채권을 보자. 두 재화 모두 특정시기의 경기의 영향 특히 인플레이션과 월세, 이자율에 따라 가격이 계속 변동한다. 예를 들어 시장금리가 4%일 때는 임대인의 임대수익률이 6%는 되어야 했지만 금리가 2% 수준인 현재와 같은 상황에서는 임대수익률이 4%면 충분해 진다. 결국 요구 임대수익률이 몇 년 사이에 6%에서 4%로 떨어졌다면 이 과정에서 해당 부동산(상가, 아파트)의 가격은 50% 상승하는 현상이 생기는 것이다. 실제 고성장에서 저성장에 접어드는 국가의 부동산 가격이 경기침체기에도 급등하는 이유는 이 때문이다. 요약하면 어떠한 자산도 절대 밸류에이션은 존재하지 않으며 그 중에서도 기업의 매출과 이익이 매년 크게 움직이고 있는 주식 자산에서 절대 밸류에이션을 찾는다는 것은 거의 불가능 하다고 하겠다.

기업가치는 상대적이며 과거 기업 평균 ROE 대비 예상 ROE 와 비교하는 방법이 비교적 합리적이다. 또한 기업가치는 시장 금리와 같은 경제참여자들의 요구수익률에 의해 결정된다.

한 줄 요약

↑ $ ↓

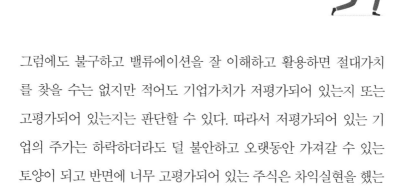

이익 성장률이
밸류에이션을 지배한다

그럼에도 불구하고 밸류에이션을 잘 이해하고 활용하면 절대가치를 찾을 수는 없지만 적어도 기업가치가 저평가되어 있는지 또는 고평가되어 있는지는 판단할 수 있다. 따라서 저평가되어 있는 기업의 주가는 하락하더라도 덜 불안하고 오랫동안 가져갈 수 있는 토양이 되고 반면에 너무 고평가되어 있는 주식은 차익실현을 했는데도 더 올라도 너무 마음 아파할 필요가 없다. 언젠가 과도하게 고평가되어 있는 주식은 떨어지기 마련이기 때문이다.

밸류에이션은 여러 가지 방법이 있지만 핵심으로 숙지해야 할 중요 포인트 위주로 정리해 보겠다.

> 대명제: "밸류에이션은 이익 성장의 함수이다."

머리 아프겠지만 간단하니 다음 문제를 풀어보자.

이익이 10%씩 성장하는 기업A와 30%씩 성장하는 기업B의 적정 PER은 얼마일까? 2022년 올해 예상 순이익은 양사 모두 1,000억 원이고 현재 시가총액은 1조 원이어서 현재 PER은 10배(1조 원/1,000억 원)라고 가정한다.

(비교적 가까운 해답) 2023년 순이익은 A사 1,100억 원, B사 1,300억 원이 되고 같은 10배라는 요구수익률(PER)을 기대한다고 하면 A사의 목표 시가총액은 1.1조 원이 되고 B사의 목표 시가총액은 1.3조 원이 되어야 한다. 따라서 현재 시점에서 본 B사의 적용 PER은 1,000억 이익인 현재에선 13배를 주어야 하며 결과적으로 향후 일 년간 B사의 주가는 30% 상승할 것이다.

여기서 이 답은 정확한 답은 아니기 때문에 비교적 가까운 해답이라고 표현했다. 중요한 것은 장기적으로 몇 년간 30%의 이익 성장률을 구가할 수 있느냐가 중요하기 때문이다. 만약 정확하게 현재시점에서 추정이 어려움에도 불구하고 해당 산업이 예를 들어 클라우드산업이나 2차전지산업처럼 장기 성장성이 매우 높고 확실한 성장이 담보된다면 투자자들은 동사의 이익이 적어도 4~5년은 고성장을 담보할 것으로 볼 것이다.

이 경우 목표 PER은 얼마를 적용해야 할까? 이익이 5년간 매년 30%씩 성장을 한다고 가정을 하면 아래와 같은 순이익의 흐름을 보일 것이다. 3년 뒤엔 2.2배 이익이 증가하고 5년 뒤에는 3.7배 이익이 증가하여 그럴 리 없겠지만 만약 2027년에도 동사의 시가총액이 1조에 머문다면 그 해의 PER은 2.7배로 떨어질 것이다. 보통 주식시장에서 평균적으로 10배의 PER이 적정하기 때문에 해당 연도에 10배의 PER을 받을 수 있다고 하면 동사의 시가총액은 3.7조 원으로 현재 시가총액 대비 371%의 상승이 있어야 한다. 이러한 성장을 현시점에서 미리 다 예상(기대)하고 있다면 현재 동사의 PER은 37.1배를 받고 있을 것이다. 물론 이자율로 현가 할인을 해야 하지만 복잡해지기도 하고 크지 않은 수치여서 무시하기로 한다.

결론적으로 이처럼 장기간 높은 성장률을 담보할 수 있는 기업들의 현재 평균 PER은 약 30~40배 정도에서 형성되는 게 맞다는 것을 알 수 있다. 현재 주식시장에서 찾을 수 있는 기업군 중에 높은 밸류에이션을 받는 기업들은 역시나 전기차용 2차전지 소재, 인터넷과 같은 업종들로 장기 성장성이 높은 만큼 실제 높은 PER 밸류에이션을 받는 것이다. 가령 현재 카카오란 주식이 만약 PER

5년간 연평균 30% 성장하는 기업의 목표가

시가총액(억 원) 10,000 / 22년 순이익 2,000억 / PER10X 가정

연도	2023	2024	2025	2026	2027
성장률(30%)	1.3	1.3	1.3	1.3	
순이익	1,300	1,690	2,197	2,856	3,713
PER	7.7	5.9	4.6	3.5	2.7
상승률					371%

자료: 그로쓰힐자산운용

PER 50배를 받으려면 5년간 이익 성장률이 약 38%는 되어야

시가총액(억 원) 10,000

연도	2023	2024	2025	2026	2027
성장률	1.38	1.38	1.38	1.38	1.38
순이익	1,380	1,904	2,628	3,627	5,005
PER	7.2	5.3	3.8	2.8	2.0
상승률					500%

자료: 그로쓰힐자산운용

50배를 받고 있다면 동사의 주식은 5년간 연평균 약 38%씩 이익이 성장할 것이라는 기대가 잠재되어 있다고 계산하면 된다(위 표참조).

같은 이익 성장률을 보여도 업종별로 적용 적정 PER이 다른 경우가 있다. 이는 이익의 변동성이 크지 않고 믿을 만한 소비재산업인지 아니면 사이클이 큰 산업재 업종인지에 따라서 밸류에이션 적용 밴드가 다르기 때문이다. 예를 들어 인터넷, 게임, 바이오는 상대적으로 더 높은 PER 배수를 그리고 전통산업인 자동차, 경기관련주는 상대적으로 더 낮은 배수가 적용된다. 이때는 과거 10년간의 밸류에이션 밴드를 같이 활용하는 것이 좋으며 여기서는 자세히 다루지 않겠다.

참고로 현금성자산, 고정자산 등 자산가치가 높아서 순이익 배수보다 높게 받는 기업들은 저 실질 PBR주로 따로 봐야 하며 현재 이익 레벨이 너무 낮아서 높은 PER로 거래되는 기업들은 여기에 해당되지 않는다.

밸류에이션은 이익 성장률에 따라 목표 배수 값의 적용이 달라진다. 장기 이익 성장률이 10%인 기업은 PER 10배를 적용하지만 40%인 기업은 PER을 50배도 줄 수 있다.

한 줄 요약

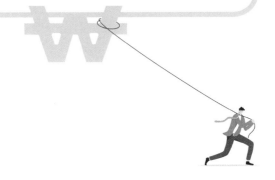

밸류에이션은
쌀 때 주장하라

앞에서 본 것처럼 고성장 하는 기업은 높은 PER을 적용 받는다. 그렇다면 예를 들어 PER이 40배인 주식은 언제부터 비싸지고 매도를 해야 할까? 간혹 투자자들 중에는 PER이 높아지면 매도 의견을 갖는 사람들이 있다. 하지만 밸류에이션은 높을 때 팔려고 활용하는 것보다는 쌀 때 투자로 활용하는 것이 훨씬 효과적이다. 높은 밸류에이션 주식을 팔거나 공매도 해야 할 때는 따로 있다.

사실 미국의 신성장 기업들은 적자를 내는 기업들이 많아서 PER을 사용하지 못하고 밸류에이션에 PSR(Price to Sales Ratio)을 사용하기도 한다. 시가총액을 매출액으로 나눈 개념으로 이익이 없어서 PER 대신 사용하지만 매출액이 큰 기업이 장기 성장할 때는 이익이 미래에 발생한다는 개념으로 매출의 성장성을 가장 높게 본다.

예를 들면 미국에 신규 상장을 한 AI관련 기업이나 클라우드 보안 솔루션 기업들은 PSR기준으로도 50배를 넘나드는 기업들이 많다. 혁신 기업이고 성장률이 높은 건 맞지만 밸류에이션 또한 너무 높다. 참고로 빅테크 기업인 구글, 애플, 메타 등의 기업 PSR은 5~6배 내외이다. 2021년에 뉴욕증시에 상장한 한국의 쿠팡은 2021년 적자액이 약 1.4조 원에 달하는데 상장 당시 약 100조 원에 시가총액을 잠시 형성했지만 역시나 바로 하락하였다. 물론 이런 기업들이 상장 초기에 수급상 과도한 밸류를 받는 경우는 종종 있다. 하지만 잊지 말아야 할 것은 아무리 혁신 기업이라고 해도 미래에 규모있는 이익을 낼 수 있는 핵심 경쟁력이 없다면 높은 밸류를 유지할 수 없다는 것이다. 현재 미국 4위의 시가총액의 아마존은 13년간 적자를 기록하였으며 2003년에 설립된 테슬라는 16년간 적자를 기록했지만 양사 모두 새로운 시장을 개척하고 지배적 사업자가 되었다는 차이가 있다.

이러한 고성장 기업들의 특징은 성장 속도도 빠르지만 미래 이익을 예측하기 어려운 측면이 있다. 예를 들어 성장 기업이 규모의 경제를 달성하여 드디어 이익이 발생하기 시작하는 경우를 보자. 여 기업의 이익규모는 아직 크지 않기 때문에 PER이 100배를 넘을 수도 있어 현재 밸류에이션은 큰 의미가 없다. 이런 기업이 40배가 비싼 것일까 아니면 60배가 비싼 것일까? 쉽게 답하기 어려운 문제이다. 해당 기업의 핵심 경쟁력이나 기술력이 독보적이라면 현재보다는 미래를 주목해야 한다.

적합한 예로 카카오 주식은 2020년 초 3만 원에서 2021년 상반기까지 15만 원으로 약 5배 가량 주가가 상승하였다. 2020년 말 주가 기준 동사의 PER은 220배(19년은 적자)였으니 그 당시 숫자상 밸류에이션에 집착하여 주식을 팔았다면 큰 후회를 했을 것이다. 2021년 연말에는 주가가 큰폭으로 하락하였음에도 2년간 이익이 3배 이상 상승하였고 PER은 약 50배로 떨어졌다. 동사 주가 하락의 이유는 기업가치가 하락 했다기 보다는 핵심 자회사인 카카오뱅크, 카카오페이, 그리고 카카오게임즈 등이 따로 분할 상장을 했기 때문이다. 분할 상장한 카카오 그룹들의 시가총액을 모두 합치면 약 100조 원에 근접하는데 이를 보면 왜 2년 전에 PER이 200배가 넘었는지 이제는 이해가 될 것이다. 만약 이 주식을 PER이 이익 대비 또는 비교 산업 평균보다 너무 높다고 공매도를 했거나 매도를 했을 경우 실로 엄청난 기회 손실을 가졌을 것이다. 그렇다면 이러한 고무줄 같은 밸류에이션은 활용 가치가 적은 것일까?

밸류에이션은 주식을 매도할 때 활용하기 보다는 싼 기업을 고를 때 더 포커스 해야 한다고 했다. 그렇다면 싸다라는 밸류에이션의 기준은 무엇일까? 먼저 쉽게 단순 숫자상 싼 기업을 고를 수 있다.

예를 들어 A라는 피자를 파는 기업이 있다. 순이익의 장기 성장은 약 3% 수준이며 현재 PER이 8배인 이 기업은 싼 것일까? 한번 계산해보자. 참고로 한국 주식시장의 과거 평균 PER은 10배이다.

결론은 별로 싸다고 할 수 없다.

한국 주식시장 PER이 오랫동안 평균 10배 수준에서 형성되어

↑$↓

온 것은 코스피에 상장된 기업들은 연 10%(=1/10x)의 수익을 줄 것이라고 기대하기 때문이다. 약 10%의 주식 수익을 주기 위해서 기업은 약 10%의 이익 성장을 꾸준히 유지해야 한다. 주가도 10% 오르고 이익도 10% 올라야 평균 PER 10배가 유지되기 때문이다. 만약 다음해 이익 성장이 없을 경우는 PER이 11배가 된다. (주가가 10% 상승하여 100 → 110인데 만약 이익이 전년이랑 같은 10 유지 시 PER은 11배).

위에 A피자는 PER이 8배임에도 불구하고 이익 성장이 3%밖에 안되기 때문에 싸다고 할 수 없다. 왜냐하면 주식 투자자들은 적어도 안전한 채권수익률에 주식의 위험프리미엄을 더해서 최소 7~10%의 기대수익을 요구하는데 동사의 기대수익률은 코스피의 10%보다 낮기 때문이다. 따라서 시장평균 PER 10배보다 훨씬 낮게 거래 되어야 투자 매력이 있다.

아래 식을 보면 A사의 주가가 코스피 정도의 주가 상승률을 따라가면 4년차부터 코스피 밸류에이션보다 비싸지는 것을 볼 수 있다. (예를 들어 PER 8= 주가 100원/순익 12.5원 → 첫해 주가 110원/순익 13원 =8.5배, 둘째 해 121원/13.6원= 9.1배 이런 식으로 10%씩 주가 상승이 있고 3%씩 이익 성장이 있으면 동사의 밸류는 3년차를 넘어가면서 PER 10배보다 비싸 진다) 이 때문에 매년 10%씩 성장하는 PER 10배의 코스피 기업보다 할인을 받아야 하는 것이다.

위에서 증명이 되었듯이 PER 밸류에이션은 성장의 함수이다. 앞장에서 본 것처럼 연평균 30%씩 5년간 성장할 수 있는 기업의 이론적 적정 PER은 37배이다. 따라서 미래 이익 성장률이 높음에도 PER 밸류에이션이 가령 20배 미만으로 거래되고 있는 주식은 매우 싼 주식이다. 이러한 현상은 투자자들이 아직 해당기업의 성장률이 얼마나 높을지 잘 모르기 때문에 발생하기도 하고 시장에서 덜 알려진 중소형주에서도 종종 기회가 발견된다. 인사이트가 있는 여러분이 기업이익 성장률을 남들보다 잘 예측할 수 있는 능력이 있다면 저평가 상태의 주식을 발굴하는 것이고 적정가치에 도달하는 순간까지 높은 수익을 향유할 수 있을 것이다.

현재 PER 배수가 높아 졌다고 무조건 주식을 팔아선 안 된다. 밸류에이션은 가치 대비 저평가 기업을 발굴할 때 활용하길 바란다. 예를 들어 PER 밸류에이션이 몇 년 뒤에 시장PER보다 빨리 떨어지는 기업도 저평가 기업이라 할 수 있다.

한 줄 요약

그럼 주가가
언제 비싸지는가?

투자자들은 기업이 미래에 얼마나 성장할 수 있는지를 가장 중요하게 본다. 한참 고성장하고 있는 인기 기업은 앞서 본 이론적인 근거 외에도 모든 투자자들 사고 싶어하는 수급 때문에 실제 이론적인 밸류에이션보다 높은 가치를 형성하는 경우가 대부분이다. 자 그럼 필자가 PER이 30배, 40배도 성장률에 따라 안 비싸다고 했는데 그럼 과연 언제 주가가 비싸다고 할 수 있을까? 결론부터 먼저 말하면 이익의 고성장에 대한 예상이 줄어들기 시작할 때부터이다. 다음 사례를 보자.

만약에 B라는 기업이 3년간 30%의 고성장을 이어가다가 3년 뒤에 경쟁사들의 출현으로 성장률이 10%로 떨어진다면 동사의 밸류는 어떻게 평가받을까?

익숙한 계산을 또 해보자. 예를 들어 시총 1조 원짜리 B기업이 아주 높은 가능성으로 3년간 30%씩 순이익 성장을 한다고 가정해보자. 동사의 이익은 3년 뒤 약 2.2배가 오르고 밸류에이션이 유지된다면 시가총액도 비슷한 규모로 상승할 것이다. 또한 투자가들이 이미 성장에 높은 기대하고 있기 때문에 B사의 PER은 이론적으로는 약 30배 수준에서 거래 되야 하지만 프리미엄까지 받아서 실제 30배 이상에서 거래된다. 확실히 보이는 성장성있는 기업은 많지 않기 때문에 투자자금이 몰리기 때문이다.

하지만 2년이 지난 뒤 서서히 경쟁사들이 따라오기 시작하고 동사 이익 성장이 10% 수준으로 둔화될 것이라고 투자자들이 인지할 경우 동사의 주가는 어떻게 될까? 언론 기사에서는 "B사 내년에도 사상 최대 이익 경신"이라는 화려한 타이틀을 장식할 수도 있지

셀트리온 이익과 밸류에이션 추이

(단위: 억 원, 원)

	2019	2020	2021	2022E	2023E
매출액	11,285	18,491	19,116	22,693	25,320
영업이익	3,781	7,121	7,525	8,314	9,679
EPS	2,168	3,717	4,091	4,571	5,413
성장률	13%	71%	10%	12%	18%
PER	80.5	94.8	48.4	34.2	29.0

자료: 셀트리온, 그로쓰힐자산운용

만 주가는 이미 하락하기 시작해서 일년 안에 반토막이 날 가능성이 높다. 당연히 이익 성장률이 30%대일 때는 30배의 고밸류를 적용해주었지만 10%대로 둔화되어 안정되면 PER로 10배 밖에 줄 수가 없기 때문이다. 거기에다 고성장에 도취되어 몰려 있던 투자자들이 서로 나가려 하다 보니 주가 하락폭은 클 수밖에 없는 것이다.

앞서 과거 2015년에서 2017년까지 한국의 대표 화장품 기업들의 주가 사례를 여러 차례 설명했었다. 이러한 업종의 예는 그 외에도 셀트리온 그룹의 바이오시밀러가 세계 1위로 성장하는 구간에서도 똑같이 발생하였다. 물론 코로나 발생으로 백신 치료제 개발에 대한 기대로 한번 더 큰폭의 상승을 했지만 이익이 수반되지 않은 상승 이여서 주가는 고점 대비 50%의 하락을 보였다. 동사의 이익추이를 보면 가장 주가가 높았던 2020년 4분기를 보면 주가 PER은 약 95배에 달했다. 그 해 EPS성장률이 70%를 넘고 있었고 기대가 높아서 가능했던 구간이다. 하지만 주가가 하락하기 시작한 건 이익 성장률이 2021년에 예상보다 낮아진 20%대로 둔화되기 시작하면서였다. 그동안 유럽 미국에서 빠르게 침투하여 시장점유율을 높이던 당사 매출이 경쟁심화와 가격 하락으로 정체 구간에 들어 갔기 때문이다. 결국 이익은 계속 최대치를 경신하고 있었지만 당시 빠져 나오지 못한 투자자에게는 무척 고통스러운 구간에 진입하게 되었다.

그렇다면 현재에 이렇게 확실한 고성장을 구가하는 업종은 무엇이 있을까? 2022년 기준 자동차용 2차전지 소재 기업들은 현재 높은 매출 및 이익 성장을 보이고 있으며 향후 몇 년간은 성장이 비교적 확실해 보인다. 왜냐하면 전기차 업체들의 엄청난 수요에 따른 오더를 받으면서 향후 4년간 실제 생산설비(CAPA)를 약 3배에서 4배씩 증설하고 있기 때문이다. 앞서 증설 도표에서 나타냈듯이 비교적 가시성이 뚜렷한 성장임을 알 수 있고 이를 반영한 2차전지 주요 소재업체들의 PER 40~60배에 거래가 되고 있다. 필자가 보기엔 성장률이 더 높기 때문에 이 밸류에이션이 2022년 초인 현재는 비싸 보이지 않는다. 하지만 충분히 설명하였듯이 이러한 고성장 기업들이라도 증설이 끝나고 성장률이 안정화되는 구간이 오면 몇 년 뒤 밸류에이션이 비싸질 수가 있을 것이다.

잘나가던 주가가 비싸지는 시점은 성장률의 폭이 둔화되기 시작할 때부터이다. 고성장 하던 기업의 경우 반드시 이익피크 시점을 잡아내지 않으면 큰 손해를 볼 수 있다.

한 줄 요약

↑ $ ↓

투자를 위한 투자

8장

스타일의
중요성

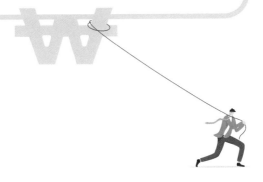

성장주와 가치주를 구분해야 금리 사이클을 이긴다

간혹 전문가들의 인터뷰를 보면 주식을 성장주와 가치주로 나누고 국면에 따라 다르게 추천하는 것을 볼 수 있다. 성장주와 가치주의 정의는 특징만 요약하자면 성장주는 현재보다 미래 이익이 크게 성장하는 주식을 말하는 것이고 가치주는 현재 이익이나 자산가치에 비해 저평가 받는 주식을 칭한다. 그러다 보니 당연히 성장주의 PER과 PBR은 높게 형성되어 있고 가치주의 PER의 PBR은 낮게 형성이 되는 특징을 가진다.

이해를 돕기 위해 한국 주식시장에서 현재 성장주에는 NAVER, 카카오와 같은 인터넷업종, 게임업종과 미래에 꿈을 가진 바이오업종, 2차전지, 신재생에너지와 같은 업종이 포함된다. 대부분 기업들이 미래를 위해 투자를 많이 하고 있는 특징이 있으며 현재의 이익보다는 미래에 이익이 훨씬 크게 나타나는 기업들이다. 따라서 성장주에 속한 기업들은 배당도 거의 없다. 미래에 이익이 크게 나서 더 이상 성장이 크게 없을 때서야 회사에 누적된 현금 배당을 하고 자사주 매입에 나설 것이다. 이러한 기업들은 매출 성장률이 코스피에 상장된 일반 기업 평균 성장률보다 높은 특징을 가진다. 크게 성장을 하고 있는 만큼 미래에 꿈을 사고자 하는 투자가들이 많이 몰리게 되고 상승 구간 수익률도 좋은 편이다.

반면 가치주는 반대의 성격을 가진다. 가치주는 성장성이 낮지만 이익 유보가 높고 자산을 많이 보유하고 있으며 따라서 쌓여있는 순자산이 시가총액보다 낮은 특징을 가진다. 또한 이익 창출 능력이 뛰어나서 PER이 시장평균보다 낮은 경우가 많다.

예를 들면 현재 가치주에는 건설업종, 은행업종, 유틸리티, 자동차 업종 등이 속한다. 딱 봐도 성장성은 낮은데 돈은 많이 벌고 있는 기업들이 대부분이다. 현재 기준 건설업종의 PBR은 0.8배, 은행업종은 0.5배, 자동차는 0.8배 수준이다. 다시 말해 기업의 시가총액이 부채를 제외한 순자산의 가치보다 낮게 평가를 받고 있는 것이다. 쉽게 말해 가치주는 대부분 기업을 청산했을 때 남는 돈이 시가총액보다 많다고 생각하면 된다. 그래서 가치가 있다는 말이기도 하다. 또한 이런 기업들은 배당성향이 높고 누적된 현금으로 자사주도 많이 가지고 있다. 반면 자본이 계속 커지다 보니 자본수익률인 ROE는 시장평균보다 낮게 형성되어 있는 특징을 가진다. 투자자의 관점에서 보면 이러한 기업들의 주가 변동성은 성장주에 비해 많이 낮은 편이어서 투자매력도는 떨어진다고 보는 투자가들이 많다. 미국 기업들처럼 배당성향이나 자사주매입 소각을 크게 늘린다면 ROE가 높아지면서 저평가가 해소될 여지도 많다.

이러한 기준과 특징들을 이해한다면 늘 성장 기업은 성장주이고 가치주는 가치주에만 머물지 않는다는 것도 알 수 있을 것이다. 그럼 대한민국 대표주인 삼성전자는 성장주일까 가치주일까? 당연히 성장주에 가깝지만 삼성전자도 가치주에 영역에 있을 때도 있다. 2018년 59조 원이라는 역대급 이익을 냈을 때 삼성전자의 PER은 6배였으며 PBR도 1배 수준이었다. 2019년부터 2020년까지 삼성전자 주가가 4만 원대였을 때까지 삼성전자는 가치주의 영역에 있었다. 하지만 반도체 사이클이 바닥을 찍고 2020년 주가가 8만 원이 넘어 갔을 때는 삼성전자는 성장주의 영역으로 들어와 버렸다.

이처럼 만약 카카오나 NAVER의 언젠가 성장이 멈추고 투자할 곳이 없어져서 현금성자산만 엄청나게 유보하게 될 때에는 이런 기업들도 성장주의 옷을 벗고 가치주로 둔갑하게 될 것이다. 그때 기업들의 밸류에이션은 현재보다 크게 낮아져 있을 것이다. 이처럼 성장주가 성장을 멈추고 이익이 쌓이면 가치주로 바뀐다.

마지막으로 성장가치라는 의미를 소개해 보려고 한다. 이건 또 뭔 소리냐 싶겠지만 성장가치는 영어로 Growth Value이다. 이 단어는 필자가 가치투자로 정평이 나있는 프랭클린 템플턴(Franklin Templeton)에 근무할 당시 자주 활용하던 말이었다. 현재는 가치주에 해당되지 않지만 예를 들어 3년 뒤에는 가치주가 되어 있을 기업

↑$↓

을 성장가치주라고 일컬었다. 예를 들어 현재 PER은 15배로 코스피보다 높은 편인데 3년 뒤에 이익이 3배 가량 성장하면 PER이 5배가 되어 있을 기업이 바로 여기에 속한다. 물론 이러한 기업을 발굴하려면 엄청난 인사이트와 노력이 필요하다. 그리고 이런 기업을 발굴했을 때 수익률은 실로 어마어마 했다. 이러한 Growth Value를 이해하면 성장주와 가치주를 다 이해했다고 할 수 있다.

여담이지만 아마 독자분들은 왜 필자 회사명이 '그로쓰힐자산운용'인지 다소 이해가 가실 거라고 믿는다. 그로쓰(Growth)는 말 그대로 성장주를 잘 발굴하려는 의지와 힐(Hill)은 언덕처럼 장기적 관점으로 편안하게 운용을 하고 싶은 철학을 반영하였다. 이를 증명하자면 이 책을 쓰고 있는 현재까지 기관 자금을 많이 운용하고 있는 당사의 장기 수익률 레코드는 수년간 상위 30%에서 벗어나지 않고 있다. (펀드평가사 제로인 2022년 2월 말 기준)

성장주와 가치주를 구분하여 포트폴리오에 구성을 해보자. 그리고 새로 소개한 성장가치를 가지는 기업을 찾을 수 있다면 당신은 이미 투자고수라 할 수 있다.

한 줄 요약

이럴 땐 성장주다, 이럴 땐 가치주다

재미있는 건 이런 가치주와 성장주에 해당하는 기업들이 경기 국면 별로 전혀 다른 평가를 받는다는 것이다. 가치주는 금리가 올라가는 국면에 성장주보다 좋은 성과를 내고 성장주는 금리가 떨어지는 구간에서 가치주보다 높은 성과를 낸다. 사실 해당 회사의 영업과 이익은 별로 변한 것이 없는데 왜 가치주와 성장주의 성과가 금리 사이클의 국면별로 다르게 평가가 될까? 이는 이론과 수급 두 가지로 설명할 수 있다.

먼저 틀림없는 이론부터 보자. 앞서도 언급했듯이 가치주에 해당하는 기업의 이익은 현재와 미래에 큰 차이가 없다. 이미 저 PER 주식답게 많은 이익을 내고 있으며 이익의 성장률이 성장주보다 낮은 편이다. 반면 성장주에 해당하는 기업의 이익은 현재의 이익보다

저금리 구간에서는 성장주가 가치주보다 초과수익

- 가치주ETF
- **성장주ETF**
- 국채금리10년

77.73%
36.77%
-33.12%

자료: 인베스팅닷컴

몇 년 뒤에 미래 이익이 현재 이익보다 크다.

경영학에서 말하는 기업의 가치는 미래에 발생하는 모든 현금 흐름(이익)의 합계를 현재 시점으로 가지고 온 가치이다. 따라서 미래의 이익을 현재 가치로 가져올 때는 당연히 이자율로 할인을 해줘야 하는데 먼 미래에 발생하는 이익은 할인을 더 많이 받게 되므로 현재 가치가 적어진다. 이는 마치 현재 가지고 있는 100만 원과 10년 뒤 받을 100만 원의 국민연금의 가치가 다른 점을 이해하면 쉽다.

더 쉽게 이해를 돕기 위해서 다음 식을 보자. A라는 기업의 5년간의 순현금흐름을 100만 원이라고 가정하고 기업가치를 구하는 경우이다. 이해가 쉽도록 금리가 0%라는 다소 극단적인 가정을 했다.

$$100 + 100 + 100 + 100 + 100 = 500$$

이번 케이스는 금리가 3%일 때이다.

$$100 + \frac{100}{1.03} + \frac{100}{1.03^2} + \frac{100}{1.03^3} + \frac{100}{1.03^4} = 472$$

당연히 금리가 높을 때 기업의 현재가치는 하락한다.

두 번째로는 성장주 기업과 가치주 기업의 이익 특징을 반영하고 할인을 해보자. 가치주는 다음과 같이 약 5% 성장을 가정했다.

가치주A $100 + 105 + 110 + 115 + 120 = 550$

성장주는 약 20%대의 높은 성장을 가정했지만 전체 이익의 합은 가치주와 같게 계산했다.

성장주B $70 + 90 + 110 + 130 + 150 = 550$

↑ $ ↓

만약 이 경우 금리가 0%이면 두 기업의 가치는 550으로 같음을 볼 수 있다. 하지만 금리가 높아지는 구간이 되어 3%에 도달했다고 보면 성장주B의 가치는 가치주A 보다 낮아 지는 것을 아래서 볼 수 있다.

$$\text{가치주A} \quad 100 + \frac{105}{1.03} + \frac{110}{1.03^2} + \frac{115}{1.03^3} + \frac{120}{1.03^4} = 481$$

$$\text{성장주B} \quad 70 + \frac{90}{1.03} + \frac{110}{1.03^2} + \frac{130}{1.03^3} + \frac{150}{1.03^4} = 412$$

결국 결론은 성장주는 금리가 더 높아질수록 기업의 가치는 더 낮아진다는 점이다.

따라서 경기가 좋아지고 돈에 대한 수요가 늘어나서 금리가 올라가는 구간에는 가치주가 성장주 대비 초과 수익을 내는 경향이 뚜렷하며 반대로 경기가 나빠지고 금리가 낮아질 경우에는 성장주가 가치주 대비 높은 투자 성과를 내는 것이다.

위와 같은 기본 이론이 가장 강력한 이유지만 실제 성장주가 저금리에 높은 밸류에이션을 받는 이유는 하나 더 있다. 이는 바로 수급에 근거 한 것인데 성장주가 시장을 주도하는 국면은 위에서 봤듯이 경기가 나쁠 때(저금리)이다. 하지만 시장에 성장주의 개수와 가치주의 숫자를 세어보면 경기에 민감한 산업이 훨씬 많다. 경기가 나쁜데도 이익이 미래에 높은 성장을 보이는 기업은 얼마 없기 때문이다.

예를 들어 인터넷, 게임, 바이오 제약과 같은 기업군은 현재 경기가 크게 둔화되어도 사실 이익에 별 영향을 안 받는 특징을 가지고 있다. 반면 경기가 침체기에 들어가면 소비가 줄어들고 IT 가전제품, 자동차, 의류와 같은 소비재와 기업투자와 연관이 많은 기계, 철강, 화학과 같은 중간재의 수요도 크게 둔화된다. 이와 같은 기업의 수를 보면 확연하게 성장주에 속한 산업이 적은 것을 볼 수 있다. 따라서 대부분의 투자자들은 실적이 나빠지는 경기관련주를 회피하고 이익 성장이 견조한 성장주로 몰리게 되는 것이다. 이렇게 투자자금이 몰리다 보니 성장주의 희소가치는 더욱 높아지고 이에 따라 높은 주가를 형성하면서 밸류가 높아지는 현상이 발생하게 되는 것이다.

결국 이론과 수급 모두 성장주와 가치주에 영향을 주며 이는 글로벌한 투자 현상이다. 따라서 이러한 현상을 충분히 이해하고 아예 암기해 놓도록 하는 것이 좋겠다.

성장주는 금리가 낮은 구간에서 시장 대비 초과수익을 내고 금리가 높아지는 구간에서는 가치주가 초과수익을 낸다. 이는 글로벌한 현상이니 구간별로 잘 활용하길 바란다.

한 줄 요약

공포를 역으로 이용하는 투자심리 지표들

주식투자가 정말 어려운 것은 기업도 그렇지만 주식시장도 자꾸 진화하기 때문이다. 과거에 많은 경제 통계학자들은 주식을 선행하는 지표를 만들려고 많은 노력을 거듭해 왔다. 여기에 정답이 있다면 큰돈을 벌 수 있으니 누군들 시도하지 않았을까? 지금도 AI알고리즘과 최고의 컴퓨팅 자원을 이용하여 다양한 투자를 지속하고 있지만 장기적으로 성공하는 모델은 극소수에 불과하다. 실제로 미국 MIT공대 수학박사인 짐사이먼(Jim Simon)의 르네상스 테크놀로지(Renaissance Technologies)사는 시장과 상관없이 수년간 40%대의 수익률을 올리는 꽤 성공적인 레코드를 가지고 있긴 하다. 물론 이 모델도 코로나가 터진 2020년에는 가장 저조한 실적을 기록하기도 하였다.

주식시장은 수학자들이 치밀하게 최신 예측모델을 만들어도 일정 구간을 벗어나면 변덕을 부리고 다른 길로 빠져 나간다. 결국 주식시장을 선도하는 지표는 계속해서 주식시장뿐이라는 아이러니를 남긴다. 이유는 참가자들의 집단적인 사고가 바로 시장에 반영되기 때문인데 이 사고는 예측을 기반으로 하기 때문에 선행성이 클 수밖에 없는 것이다. 이렇기 때문에 수많은 주식 전문가들이 제시한 대로 하더라도 마켓타이밍에 있어서는 실패의 경우가 생기는 것이다. 예를 들면 연초 전망에서 대부분 증권사들이 상저하고를 외치면 결과적으로는 상고하저가 되는 일이 오히려 많다. 따라서 타이밍이 상대적으로 중요하지 않은 이익의 기반이 되는 기업의 경쟁력에 포커스 하라고 강조한 것이다.

물론 "기업이익이 좋아지는 주식에 투자하라"가 가장 확률이 높은 덕목임에도 불구하고 실적이 최대치가 나오거나 애널리스트의 예상치를 상회하더라도 발표 후 주가가 바로 빠지는 경우도 허다하다. 이는 우리는 모르는 사이에 누군가 미리 알고 주식을 선점 한 경우이거나 그 다음 분기의 실적 예상으로 관심이 달라지기 때문일 수도 있다. 예를 들어 사이클이 있는 업종인 화학, 철강과 같은 소재 업종은 소재 가격이 데일리로 공표되기 때문에 가격 불확실성이 생기면 다음 분기에 아무리 실적이 좋더라도 주가는 피크아웃(peak-out)하는 경우가 생긴다. 반도체 업종의 경우는 실적을 최대 6개월까지 선행한다.

시장 전체에 악재가 나오는데 주식시장이 오르는 경우는 정말 황

당할 수도 있다. 예를 들면 2020년 코로나가 발발해서 그해 9월경에 당시 미국의 신규 확진자가 다시 최대치를 찍고 있었는데도 미국의 주식시장은 그해 3월에 바닥을 찍고 9월에 코로나 전 신고가를 갱신하였다. 결국 주식시장은 예측이 어렵게 움직이기 때문에 앞서 강조해 왔던 매크로, 기업이익, 밸류에이션을 넘어서 참여자들의 투자심리까지 이해할 필요가 있다.

물론 다양한 시장참여자들의 투자 심리의 평균 기대값을 알아내는 것은 무척 어렵다. 그렇지만 다행히도 공포나 탐욕이 얼마나 시장에 반영되고 있는지 측정할 수 있는 쓸모 있는 도구들이 있다. 따라서 필자는 투자심리를 비교적 잘 반영하는 지표들을 소개하고자 한다. 여기에는 농담 같은 얘기지만 늘 뒷북을 잘 치는 친구나 지인을 소환해야 할 수도 있다.

CNN Fear&Greed 인덱스

ⓦ

이미 많이 알려진 CNN 사이트에서 쉽게 검색 가능한 공포와 탐욕을 나타내는 심리지표이다. 절대수치가 20 근방으로 가면 투자가들이 극도의 공포를 느끼는 구간이며 80을 넘어가는 경우는 탐욕이 지배적인 구간이다. 7가지 항목을 평균하여 나타내고 있으며 이중 풋-콜 옵션 투자비중이나 시장변동성 부분은 따로 발췌해 볼만하다고 할 수 있다.

이 지표가 좋은 것은 트렌드를 같이 보여주는데 절대수치보다 이를 활용하는 것이 가장 좋다. 필자는 이를 S&P500지수와 5년 이상 같이 그려보면서 검증을 해봤기 때문에 검증 과정의 고생 없이 바로 결론을 공유하겠다.

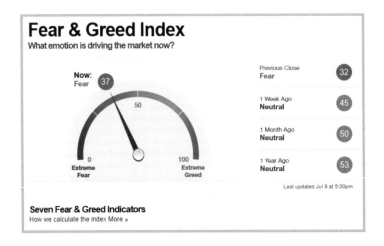

지수를 구성하는 7가지 항목

Stock Price Momentum: The S&P 500 (SPX) versus its 125-day moving average
- Stock Price Strength: The number of stocks hitting 52-week highs and lows on the New York Stock Exchange
- Stock Price Breadth: The volume of shares trading in stocks on the rise versus those declining.
- Put and Call Options: The put/call ratio, which compares the trading volume of bullish call options relative to the trading volume of bearish put options
- Junk Bond Demand: The spread between yields on investment grade bonds and junk bonds
- Market Volatility: The VIX (VIX), which measures volatility
- Safe Haven Demand: The difference in returns for stocks versus Treasuries

자료: CNN

일단 높은 점수 영역인 Greed지수는 활용하지 않는 것을 추천한다. 이 지수는 공포 영역인 Fear 상황이 가장 잘 맞는다. 예를 들어 20이하의 Extreme Fear가 두 달 이상 지속될 경우 주식을 웬만하면 사야 한다. 자주 발생하지도 않지만 이 경우 수익이 날 확률이 매우 높다. 두려움 때문에 너무 많은 투자자들이 주식을 가지고 있지 않기 때문이다. 그 나쁜 이벤트를 충분히 다 알고 있고 지겨울 때가 되면 투자심리가 회복되고 비웠던 주식계좌를 채우기 바빠진다. 80이상의 Extreme Greed의 경우는 탐욕이 높은 수준이지만 그렇다고 주가가 하락하지는 않는다. 단지 투자 심리상 과열권이라고 판단하는 정도로 활용하면 된다. Extrem Fear에서도 두 달 정도는 기

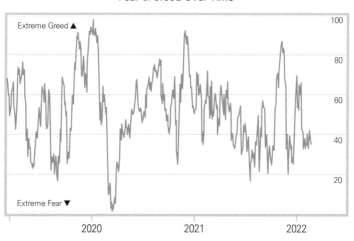

Fear & Greed Over Time

자료: CNN

다리라고 한 이유는 악재가 반영되어 가는데도 기간이 필요하기 때문에 경험적으로 표현한 것이다.

시티서프라이즈 인덱스

이 지표는 미국 시티증권이 발표하는 경제지표의 예상치 대비 실제치의 차이를 시계열로 나타내는 인덱스이다. 이는 심리지표라기보다는 경기지표가 얼마나 예상을 상회하거나 하회하는지 보기에 좋은 지표이고 인터넷을 검색하면 트래킹할 수 있다. 보는 법은 서프라이즈 인덱스가 크게 올라가고 있으면 긍정적이지만 오랜 기간

시티그룹 경기서프라이즈 지표

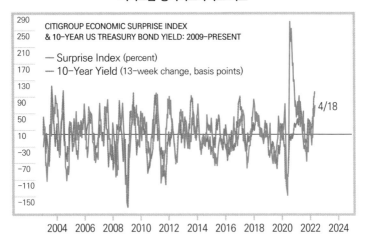

자료: 시티그룹

계속 서프라이즈가 나서 차트 레벨이 높은 수준에 있다면 경기 모멘텀 측면에서는 좀 주의할 필요가 있다고 판단하면 된다. 단독으로 사용하기보다는 다양하게 참조할 수 있는 경기관련 지표 중에 하나이

시티그룹
이코노믹스
서프라이즈 인덱스

다. 참고로 차트를 미국채 10년물과 같이 그려 놓았는데 변곡점이 매우 유사한 상관성을 보인다.

구글트렌드/네이버트렌드

대중의 심리나 관심사의 통계적인 트랜드를 공짜로 잘 파악할 수 있는 지표이다. 구글 트랜드(Google Trend)나 네이버 트랜드 검색을 하고 관심 키워드를 넣으면 검색빈도가 나온다. 이는 특히 악재가 얼마나 반영되었는지 살펴볼 때 유용하다. 실례로 2021년 과도하게 풀린 유동성의 축소를 의미하는 테이퍼링(Tapering: Fed의 채권매수 규모 축소)을 두려워했을 때 테이퍼링의 검색 빈도가 크게 올라왔으며 그때가 단기적인 주식시장의 저점이었다. 결국 당시 유동성 축소가 대부분의 증권관련 방송의 화두였으며 모두가 두려워 했을 때 주식을 살 타이밍이었음을 구글트랜드는 보여준다. 이 지표는 키워드 비교도 가능한데 대통령 선거를 앞두고 대선주자를 비교해도 재미있는 결과가 나오곤 했다.

옛날에 "증권사 객장에 아기 업은 아주머니나 스님이 나타나면 주식을 모두 처분하라"는 격언이 있었다. 특정계층을 비하하는 말은 절대 아니지만 틀린 말은 아니었다. 주식에 관심을 가질 수 있는 마지막 부류의 사람이 눈에 띄면 살 사람은 대부분 샀다는 뜻이기 때문이다. 재미있는 얘기였지만 지금은 활용이 불가능하고 맞지도 않을 것이다. 모두 온라인이나 모바일로 주식계좌를 활용하기 때문에 알 수가 없고 지금은 정보도 빠르고 거의 모든 계층의 분들이 주식을 하고 있기 때문일 것이다.

필자는 신규 증권계좌수 증감도 활용을 해보았지만 공모주 청약 등을 앞두고 계좌가 급증해 왔기 때문에 큰 유의성을 찾기도 어렵다. 고객 예탁금 정도가 유일한 통계인데 이 또한 공모주의 노이즈와 주식을 사면 줄어들기 때문에 유의성이 적다.

결론적으로는 농담같은 얘기지만 주변에 뒷북형 인간을 한두 명 두는게 좋을 것 같다. 친구 중에 정말 보수적이면서 신념이 강한 사람들이 있다. 필자의 경우 말리기는 했지만 코로나 때문에 지수가 1,500 아래까지 떨어지자 인버스를 사겠다고 오랜만에 연락 온 친구가 있었다. 주식을 사라고 할 정도는 아니었지만 인버스는 당시 한국 주식시장이 절대 저평가로 절대 인버스를 사면 안 된다고 조언을 하였다. 결국 그 친구는 손해를 보고서야 인정을 했지만 평소 주식시장의 발 빠름을 이해하지 못했기 때문에 발생한 일이다. 장모님을 소환해서 무척 죄송하지만 이 역시 마찬가지이다. 삼성전자를 사면 어떻겠는지 2021년 초에 연락이 오셨다. 2021년 1월경 9만원 중반의 고점이어서 천천히 사시거나 원래 계획에 반만 매수 하시는 것이 좋겠다고 결국 협의를 드렸지만 필자의 느낌에는 주식시장에 들어올 만한 투자가들은 상당부분 들어왔다는 느낌을 받은 경험이었다.

이처럼 누구라도 좋다. 주식을 위험자산이라고 싫어하고 안 할 것 같던 예를 들어 부동산만 하던 친구가 주식을 추천하기 시작하면 이거야 말로 곰곰이 생각해야 할 시점이다. 특정 사람이 능력이 없다는 뜻이 아니고 주식에 대해 매우 보수적인 성향이 바뀌게 하는 무엇인가는 결국 모두가 무도회에 참여하여 끝날 시간도 모르고 있는 것이 아닐까? 참고로 투자의 대가 워런 버핏은 2000년 주주서한에서 주식시장은 고장난 시계를 걸어 놓은 무도회장과 같다고 표현하였다. 시계를 안보고 연회에 빠져 있다가는 모두가 떠난 시간에 걸려드는 것을 경고한 것이다.

투자자의 투자심리를 파악하는 것은 많은 도움이 된다. 특히 공포가 극에 달했을 때는 투자 기회인 경우가 많았는데 위에 소개한 지표들을 기회로 잘 활용하기 바란다.

한 줄 요약

9장

매력적인
대안
자산들

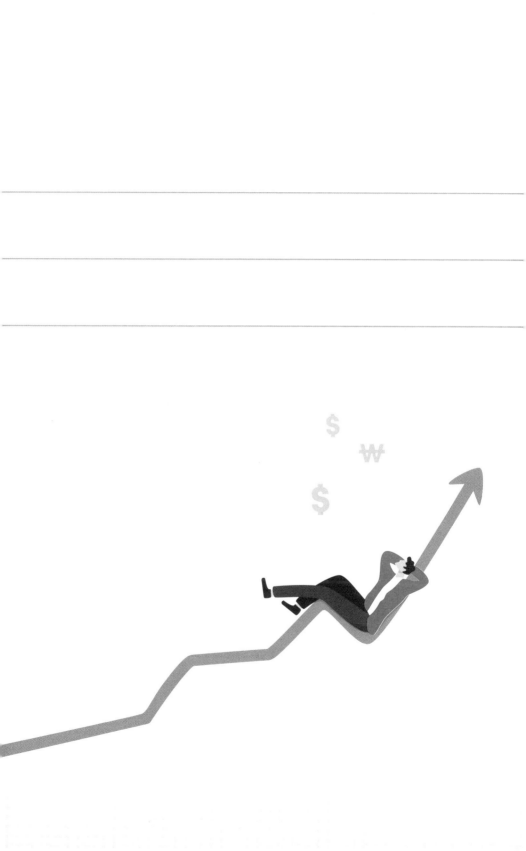

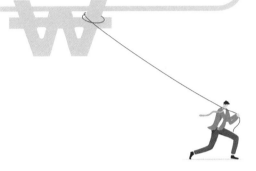

필요한 시기가 있는
주식 외에 안전 자산들

이 책은 기본적으로 주식투자에 관한 책이다. 하지만 주식자산만 이해해서는 재산을 잘 관리하기가 어렵다. 주식 외에 자산들에는 부동산, 채권, 디지털자산(가상자산), 달러예금, 금ETF, 예술품, 저작권 등 매우 다양하다. 대부분 연령이나 성향에 따라 이런 자산군들을 활용한 포트폴리오를 잘 짜고 있을 것이라고 생각한다. 물론 경영학에서 배운 최적화된 효율적 포트폴리오를 구축하는 것은 불가능하다. 하지만 각 자산군들의 특성과 경기 사이클상 유리한 자산을 적절히 배분하고 비중을 조절해 나간다면 자기 자산을 잘 지키면서 또 키워나갈 수 있을 것이다.

앞 장에서 〈4계절처럼 변하는 자산군들간의 매력도(레이 달리오)〉 편에서 자세히 설명을 하긴 했지만 여기서는 좀 더 직접적으로 잘 활용할 수 있는 방법을 다뤄보자. 먼저 자산을 안전자산과 위험자산으로 나누면 아래와 같다.

안전자산: 금, 달러, 채권
위험자산: 주식, 가상자산, 투자부동산

우리가 확실히 알 수 있는 것은 현재 오늘의 금리이다. 경기는 예측이 어렵지만 성장률이 둔화되고 있는지 상승 중인지는 한두 달 늦게라도 알 수 있다. 그럼 가장 쉬운 방법으로 우선 금리가 낮을 때 유리한 자산은 사실 위험 자산이다. 금리가 낮다는 것은 시장에 현금유동성이 많다는 뜻이면서 동시에 경기가 당연히 좋은 국면은 아니다. 이럴 때는 전통적으로 부동산자산과 주식과 같은 자산의 수익률이 좋았다. 주의할 점은 금리가 낮아지고 있는 때가 아니라 이미 충분히 낮아져서 더 떨어지지 않는 경우를 말한다.

상업용부동산이나 투자용부동산의 경우 투입자본 대비 월세와 같은 수익률로 표현한다. 채권과 똑같은 개념인데 가령 A라는 사람이 10억짜리 상가를 투자를 한다고 예를 들어보자. 본인 돈 5억 원과 은행대출 5억 원을 5%의 금리로 조달했다고 가정하면 A는 얼마의 수익률을 요구할까? 은행 대출이자가 5% 본인돈의 기회비용이 3%(저축 시)라고 한다면 이 상가에서 최소한 4%=(5%+3%)/2 이상의 수익률이 나와야 한다. 월세를 최소 330만 원은 받아야 한다는 뜻이다.

하지만 만약 경제상황이 크게 둔화되어 금리가 반으로 떨어졌다고 치자. 이 경우 A의 요구수익률은 2%=(2.5%+1.5%)/2 이상만 받으면 되는 걸로 떨어진다. 이렇게 기대수익률이 낮아지면 연 4% 이상 월세가 나오는 부동산만 보던 사람이 연 3%짜리 수익률의 부동산에도 투자매력을 가지게 되고 이런 사람이 많아지면 부동산 가격이 상승을 할 수밖에 없다. 월세는 크게 변동을 안 하는 편이니까 4%짜리 수익부동산이 3%짜리 수익부동산이 되려고 하면 해당 부동산 값이 33%(3/4) 오르면 된다. 이런 현상 때문에 한국이 과거 10년간 저성장 저금리로 가는 과정에서 주택 가격이 급등한 것이다. 참고로 일본의 경우는 주택 가격이 구조적으로 더 오르지 않는다. 이미 금리 등이 저성장에 처박혀서 사이클이 없어졌기 때문이다.

당연한 얘기를 이론적으로 쓰다 보니 이해가 잘 되었는지 모르겠지만 요약하면 금리가 떨어지는 구간에서는 부동산의 가치가 상승한다는 단순한 의미이다. 이는 단지 유동성이 풍부해져서라는 모호한 말 보다는 훨씬 더 논리적이다. 반대로 금리가 구조적으로 올라가는 구간에서는 투자부동산의 매력은 감소한다.

이러한 매카니즘은 다른 위험자산에도 똑같이 적용이 되지만 다소 다른 점이 있다. 일단 주식은 거북이 부동산처럼 가만히 있지 않고 기업에 따라 빠르게 성장하고 혁신을 만들어 간다. 따라서 이렇게 이익성장이 큰 기업의 주식은 금리가 높거나 낮거나 큰 상관이 없다. 하지만 성장이 크지 않은 기업들이 모두 포함되어 있는 주가지수의 경우 역시 금리에 영향을 받는다. 앞장에서 금리 사이클에 따른 주식 비중 조절과 관련한 충분한 설명을 했기 때문에 생략을 하기로 하자.

금은 인플레이션 시기에 효력을 발휘하는 자산이다. 인플레이션이 오면 정부가 정책금리를 올리면서 물가 안정을 꾀하기 때문에 금리가 높은 구간과 금의 수익률은 일치하는 편이다. 하지만 금은 기업과 같은 배당을 지급하거나 기업이익과 같은 현금흐름을 수반하지 않는다. 따라서 금의 변동성은 여러분이 생각하는 것보다 훨씬 높다. 지난 10년간을 돌이켜 보면 금 가격은 2012년 초 1,750달러이던 금값은 2016년 1,050달러로 하락했다가 2022년 4월 약 1,980달러 수준이다. 미국 연준의 자산이 이 기간 동안 약 7조 달러 이상 풀린 것에 비하면 보잘것없다.

채권은 만기보유 전략을 가져가면 높은 금리(쿠폰)에 채권이 유리하다. 반면 채권 매매를 한다면 금리 하락 시기에 사야 가격이 상승함으로 유리하다. 따라서 금리 인상 시작이 얼마 안 된 지금 시점에서 채권을 사기보다는 금리가 과거 평균 대비 충분히 높아진 구간에서 사는 것이 좋다. 예를 들면 미국 채권 10년물 기준으로 3% 수준에서 살 수만 있다면 좋은 투자처가 될 것이다. 채권은 경기가 나빠지기 시작할 때 사는 것이 결국 좋은 수익을 가져다 준다. 단 회사채를 사는 경우가 대부분일텐데 이때 하이일드 채권은 매우 위험하니 투자등급 기업에 현금흐름이 우량한 채권위주로 보아야 할 것이다. 또는 직접 채권을 투자는 것보다 자산운용사는 장단기물과 스프레드물에 투자하는 다양한 전략이 있기 때문에 채권펀드에 장기투자하는 것도 바람직하다.

그럼 이제 가장 새롭고 뜨거운 감자인 가상자산은 어떨지 자세히 알아보자.

주식 외에 다양한 자산군의 특징에 따라 포트폴리오를 구성하면 위험 대비 수익률이 올라간다. 예를 들어 채권은 정책금리가 충분히 올라갔다고 생각할 때 포트폴리오에 추가하면 주식 못지 않은 역할을 하기도 한다.

한 줄 요약

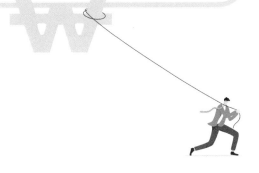

가상자산(Crypto Coins)에 인식을 바꾸어야 미래가 보인다

가상화폐인 비트코인과 알트코인의 가치는 금을 위협할 정도로 커지고 있다. 2022년 초 기준 전 세계에 2.2억 명이 가상화폐(crypto) 코인을 보유하고 있으며 세계 코인의 시장가치(market cap)은 2조 달러에 달한다(금은 11조 달러). 한국에서도 비트코인을 가지고 있는 계좌수가 4대거래소 기준으로 만 770만 개로 성인 보유자수가 미보유자수를 머지않아 넘어설 것으로 보인다. 탈 중앙화의 기치를 내세운 가상화폐의 확산은 각국 정부들의 규제에도 불구하고 계속되었으며 투기성 자산으로 통제하려던 정부의 노력은 이제 관리의 단계로 넘어갔다. 중국과 같은 중앙집권적 통제 국가를 제외하고는 대부분의 국가들은 이제 가상화폐를 제도화하여 안착시키려 하고 있다.

따라서 이렇게 점차 중요해지는 자산을 우리가 기존에 투자하고 있던 다양한 전통 자산군에 포함시키지 않는다면 제대로 된 자산 포트폴리오라고 하기 어려운 때가 올 것이다. 필자가 처음 비트코인을 알고 매수한 것은 2015년으로 한국에는 코빗(Korbit)이 유일한 거래소일 때였다. 투자업을 하다 보면 무엇이든 새로운 기술이나 혁신이 나타날 때 꼭 경험을 해보자는 주의였기 때문이지만 너무 아쉽게도 100만 원 정도 밖에 비트코인 사지 못했다.

물론 급등 시 팔기도 하고 2017년 고점에 뒤늦게 더 많은 자금을 넣어 손해의 경험도 있어서 결과적으로는 코인자산 금액은 크지 않지만 대신 이 과정에서 가상자산의 이해라는 자산을 얻게 되었다. 지금이야 많은 사람이 코인을 보유하고 있고 이해도도 매우 높았지만 변동성이 매우 컸던 당시에는 코인을 자산으로 인정하고 보유하라고 공식적으로 추천하는 것도 매우 조심스러웠다. 그도 그럴 것이 변동성이 큰 위험자산의 성향 외에 가상화폐의 사용처가 마땅치 않았기 때문에 더 많은 공격을 받았던 것 같다. 자신들의 통제를 벗어난 금융에 정부는 당연히 규제할 수밖에 없었고 당시의 투자 대가들도 이익이나 배당과 같은 펀더멘털이 존재하지 않는 자산으로 비판했기 때문이다.

필자는 미디어 인터뷰나 유튜브 출연 기회가 있을 때 가상화폐를 포트폴리오에 일부라도 편입해야 하는 자산으로 설명을 해왔고 앞으로도 그럴 예정이다. 하지만 적정한 투자비중은 집중이 아닌 금융 자산의 5~10% 수준이다. 다음 4가지 포인트가 주로 비판을 받는 이유인데 이를 하나씩 살펴보자.

첫째, 투기성과 변동성이 너무 크다.

사실 변동성이 큰 것이 최대의 단점이자 리스크이다. 하지만 비트코인의 연간 공급량(채굴량)은 연간 2~3%에 불과하다. 또한 앞으로 공급될 양도 정해져있다. 따라서 위기 때마다 발권력을 동원하는 정부 통화에 비해 길게 보면 언젠가 더 안정적일 수 있다. 참고로 금도 연간 채굴량이 3%에 불과하여 비슷하다. 앞서 언급한 봐와 같이 여러분이 안전하다고 믿고 있는 금의 변동성도 엄청나게 컸다. 2000년 초에 200달러대였던 금은 2010년 1,900달러로 9배 가량 올랐으며 3년 뒤에는 40%나 하락하였다. 하지만 아무도 금을 투기했다고 탄압하지 않았다. 글로벌하게 가장 공신력 있는 화폐인 달러조차 지난 100년간 98%의 가치가 사라졌다. 전쟁이나 금융 위기와 같은 정치와 제도의 실패를 달러 윤전기를 돌려서 막은 것이다. 비트코인은 수요자간의 수급으로 가격의 변동이 클 수 있지만 무슨 일이 있어도 약속되어 있는 만큼만 공급이 된다(비트코인은 최대 21백만 개).

비교적 근래 일이긴 하지만 비트코인은 선물과 ETF가 발행되어 제도권에서 거래되기 시작했다. 그러면서 비트코인의 변동성도 줄어 들기 시작했는데 이는 커다란 의미를 가진다. 아직 기관투자가들에게 회계적으로나 약관상 투자자산으로 등재되어 있지 않은 자산을 투자 가능하게 해주었기 때문이다. 아시다시피 자산운용사 은행과 같은 금융기관들은 가상화폐를 아직 직접 매수할 수 없다. 이를 ETF(캐나다)나 선물을 통해 대신 투자를 할 수 있게 해주었기 때문에 수요가 천천히 늘어나기 시작하는 것이다. 비트코인을 ETF에 직접 매입할 수 있는 미국 ETF는 승인 전이다. 테슬라와 같이 창업자가 컨트롤하는 젊은 기업을 제외한 미국 시가 총액 상위 기업들의 대주주는 대부분은 금융기관 투자가들이다. 비트코인이나 이더리움도 금융기관 포트폴리오에 점차 중요한 비중을 차지하게 될 것이고 이때는 변동성이 줄어든 것이라 생각한다.

둘째, 코인에 기초자산과 같은 펀더멘털이 없지 않나? 튜울립 버블과 같다.

비트코인에 원가가 있는지 생각해보자. 그럼 100달러짜리 지폐의 원가는 얼마인지도 생각해보자. 원가측면에서는 채굴에 필요한 전용서버 및 시스템과 가장 큰 비중인 전기료까지 생각하면 비트코인의 원가는 달러보다 1,000배 이상 높다. 또한 채굴의 난이도가 계속 올라가기 때문에 그 비용은 계속 증가할 수밖에 없다. 별로 중요한 논점은 아니지만 비트코인의 기초가치는 적어도 채굴원가는 넘어야 하지 않을까? 국가별 전기료 차이가 있지만 1비트코인당 약 1,200~1,500만 원으로 현재 가격의 약 20~30% 수준이 원가로 추정된다. 1비트코인을 채굴하는 속도는 난이도와 함께 점점 더 느려지기 때문에 이 원가는 매년 올라갈 수밖에 없다.

이는 원가의 개념이고 실제 비트코인이나 이더리움의 근본 가치는 블록체인과 같은 생태계를 구축하는 역할과 함께 이를 사람 몸에 혈액과 같이 흐르게 하는 통화의 역할이라고 할 수 있다. 예를 들어서 설명하면 우리가 새로운 메타버스 세상(블록체인)을 만들려고 하면 거기에는 물리적인 가상공간과 기업과 유저(user) 그리고 상품들이 온라인 세계에 존재해야 된다. 이 새로운 사회가 기능을 하게 하려면 현실 세계처럼 1) 디지털 상품을 구매했을 때 이에 대한 소유권이 분명하게 이전되어야 하며 2) 쉽고 공신력 있는 화폐를 이용해야 하는데 이 역할을 해주는 것이 바로 지분증명이 가능한 이더리움과 같은 디지털화폐이기 때문이다.

셋째, 사용처가 별로 없는 가격 상승에만 의존한 시스템이다.

과거에는 그랬다. 하지만 이미 게임아이템, NFT 아트상품 등이 온라인에서 활발하게 거래가 되고 있으며 2021년부터는 게임을 하면서 코인을 버는 (P2E) 게임들이 늘어나면서 엄청난 속도로 경제 시스템을 만들어 나가고 있다. 참고로 로이터의 시장 리서치에 따르면 2021년 NFT거래 규모는 약 250억불(30조 원)이었으며 이는 향후 몇 년간 수백 프로의 성장이 예상된다.

이처럼 성장성이 높을 것이라고 보는 이유는 코인 화폐시스템을 도입하고 있는 온라인게임이 아직 글로벌 게임에 1%도 안되기 때문이다. 또한 온라인상에 복제(copy-paste)가 가능한 수 많은 디지털 자산들이 NFT지분인증으로 새로운 가치를 제대로 부여 받기 시작한 첫 해가 바로 2021년이다. 이제 태어나서 걸음마를 뗐다고 할 수 있다. 이처럼 온라인상의 이더리움과 각종 게임관련 코인인 엑시인피니티(AXS), 샌드박스(SAND), 디센트럴랜드(MANA), 보라(Bora) 등과 같은 다양한 코인의 출현은 가상자산의 사용처를 크게 확장시킬 것이다.

　코인의 사용은 온라인에만 국한된 것이 아니다. 이미 비트코인을 페이코인(pay coin)으로 교환하여 오프라인에서 쓸 수 있는 가맹점은 수없이 많다. 현재도 다날이 발행한 페이코인은 국내 모든 편의점 체인에서 현금처럼 결제가 가능하다. 테슬라가 자사차를 비트코인으로 거래하는 것은 이젠 이슈거리도 아니다. 페이코인은 결제 전문 기업이 운용하고 있어서 결제시점에 바로 원화로 환전을 하기 때문에 코인의 가격 변동 리스크도 거의 없다.

　다음 표는 코인의 사용처별 분류인데 크립토펑크(Cryptopunk)와 같은 수집아이템이 가장 큰 규모이고 세계 최대 거래소인 오픈씨

분야별 크립토코인 사용금액

Characteristic	2018	2019	2020	Decemer 2, 2021
All	36.77	24.02	66.78	11,809.82
Collectible	13.86	2.71	16.45	6,271.11
Art	0.05	0.45	17.11	198.52
Game	5.19	11.59	15.26	956.52
Metaverse	16.35	5.38	15.97	388.79
Utillity	1.29	4.11	2.41	65.23
DeFi	0	0	0	19.56
Undefined	0.03	0	0	2,123.41

자료: 스타티스타(Statista)

↑ $ ↓

(Open sea) 등을 통해 거래가 된다. 아트 거래량은 다음 순인데 니프티 게스트웨이(Nifty Gateway)나 파운데이션(Foundation)과 같은 전문 사이트를 통해 아티스트들이 작품을 거래하고 있다. 아직은 거래금액이 적어 보이는 게임(Game)이나 메타버스(Metaverse)의 거래금액은 향후 몇 년간 엄청난 성장을 보일 것으로 예상된다.

마지막으로, 사용에 불편하다.

비트코인이 거래용 가상화폐로 널리 사용되지 못하는 이유는 지분증명에 시간이 많이 걸리며 수수료도 매우 비싸기 때문이다. 따라서 비트코인 거래용 화폐는 아니고 저장가치를 가지는 금과 같은 디지털화폐로 보면 된다. 또한 다른 다양한 코인을 살 때도 비트코인을 기반으로 해당 코인으로 교환하는 경우가 많다. 결국 비트코인은 전체 가상자산의 어머니와도 같은 역할을 하면서 동시에 변동성을 줄이고 가상화폐시스템을 안전하게 유지하는 역할을 한다고 판단된다. 이러한 거래용으로 부족한 단점은 이미 이더리움 외에 각자의 생태계에 적합한 다양한 알트코인들의 출현으로 이미 해결되었다.

그렇다면 이러한 가상자산에 리스크는 전혀 없는지 생각해보자. 물론 다양한 리스크가 상존한다. 해킹을 통한 거래소가 문을 닫은 경우도 있으며 비트코인 보유분을 빼앗긴 경우도 있다. 하지만 중요한 것은 비트코인 자체나 생성과정을 해킹당한 경우는 없다. 그간에 거래소의 사이버 보안이 약했으며 자산을 본인의 개인 디지털 지갑에 보관을 하지 않은 경우에만 피해를 입었다.

하지만 이는 부실한 은행에 있는 돈을 해킹당하는 것과 다른 바 없다고 보인다. 오히려 리스크가 있다면 기술의 진화에 따른 부분이다. 만약 현재 각국에서 개발중인 퀀텀 컴퓨팅(Quantum Computing) 기술이 상용화되면 현재보다 약 1억 배 빠른 연산 능력으로 단기간에 남은 비트코인을 독식해서 채굴해버릴 수도 있다. 물론 이는 현존하는 모든 온라인 네트웍 시스템의 해킹이 가능하다는 것이라 은행, 기업 및 정부기관 보안체계의 대대적인 패러다임 변화가 필요할 것이다.

다소 길게 가상화폐에 대한 미래를 비판과 방어 형태로 설명을 해보았다. 결국 아직은 완전한 자산군으로 어려움이나 변동성 등의 불편함이 있을 것이다. 하지만 인터넷이 처음 보급되었을 때도 스마트폰으로 인한 모바일 혁명이 일어났을 때도 우리는 빠르게 적응을 해 나갔다. 가상화폐는 단순한 투자자산을 넘어서 가까운 시일 안에 늘 손에 쥐고 다니는 스마트폰이나 신용카드와 같은 지위를 가질 것이다.

가상 자산의 역할은 무궁무진하다. 사용처가 늘어날 뿐만 아니라 지분증명(NFT)은 필수적인 역할을 할 미래 기술이다. 하지만 매우 변동성이 큰 자산임으로 주식과 마찬가지로 우량한 가상자산으로만 선별해야 할 것이다.

한 줄 요약

ETF(상장지수펀드)로 레이달리오가 되어 보자

우리는 주식을 집중적으로 이야기 해왔으며 그 외에 다양한 자산군을 간단하게 나마 다루었다. 이제는 이러한 자산을 어떻게 우리 포트폴리오에 손쉽게 구축할 수 있는지 유용한 ETF에 대해 알아보자. 사실 ETF는 투자대상 자산을 손쉽게 투자할 수 있게 만들어진 펀드이기 때문에 어떠한 투자대상을 고르는지가 제일 중요하다.

앞서 채권, 주식, 섹터, 그리고 가상화폐에 대해서도 자세히 설명을 하였으며 경기 사이클에 따라 어떠한 자산의 비중을 더 늘리거나 줄여야 하는지 어느 정도 커버했다고 생각한다. 여기서는 사이클 별로 유망한 자산군을 ETF 대상으로 구분하여 테이블을 정리해 보았다. 국면 구분은 물가와 경제성장률을 기준으로 하였고 경기에 비교적 무관한 자산군은 따로 정리해 보았다. 다음 도표에 포함되

경기 국면별 관심ETF

국면	관심 ETF	사유
물가 상승기	KODEX금선물, TIGER농산물선물, KODEX콩선물, TIGER금은선물, KODEX국채선물인버스	물가상승, 금리상승에 유리
물가 하락기	TIGER미국MSCI리츠, KODEX고배당, TIGER글로벌BBIG	인플레이션 헤지, 성장주가 유리
GDP 상승기	KODEX구리선물, KODEX200, TIGER단기선진하이일드	상품, 주식, 회사채, 경기민감주 유리
GDP 하락기	KODEX배당성장채권혼합, KODEX미국달러선물, TIGER경기방어채권혼합, KBSTAR중기우량회사채	경기방어주, 배당주, 채권 유리
경기 사이클 무관	대신니켈선물ETN, KODEX 유럽탄소배출권선물, Global X Uranium	경기보다는 장기테마 자산군

자료: 그로쓰힐자산운용

지 않은 다양한 자산을 대표하는 ETF가 있으니 이는 따로 검색하여 투자하길 권한다.

이제부터는 알게 되면 훨씬 더 효과적으로 자산을 배분할 수 있는 다양한 ETF를 소개하기로 하겠다. 그 전에 기본적으로 많이 활용되고 있는 레버리지나 인버스와 같은 파생ETF에 대한 장단점은 매우 중요하니 꼭 알아 두자. 또한 레버리지와 인버스ETF 조합을

↑⑤↓

통해 보유주식을 팔지 않고도 편입비중을 손쉽게 낮출 수 있는 매우 유용한 전략도 소개를 할 예정이다.

파생ETF

레버리지ETF와 인버스ETF가 대표적인 파생ETF이다. 레버리지 ETF는 말 그대로 해당 자산의 상승 하락폭에 배수로 움직이는 상품이다. 예를 들어 가장 거래량이 많은 KODEX레버리지는 코스피 변동폭의 2배 정도로 움직이는 상품으로 보면 된다. 정확한 운용사의 해당 상품에 대한 설명은 다음과 같다. (코스피200주가지수를 기초지수로 하여 1좌당 순자산가치의 일간변동률을 기초지수 일간변동률의 양(陽)의 2배수로 연동하여 투자신탁재산을 운용합니다.)

여기서 주의해야 할 점은 꾸준히 상승하는 지수에서는 코스피지수 상승의 대부분을 따라가지만 지수 등락이 심한 경우는 괴리가 발생하는 손해를 볼 수 있다라는 점이다. 위의 정의에서 보듯이 일간변동률의 2배를 추종하다 보면 가령 지수가 10% 빠졌다가 10% 오르게 되면 1배짜리 원지수를 따르는 KODEX ETF는 원금 100이 90이 되었다가 99가 된다. 반면 레버리지 ETF는 20% 빠졌다가 20% 오르게 됨으로 80이 되었다가 96이 된다. 따라서 같은 지수의 변동에도 손해가 더 크다.

더 중요한 것은 예를 들어 지수가 20%오르는 구간에서 별 등락 과정없이 꾸준히 오르면 40%의 수익을 가져오지만 만약 오르는 과정에서 상승 하락을 수 차례 반복하여서 20%를 도달했다면 원지수에 비해 아까 계산한 바와 같이 누수효과로 실제 지수를 따라가지 못하게 된다. 따라서 레버리지 상품은 단기 구간에서는 유효한 전략으로 활용하기 좋지만 장기투자를 하면 매우 불리한 상품이라는 것을 이해할 필요가 있다. 또한 KODEX레버리지 ETF의 연간 비용은 약 0.64%라는 점도 고려해야 한다.

인버스ETF도 구조는 매우 비슷하지만 코스피 변동률과 반대 방향의 수익구조를 가진다. 레버리지 상품처럼 2배의 추종하는 KODEX 200선물인버스도 존재하는데 역시 변동성에서 손해가 크기 때문에 장기투자로 추천하지 않는다. (운용사의 상품 설명: 이 투자신탁의 순자산가치의 일간변동률을 F-코스피200 지수의 일별 수익률의 음(陰) 2배수(-2배수)의 수익률로 추적하고자 하는 운용목적을 달성하기 위하여 코스피200 지수 관련 파생상품 및 집합투자기구 등으로 포트폴리오를 구성하고, 필요에 따라 증권의 차입 등 기타 효율적인 방법을 활용할 예정입니다.) 이렇게 ETF운용사가 운용목적을 위해 여러 조치를 하겠다고 길게 얘기하는 이유는 정확히 지수의 2배를 추종하기가 어렵기 때문이다.

인버스ETF 활용하기(헷지수단)

ⓦ

그럼에도 불구하고 필자는 단기적인 자산 배분을 위해서는 인버스 ETF가 상당히 효율적인 자산이라고 생각한다. 예를 들어 A라는 사람이 주식계좌에서 주식을 90% 보유하고 있다고 가정하자. 만약 시장이 급락할 리스크가 있어서 주식 보유비중을 50%로 줄이고 싶은 경우가 생겼다면 A는 주식을 40%나 팔아야 한다. 큰 자금일수록 한번에 매도가 어렵다.

반면 A씨가 인버스ETF를 활용할 줄 안다면 주식을 20%를 팔고 인버스ETF 20%를 사게 되면 똑같이 주식비중이 50%가 됨으로 보유 주식을 반만 줄여도 되는 것이다. (주식 90% → 주식매도 20% & 인버스 매수 20%, 현금 10%= 주식 노출도 50%) 이 전략은 보유 주식이 손해 중이어서 팔기가 어려운 경우나 보유주식 매도를 최소화하면서 자산배분을 한번에 하는데 매우 유용한 전략이다.

레버리지까지 활용하면 사실 본인 주식을 한 주도 안 팔고 대폭 비중을 낮출 수도 있다. 다음의 도표는 파생 ETF를 활용하여 본인 주식을 한 주도 팔지 않고 100%의 주식비중을 한방에 25%로 낮추는 전략을 설명한 것이다. 1분만 살펴보면 이런 획기적인 방법이 쉽게 이해가 갈 것이다.

기관투자가들의 경우에는 대개 100억 원 이상의 큰 펀드자금을 운용한다. 이런 경우 한꺼번에 보유 종목을 매도하는 경우 전체 펀드수익률에 악영향을 주고 시간도 오래 걸리지만 이런 인버스ETF 전략을 사용하면 많은 비용과 시간을 세이브할 수 있다. 사실 큰 기금의 펀드는 비용이 낮은 주가지수선물을 주로 헷지 목적으로 활용한다.

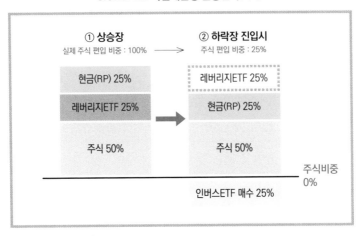

Growth Hill 자산배분형 운용전략(예시)

자료: 그로쓰힐자산운용

레버리지ETF도 마찬가지이다. 지수 낙폭이 크고 충분히 바닥권이라고 생각할 경우 2배의 상승에 베팅을 하게 되면 개별 종목을 투자한 경우에 비해 해당 기업 및 산업의 리스크는 제외한 체 시스템 리스크(시장리스크)만 집중할 하는 전략이다. 어떠한 경우이던지 레버리지 상품은 단기투자에만 활용할 것을 다시 한번 강조한다.

참고로 레버리지ETF를 매매하기 위해서는 위험도가 있기 때문에 금융투자교육원 사이트에서 한 시간 미만의 간단한 온라인 교육을 이수해야 한다. 보통 이 과정이 귀찮아서 매매를 못하는 경우가 많은데 매우 간단한 교육이니 이러한 ETF를 활용할 사람들은 공부 차원 에서라도 이수할 필요가 있다.

섹터 ETF

— Ⓦ —

섹터ETF는 산업별, 테마별로 다양하다. 모든 산업은 국면 별로 사이클이 확장국면에 진입하는 경우가 생기는데 그 때 해당 산업ETF에 투자를 하면 된다. 여기서는 현재 시점에서 주목할 만한 테마ETF위주로 소개하도록 하겠다.

기후변화관련 ETF

KRX기후변화솔루션지수에 편입되어 있는 40개의 종목위주로 구성이 되어 있다. 종목 선정의 주요 기준은 첫째 탄소배출 절감에 직접적으로 관련이 있는 기업군과 탄소배출 관련 기술이 좋거나 특허가 있는 기업군이다. 여기에는 패시브ETF 5종류와 액티브ETF 1종을 포함해서 6개의 관련 ETF가 설정되어 있다. 참고로 액티브 ETF는 지수에 편입종목들을 사고 팔면서 리밸런싱을 꾸준히 하는 ETF이지만 수수료는 다소 높은 특징이 있다.

주요 종목으로는 에코프로비엠, 삼성SDI, 한화솔루션 등 2차전지, 신재생에너지, 전력 기술 등 탄소 절감 관련 종목들과 LG화학, 삼성전자, SK하이닉스 등 관련 특허를 보유한 종목들이 포함되어 있다. 아무래도 대기업의 비중이 크고 순수 기후변화보다 기업이 속한 업종의 영향이 더 큰 만큼 진정한 기후변화에 대응하는 ETF라고 보기 힘들다. 그럼에도 불구하고 이 테마 ETF를 제일 먼저 소개하는 이유는 반드시 ETF를 투자 전에 ETF 이름만 보지 말고 보

주요 기후변화 관련 ETF

기후변화솔루션 ETF

운용사	상품명	신탁원본액	총보수 (운용보수)
KB자산운용	KBSTAR KRX기후변화솔루션	80억	0.30 (0.25)
NH아문디자산운용	HANARO KRX기후변화솔루션	80억	0.25 (0.21)
미래에셋자산운용	TIGER KRX기후변화솔루션	700억	0.09 (0.069)
삼성자산운용	KODEX KRX기후변화솔루션	500억	0.09 (0.049)
신한자산운용	SOL KRX기후변화솔루션	80억	0.15 (0.109)
타임폴리오자산운용	TIMEFOLIO 탄소중립액티브	200억	0.80 (0.69)

탄소배출권 ETF

운용사	상품명	신탁원본액	총보수 (운용보수)
삼성자산운용	KODEX 유럽탄소배출권선물 ICE(H)	300억	0.64 (0.58)
신한자산운용	SOL 글로벌탄소배출권선물 IHS(합성)	80억	0.55 (0.48)
신한자산운용	SOL 유럽탄소배출권선물 S&P(H)	100억	0.55 (0.48)
NH아문디자산운용	HANARO 글로벌탄소배출권 선물ICE(합성)	80억	0.50 (0.41)

자료: 경향신문

↑ $ ↓

유 기업과 비중을 점검하여 어떤 경우에 ETF의 수익률에 영향을 주는지를 파악하는 것이 중요하기 때문이다.

KODEX KRX 기후변화솔루션ETF 종목		TIMEFOLIO탄소중립액티브ETF 종목	
종목명	구성비(%)	종목명	구성비(%)
삼성전자	7.72	GS건설	8.30
한화솔루션	7.65	삼성전자	7.50
삼성SDI	6.48	한화솔루션	7.40
LG화학	6.36	에코프로비엠	6.82
현대차	6.01	SK하이닉스	6.59
에코프로비엠	5.79	LG이노텍	6.52
POSCO	4.75	LG화학	5.63
기아	4.47	삼성SDI	5.59
현대모비스	3.73	DL이앤씨	5.44
씨에스윈드	3.44	현대차	4.37

자료: 각사

따라서 진정한 기후변화 테마에 투자를 하려면 차라리 해외ETF로 태양광ETF나 수소관련ETF 또는 탄소배출권ETF에 직접 투자하는 것이 더 낫다. 최근 국내 상장된 탄소중립 관련 ETF를 보면 이런 ETF들이 기후변화 테마 주제에 훨씬 충실해 보인다.

탄소배출권ETF

탄소배출권 ETF는 탄소배출권 자체에 투자하는 상품이다. 탄소배출권은 이산화탄소를 포함한 6대 온실가스를 배출할 수 있는 권리다. 기업은 일정 기간 발생한 배출량이 할당량보다 많으면 그 차이만큼 배출권을 구매해야 한다. 국내 ETF 4종은 모두 주로 유럽 탄소배출권 시장에 투자한다. 탄소배출권 선물시장에 투자하는 ETF는 다음과 같으며 서로 차이는 거의 없다. 삼성자산운용의 'KODEX 유럽탄소배출권선물ICE', 신한자산운용의 'SOL 글로벌탄소배출권선물IHS(합성)'와 'SOL 유럽탄소배출권선물S&P', NH 아문디자산운용의 'HANARO 글로벌탄소배출권선물ICE(합성)' 등이다. 해외 ETF중 탄소배출권에 투자하는 대표적인 ETF로는 KraneShares Global Carbon Strategy ETF가 있다.

엔터테인먼트ETF

엔터테인먼트 관련 산업에 투자를 하고 싶다면 대표적으로 KODEX미디어&엔터테인먼트ETF와 TIGER미디어콘텐츠ETF가 있다. 잘 알다시피 2021년부터는 한국의 K-POP열풍에 이어 K-Drama 장르까지 세계적인 경쟁력이 생겼다. 넷플릭스와 디즈니플러스 등과 같은 글로벌 OTT 플랫폼 기업들 덕분이며 이에 대한 투자를 늘리고 싶다면 TIGER미디어콘텐츠ETF가 더 적합해 보인다. 보유 종목들을 KODEX미디어&엔터테인먼트ETF서로 비교해 보면 전자는 인터넷 게임이 주요 포트폴리오인 반면 음원과 드라마와 같은 콘텐츠 비즈니스는 TIGER에 훨씬 많이 포진되어 있다.

이처럼 비슷한 이름의 ETF라도 반드시 보유 종목을 확인하시길 바란다.

KODEX미디어&엔터테인먼트ETF		TIGER미디어콘텐츠ETF	
종목명	구성비	종목명	구성비
NAVER	20.21	에스엠	11.11
카카오	15.82	JYP Ent.	10.96
엔씨소프트	10.26	하이브	9.85
크래프톤	9.49	CJ ENM	9.51
하이브	9.18	스튜디오드래곤	9.15
넷마블	8.20	와이지엔터테인먼트	8.41
펄어비스	3.67	위지웍스튜디오	7.52
카카오게임즈	3.39	CJ CGV	5.92
위메이드	2.35	제이콘텐트리	5.35
제일기획	1.93	덱스터	3.69

자료: 각사

상장 ETF를 잘 활용하면 다양한 투자전략을 세울 수가 있다. 경기국면별 올웨더전략을 만들 수도 있고 자산배분상 편리성도 있다. 마지막으로 테마ETF도 본인의 인사이트에 맞게 잘 활용하길 바란다.

한 줄 요약

투자를위한투자

초판 1쇄 발행   2022년 5월 20일

지은이 ｜ 김태홍
발행인 ｜ 홍경숙
발행처 ｜ 위너스북

경영총괄 ｜ 안경찬
기획편집 ｜ 안미성, 박혜민
마케팅 ｜ 박미애

출판등록 ｜ 2008년 5월 2일 제2008-000221호
주소 ｜ 서울 마포구 토정로 222, 201호(한국출판콘텐츠센터)
주문전화 ｜ 02-325-8901
팩스 ｜ 02-325-8902

표지 디자인 ｜ 김종민
본문 디자인 ｜ 김수미
지업사 ｜ 한서지업
인쇄 ｜ 영신문화사

ISBN   979-11-89352-53-0   (03320)